安徽财经大学著作出版基金资助出版

政府行为与农村合作社发展

1927~1937年南京国民政府合作政策的历史解读

GOVERNMENT BEHAVIOR AND RURAL COOPERATIVE DEVELOPMENT

The Historical Interpretation of Nanking National
Government's Cooperative Policy in 1927-1937

刘纪荣 ／ 著

社会科学文献出版社
SOCIAL SCIENCES ACADEMIC PRESS (CHINA)

序

　　合作是人类的本性。然而，需要指出的是，各类人群，无论是城镇居民，还是农村居民，他们从聚合到成立组织或是形成集体行动（特别是对以"人的结合"而"非资本的结合"为要旨的合作社组织而言），要么是靠利益联结，要么是因价值观认同。若两者都不具备，其最终也只能依靠来自群体之外的力量，如政府行政"自上而下"的强制政策驱动促使人群的"聚合"。我们若是从这一角度去审视，20世纪以来，中国乡村合作社组织设立，政府倡导的所谓"合作运动"的兴起便多是如此，即更多的是仰仗某一政权力量或是其各种社会动员政策的结果。

　　行为经济学研究结果表明，经济行为是人类社会经济环境的产物。因此，从发生学视野上看，进入工业社会后，中西方社会中合作社组织发展有着较大的差别。西方乡村社会的组织化，是其社会经济环境的内生性产物，即立足于市场经济基础之上"人的独立性"高度发达的公民社会。不同于西方社会的内生性特征，合作社组织作为一种制度安排，对于中国而言，则是一种"舶来品"，更多地体现出外力的嵌入性特征。同样均为合作社组织成立及合作制度运行，然中西方之间竟会有如此大的路径差别，其中最主要的一个原因就在于，在中国市场经济尚未充分发展的背景下，政府在灾祸侵袭、乡村经济衰败、小农经济凋敝及政权合法性问题等"多重危机"交织困境中，为摆脱诸多困境而从自身利益需求出发，在"富民强国"和"社会

1

整合"之功利性心态驱迫下对西方合作经济"贩卖"（横向移植），进而又借助于政府强力形成一种"强制性"的制度安排。实际上，前者是民众基于"社会之需要"（捍卫或保卫社会利益）作为创新主体，在给定的约束条件下，为确立预期能导致自身利益最大化的制度安排和权利界定，而自发组织实施的自下而上的"需求诱致型"制度创新；后者则是由政府基于"政府自身之需要"（政权合法性建立或加强、社会动员等）借助行政、经济、法律手段自上而下组织实施的"供给主导型"制度创新。

由此而来，进入 20 世纪后，中国在建立现代民族国家进程中，对自西方而来的合作社组织发展中的政府行为及由此而成的合作政策进行深入分析不仅是极其必要的，而且也有现实的借鉴意义。实际上，笔者认为这个时段可被视为现代中国诸多方面的制度或政策的"创设期"、"滥觞期"（至少包括三个方面内涵：各种政策或制度一是从无到有；二是从传统到现代转型；三是奠定了后来该类制度变迁的"路径依赖"），通过现代性制度供给来培植现代国家所需的社会—文化、社会—经济与国家政权等方面的合法性，这其中自然而然地也就包括政府的合作经济制度供给在内。甚为遗憾的是，学术界至今鲜有对该领域相关问题做出认真仔细深入研究的论著及作品。正是出于这样的考虑，纪荣兄的博士后研究报告在其博士研究（合作问题）的基础上才以《政府行为与农村合作社发展》为题，着重对 1927～1937 年"国家建设时期"南京国民政府的合作政策进行了深入的解剖。试图从中窥探南京国民政府在谋求现代化转型中，如何通过合作政策将政府行为下沉到乡村社会来拓展国家政权合法性所需的社会经济基础，即"不断增长的国民经济和民生体系"。

具体到该论著，作者把"政府行为"作为基点，以"政策建立"或"制度供给"为轴心，使其研究呈现几个较为鲜明的特点。其一，研究的逻辑性强。任何一种政策形成并非空穴来风，凭空产生，而是有其深刻的社会根源。对于中国而言，合作社政策形成体现出的是

"政府偏好"，为何理应彰显"社会需求"的制度却变成一种"官方偏好"呢？透过本书作者"抽丝剥茧"式的研究思路，我们也就不难从中得出人们所关心问题的答案。其缘由就在于，一方面除孙中山本人对合作社重视和推重外，还有为数众多，如戴季陶、陈果夫、薛仙舟、楼桐孙等一批以"三民主义"为职志的国民党要人对此表现出"极大热情"，视合作社制度为改良社会生产、解决民生问题、建设现代国家的一个"最稳妥、最切实"，也是"最合于民生主义的"重要方式；另一方面在前者基础上，又加上了民间社团——华洋义赈会的合作社实践为"新建立的南京国民政府所赏识与认同，特别是其有关农村合作社制度建设方面的成就，为政府推行合作政策提供了宝贵的借鉴和参考"。可以说，前者为政策形成提供了意识形态之基础，后者则是贡献了社会实践的逻辑，两者结合促成了政府的合作社"官方的偏好"及强制性制度变迁。其二，资料翔实，论据充分。任何一项学术研究都离不开资料，资料是立论的依据，否则就是空论或"无病呻吟"。而作者在对政府行为和合作政策解析的过程中，则是综合运用了各类资料，诸如各种档案资料，大量存在的历史文献，特别是当时学术团体、高等院校、研究机构及政府有关部门对不同地域的农村进行了实证性的社会调查而来的调查资料，以及时人一批很有见地的论文、专著。作者花费了大量时间和精力去翻阅了这些资料并交叉运用，既使研究建立在更为可靠的基础之上，同时也使论点富有说服力。其三，研究方法上大胆创新。合作社问题涉及社会学、政治学、经济学等多个学科领域，尤其是20世纪20~30年代国民党政权实行的农村合作运动，其已不单纯是一次经济运动，更多的是"一项引人瞩目的社会活动"，而且"合作社的政治意义，远超过经济的意义"。显然，对于此项运动，若是仅从经济或者历史一个领域来立论剖析是极为不全面的。基于此，作者以经济史的方法为主，拆除学科之间的壁垒界限，尝试以"结构—行为—绩效"为基本分析方式，汲取了社会学、政治学、经济学等诸多学科的理论与方法，实施

"多元杂交"，以期对那个时段国民政府推行的合作政策进行全方位的透视。而且其在叙述过程中，一方面将宏观与微观结合，力求做到"森林"与"树木"互见；另一方面为更好地说明问题，文中多处又绘制了大量表格，把"定量"和"定性"、"点"与"面"结合起来，使得论述更具说服力。正是上述这几个方面的特点，才使得整个研究内容翔实，文风质朴，仿佛给我们读者再现了一幅那个时代社会合作经济运行的图景，当然，也使得作者的研究达到较高的学术水平。

当然，若是从"制度变迁"角度来认识政策（实际上政策是制度之一种），自然就会有"政策供给"和"政策需求"，乃至于"政策执行"等一系列问题。"政策供给"是满足制度相关者利益需求的过程；"政策需求"作为一种社会利益需求是各种利益综合的产物；"政策执行"是指政策执行者通过建立组织机构，运用各种政治资源，采取解释、宣传、实验、协调与控制等各种行动，将政策观念的内容转化为实际效果，从而实现既定的政策目标的活动过程。三者在动态演进中构成了"制度系统"或者是"政策网络"。同时，在政策网络联系中，至少包含着两种起决定性作用的因素——权力与利益，利益是政策网络中促使各行为主体行动的原初动力，权力则为各行为主体目标达成的最有力手段。不同主体（个人和组织）会出于自身利益追求，依据各自拥有的权力，对稀缺资源进行争夺。故而，权力大小在相当程度上决定着利益争夺中所得可能性。一语以蔽之，政策网络中权力结构与利益结构是同构的。这也就给我们分析政府的政策体系提供了一个视角。显然，由此来看，作者更多的是对当时政府的"政策供给"做了相当分析，而对当时来自社会的政策需求及政策执行的分析略显不足。如果能在此基础上最后再从"政策网络"高度对政府"制度系统"做一总的分析，这样的话，不仅可使著作的厚重感和现实性更强，而且还可消解至今依然萦绕在人们心头许多悬而未决的疑惑，如合作政策为何在执行中会"异化"产生大量的

"负外部性"？是什么力量使得合作制度在演进中偏离了政策的"初衷"？……对此，尽管当时学者陈仲明已有所觉察和反思："本来，合作运动是一种社会经济改革运动的具体实践形态，而事实的表现，往往非但对社会经济的改革不利，反而为经济现实中的坏的权力倾向所操纵、所控制。同时，合作社是社会经济弱者的自救运动的组织，是为了改善社会经济弱者的经济生活，为提高社会经济弱者的经济地位。同样，事实上的表现，也往往非但不能完成此项使命，反而被有社会经济操纵权的强者所利用，加强对社会弱者的压榨。中国过去合作运动的情形，虽未必尽走上反作用的歧途，但究竟有多少社会经济弱者（也就是广大的人民大众）在合作运动的开展下改善了生活，提高了地位，却也是很难说的，至于改革社会经济的不良制度，矫正社会经济发展的不良倾向，那更是有心人的一种希望了。合作社在本质上，也就是表现民主精神的一种尺度，在民主体制的制度下，代表人民的经济利益的合作组织，能发挥其民主的精神；否则，整个政治经济的体制如果是在独占、操纵、垄断的情形下，则合作组织的民主精神往往被阉割，合作运动的灵魂往往被出卖，合作的效用亦就往往被变质地利用"。但是，这种"觉察"和"反思"也只是描述性和初步的，若是借用今天学者德隆·阿西莫格鲁和詹姆斯·A.罗宾逊在合著《国家为什么会失败》中提出的"包容性制度"（inclusive institutions）和"汲取性制度"（extractive institutions）分析框架，可能会更深刻和令人豁然开朗。当然，瑕不掩瑜，说这些东西丝毫不损伤该论著的学术价值，只是从个人角度提出一点看法，以使研究更加深入而已。

是为序。

赵泉民

2015 年 12 月圣诞前于上海

目　录

第一章　导论

一　选题动机

近代（1840～1949）中国处于一个承前启后、战火纷飞、政治风云突变的转型社会，近代对整个国家与民族来说更是一个饱受内忧外患、社会局势剧烈动荡的灾难性时期。它以1840年6月爆发的中英鸦片战争为开端，以1912年1月1日南京临时政府的建立为标志，分为前、后两个时段，即1840～1911年的清王朝末期和1912～1949年的中华民国时期。1949年10月1日，中华人民共和国诞生。在短短的半个世纪内，最明显的就是代表国家权威的统治政权，如同走马换灯，在不断的起伏跌宕中重建：从1911年辛亥革命宣告了清王朝的崩溃和南京临时政府的建立，到1912年3月袁世凯在北京就任中华民国大总统，1916年的"称帝"及二次革命"去袁"，前后不过六年；从黎元洪的"继任"总统、徐世昌的"民选"总统、曹锟的"贿选"总统到段祺瑞开始"执政"的北洋政府以及张作霖的"大元帅"政府，终于因"国共合作"而兴的国民革命军的"北伐战争"①而终结，前后也不到十年，却走进1927～1937年以"国共内战"为标志的蒋介石南京国民政府的又一个十年"国家建设时期"；之后就

---

① 1926年国民革命军"北伐"前后，先后在广州、武汉和南京建立国民政府，代表中华民国南方政权（政治）力量。1928年，东北军张学良"易帜"接受南京国民政府的管辖，北伐完成，中华民国进入一种形式上统一的完整国家状态。

是 1937～1945 年以第二次"国共合作"为标志的八年抗日战争时期和 1946～1949 年以第二次"国共分裂"为标志的四年解放战争时期,历史选择了属于人民的共和国。

尽管近代中国政治纷争不断,中国社会经济却运行在其自身规律之中:由传统社会以"男耕女织"为标志的自给自足的自然经济,逐步向现代社会以市场商品交易为标志的市场经济转型①。随着对外门户的逐渐开放,商品的市场化程度逐步加深,传统的小农经济受到严重冲击;同时,政治不良的直接后果就是加剧了社会转型(即社会现代化)的阵痛。然而,就在这样一个多灾多难的转型社会时期,一场有声有色、影响千百万中国农民生计的社会经济运动——农村合作运动逐渐兴起并得到一定程度的发展。这场运动以发生于清末民初的"早期城市合作运动"为源头,最早兴起于北洋政府时期的华北(河北)地区,且普遍存在于"国共内战"与抗日战争等不同时期的多个政权下,并曾一度在 1927～1937 年的南京国民政府执政期内因政府推行的合作政策而得到快速推行,由华北而江南,再至西南、西北,几乎遍及中华大地。截至 1936 年底,全国

---

① 吴承明先生提出"现代化即市场经济"的理论假说。他认为,经济现代化可从社会变迁(包括制度和文化变迁)来验证;历史研究(经济史)研究各个历史时期的经济是怎样运行的,以及它运行的机制与效果。其中,最重要的是新的经济因素及其运行方式的出现与发展。当大量的具有划时代意义的新因素集中出现,且其发展趋势是不可逆的,即可称为"现代化因素"。一种新的经济因素(无论是生产、流通或市场的)只有引发适合于它的制度(包括政府制定的强制性规则和社会通行的道德、习俗规则)上的变革,才可持续发展,否则会被旧的僵化了的制度所扼杀。经济上新的因素的发展,尤其是因此而来的制度上的变革,必然反映到社会上,引起社会结构、家族制度、等级和群体权利、人们行为和习俗的变迁且指向是正向的、不可逆的,那就是社会的现代化因素,可与经济的现代化因素"相得益彰",成为经济发展—制度变革—社会变迁的一系列变化,即社会现代化。当然,社会变迁受多种(不限于经济)力量的影响,导致它与经济发展并不同步甚至迟缓、滞后及长时间反向;而政府行为是影响社会变迁的最重要因素,尤其是中国专制王朝的政府,具有决定性力量。此外,家族、缙绅、地主的保守势力,宗教、礼教和社会习俗的刚性以及最高层次的民族文化思想等,均成为社会变迁的制约(可分别为"积极"与"消极")性因素。参阅吴承明《中国的现代化:市场与社会》,生活·读书·新知三联书店,2001,第 6～16 页。

农村共计 37318 个合作社，社员人数达 1643670 人，且多为城乡农民[①]。

　　南京国民政府大力推行的"合作政策"，是一种服务于"国家建设需要"的政府行为，是国民党及其政府确定为实现民生主义的基本政策。这一政府行为的目的，就是运用政治力量为中国农村植入西方合作制度，以促进合作经济发展的方式来加速国民经济建设[②]，以之"复兴农村"从而完成社会经济的现代化。那么，这种新兴的合作经济是怎样运行的，以及它运行的机制与效果如何呢？或者说，合作经济在近代中国农村的出现与发展是否引发了经济发展—制度变革—社会变迁这一系列的经济社会现代化转变呢？合作制度是否适合中国农村？又与当前农民专业合作社发展有何关联？国民政府的合作政策是否能为当前的农村合作社发展提供经验或教训？又有何借鉴？等等。这一系列问题的回答有待于对南京国民政府农村合作政策的深度解读及其对相关史实的进一步分析，有待于全面客观把握、厘清史实与现实间的相关性，分析中国农村发展需要的紧迫性，一句话，还有待对这一历史史实的客观认知和正确理解。

　　由于近代中国历史本身的繁复、动荡与多变，因而对其中任一社会经济现象的诠释都极富挑战性。近代中国农村合作运动本身如此，相关研究也应作如是观。为此，笔者曾以"合作运动与乡村社会变迁"为立足点，初步就抗日战争爆发前我国华北地区农村合作运动的发生、发展给出一个系统、有力的解释，并以此完成了博士论文。在修业过程中，笔者逐步厘清了作为制度因素的合作运动自西向东输

[①]　秦孝仪主编《革命文献：抗战前国家建设史料（合作运动）》第 84 辑前言，中国国民党党史委员会编，1980。特别说明，第 84～87 辑为本研究报告的重要参考文献资料，为节省篇幅，以下行文中出自该处的史料，均只注明"《革命文献》第几辑第几页"，不再详注。

[②]　章元善：《代拟全国合作事业实施方案纲领》，1936 年 7 月 8 日，见《合作文存》（下），中国合作文献出版社，1940，第 4～10 页。章元善《合作文存》（上、下）为本研究重要参考史料，以下行文中的相同引用，均缩略为"章元善《合作文存》（上、下），第几页"。

入华北农村的基本脉络，描述了农村合作运动已经或可能进一步引发的社会变迁的多种独特现象，并总结了先后引发乡村社会变迁的三种中介代理人模式，即民间社会倡导型、民间与政府联合推动型及国家权利主导型。通过细致考察，一个深有意味的现象逐步清晰地展现在笔下：在近代华北农村合作运动的进程中，通过合作政策的实施，政府（行为）力量由最初的几乎"缺位"状态转为逐步取代了民间社会力量（因力量薄弱而难以为继）的"错位"状态——政府行为完全主导控制，民间力量被迫退出；如延续跟踪到抗战期间的大西南地区，政府甚至一度漠视合作社基本原则，凌驾于合作社主体——农民的自愿意志之上，处于一种完全的"越位"状态①。出于修业要求以及学识所限，笔者当时并未能就此展开深入的探讨。然而，这是一个事关历史与现实中国农村合作社健康发展的关键性问题——政府行为与农村合作社发展的关系问题。如何从以往历史事实中吸取更多的经验与教训，以便能更好地服务于当下相关的社会经济建设，这是史学工作者义不容辞的责任与使命。笔者有幸进入中国社会科学院农村发展研究所博士后流动站，深受合作导师对这一问题的启发和影响，从而萌生了以"政府行为与合作社发展"为切入点，就近代中国的农村合作运动做进一步研究的冲动与愿望，本研究报告的最初动机即源于此。

相对于传统中国乡村的社会结构，近代中国农村的合作运动是一种外部"嵌入式"的全新的制度安排或计划变迁（其成功与否就在于乡村社会内部的适应性）②。它最初由民间社团性质的中国华洋义赈救

---

① 参见刘纪荣《国家与社会视野下的近代农村合作运动——以二十世纪二三十年代华北农村为中心的历史考察》，《中国农村观察》2008 年第 2 期，第 28~39 页。

② 所谓"计划变迁"，即罗吉斯提出的"指导关联变迁"，是社会系统外部诸如一些机构或机构的代理人，为达到一定目的（如运用新技术救灾、复兴经济等），而有意识地介绍新思想所引起的变迁。政府、社会团体等变迁机构，试图在农业、教育、卫生及工业中引进新技术所倡导的一些发展规划，就属于"计划变迁"。根据罗吉斯提出的"乡村社会变迁"理论，他把乡村社会视为一个相对完整的独立系统；按变迁原因或鼓动者的不同来源，社会变迁可分为内发变迁和关联变迁。当变迁动力来（转下页注）

灾总会以"合作防灾"的理念开展实验，取得初步成效；继而在南京国民政府执政期，又以"合作政策"的方式向全国推行，试图由此来"复兴农村"，达到重振国民经济建设的目的（这种新制度也几乎同时被引入中共领导的苏区、边区根据地，以促进根据地经济、社会建设）。尽管国共两党最初做出这种新制度安排的动机以及效果可能不尽一致，但近代中国的农村合作运动在本质上只能是一场促使中国乡村由传统走向现代的社会变革，是中国农村由传统社会迈向现代化社会进程的首次有益尝试和积极探索。本研究所以选取1927～1937年南京国民政府与农村合作社发展关系作为研究对象，不仅是因为这一时段内的农村合作运动有一个相对完整的运行机制，农村合作社曾经相对发达；更因为南京国民政府作为这场运动的实施者和推动者，曾经付诸一系列措施和方法，经历了一个相对清晰的发展过程，并将"农村合作社发展"提升到"国家建设"这一历史高度，以此来解决民生问题（或"三农"问题）。也许这场农村合作运动的"结果"不尽如人意（并未导致乡村社会结构的质的变迁），但其发展过程本身值得深入探讨。

二 学术史回顾

1927～1937年南京国民政府执政期的农村合作运动因"盛极一时"而得到了当时以及之后不同时代的研究者的特别关注。1949年以前的研究成果已很丰富，积累了大量的历史文献资源①，但多为描

（接上页注②）自社会系统内部时被称为"内发变迁"，反之则被称为"关联变迁"。内发变迁是社会系统成员在几乎没有外界影响的条件下，创造和发展出新思想并在系统内推广，是一个系统内部的变迁现象。关联变迁是发生在系统之间，根据系统内外对变迁需要的认识，又分为选择的（社会系统内的成员受到外界影响，根据自己的需要，采用或拒绝新思想引起的变迁）和指导的两种。他解释说，当内发变迁和选择关联变迁的速度不令人满意时，就会产生"计划变迁"的需求。同时他也强调，尽管人们充满了信心，但计划变迁并非很成功。参阅〔美〕埃弗里特·M. 罗吉斯、拉伯尔·J. 伯德格《乡村社会变迁》，王晓毅、王地宁译，浙江人民出版社，1988，第10～12页。

① 参阅刘纪荣《民国时期合作运动文献述要》，中国社会科学院近代史研究所《近代史资料》总第113号，中国社会科学出版社，2006，第242～262页。

述性的"就事论事",较少有学理的分析与探讨。1949 年之后的很长一段时间内,大陆学者对此的研究因种种因素几乎陷入一种"被遗忘"的状态。1990 年后对农村合作运动的研究才陆续得到学界的关注。最早有姜枫(1990)的《抗战前国民党的农村合作运动》①;最近有赵泉民(2006)的博士论文《政府·合作社·乡村社会——国民政府农村合作运动研究》②,堪称这一研究领域的代表作。前者为"开山之作",论述翔实、精到,影响最大,但结论表现出十分鲜明的批判色彩;姜枫认为,国民党的农村合作运动在很大程度上是一场社会经济运动,而通过合作运动来解决农村经济问题几乎是"无稽之谈",其失败的命运是必然的;这种评论无疑带有时代的印记。与之结论不同的是,后者从国家政权建设角度考察了农村合作运动中的政府行为,揭示了农村合作运动从"社会行为"转变为"政府行为"的过程,以及政府在合作运动中的"强动"色彩,该论文特别指出,20 世纪 40 年代合作运动走向了行政化、统制化、国家化与基层化道路;合作运动之所以由一种以合作主义为基础的"社会行为"蜕变为"政府行为",是因为合作运动被国民政府作为建立现代民族—国家和对抗中共土地革命的国策加以推行,从而导致合作运动的功能不断被改变、扩大甚至扭曲;归根结底,合作运动之所以失败,是因为"合作制经济与依附性社会二律背反"。应该说,后者的这种见解更为深刻。

1949 年后的台湾学者对这一领域较为关注,陈岩松(1983)的《中华合作事业发展史》(上、下)③和赖建诚(1990)的《近代中国合作经济运动——社会经济史的分析》可为代表。前者就几千年来中华民族的合作事业(包括古代的合作经济思想及井田

---

① 姜枫:《抗战前国民党的农村合作运动》,《近代史研究》1990 年第 3 期。
② 赵泉民:《政府·合作社·乡村社会——国民政府农村合作运动研究》,上海社会科学院出版社,2007。
③ 陈岩松编著《中华合作事业发展史》(上、下),台湾商务印书馆,1983。

制、仓储制等）做了全面的描述和介绍，其立足点在国民党的合作事业上，重点在于介绍台湾地区 1949 年后的合作事业。后者对 20 世纪前期中国六个政权区域下的合作经济组织进行了纵向区域性的比较研究，从结构、特质与绩效三个角度说明合作经济制度所扮演的不同角色；这种从社会经济史的角度，就各个时期的合作运动分别做出系统性的考察和分析，应该是全面深入的，令人深受启发。

此外，卜国群（1994）详细研究了 20 世纪 30 年代由官方的合作运动与无党派知识分子的乡村建设运动会合而成的农村改革潮流，以及这一潮流的最终离散，从中揭示出国家、社会团体与知识分子群体的离合关系[1]。冯开文（1998）、梅德平（2004）等以新制度经济学理论考察合作社组织变迁的历史过程，分析组织变迁的绩效及其存在的主要制度缺陷[2]，认为民国时期国统区的农村合作组织是一种强制性的制度变迁，处于一种低效率状态，存在诸多缺陷和弊端，而普通平民百姓难以分享合作社组织所带来的各种收益，实际上是国民党政府所强制实施的合作社制度的最大缺陷。另有不少学者在乡村社会现代化的视野下探讨合作运动对于乡村社会现代化的意义及其局限，主要有否定和否定加肯定两种观点：否定论者对农村合作运动几乎持否定态度，将农村合作运动视为对抗土地革命的举措，认为它没有也不可能达到复兴农村经济的目的（如张士杰，1992、2000；范崇山，1992；高璐，1999；等等[3]）；否定加肯定论者则既肯定农村合作运动对于恢复农村经济的作用，代表着农村社会经济现代化的方向，又认为它并没有也不能从根本上解决农村经济危机，其意义非常有限

---

[1]　卜国群：《中国三十年代的合作运动及乡村改良潮》，《中国经济史研究》1994 年第 4 期。

[2]　冯开文：《建国前农村合作组织低效率的原因探讨》，《古今农业》1998 年第 3 期。

[3]　张士杰：《国民政府推行农村合作运动的原因与理论阐释》，《民国档案》2000 年第 1 期；高璐：《析国民党农村合作运动》，《安徽史学》1999 年第 3 期。

（如林善浪，1996；任荣，2000；付宏，2001；李莉，2004；汪效驷，2005；廖建林，2006；等等①）；与上述不同的是，潘劲（2002）分别对民国时期由中国华洋义赈救灾会（简称"华洋义赈会"）、乡村建设派和国民政府领导创办的合作社的成效与不足进行了分析并做出了较为中肯的评价②；魏本权（2005）将 20 世纪前期的合作运动视为一个"合作化"的过程③；刘纪荣（2007）在"合作运动与乡村社会变迁"框架下，详细考察合作运动与 20 世纪 20～30 年代华北乡村社会变迁的相互关系，认为抗战前华北农村合作运动的整个过程，不仅为濒临破产的乡村社会"安排"了一种近代合作制度，而且出现了从"商资归农"到现代农业金融制度的初步确立等一系列乡村社会变迁（制度变迁）及变动④。20 世纪 50 年代至今，中国大陆和台湾学界在近代农村合作社发展的资料整理方面付出了不少努力⑤；至于国外有关近代中国合作运动史的研究成果至今极为少见，连享誉海内外的《剑桥中华民国史》仅以只言片语提及此事；美国学者易劳逸和艾恺在相关研究中虽有涉及，却均只有不足 3000 字的

① 林善浪：《中国近代农村合作运动》，《福建师范大学学报》1996 年第 2 期；任荣：《民国时期合作运动发展述略》，《档案与史学》2000 年第 5 期；付宏：《论 1927～1936 年南京国民政府的农村合作运动》，《西南师范大学学报》2001 年第 1 期；李莉：《论南京国民政府时期的农村合作运动》，《徐州师范大学学报》2004 年第 3 期；汪效驷：《民国时期安徽农村合作运动》，《安徽师范大学学报》2005 年第 5 期；廖建林：《十年建设时期南京国民政府农村合作运动及其实施成效》，《江汉论坛》2005 年第 3 期。

② 潘劲：《民国时期农村合作社的发展与评价》，《中国农村观察》2002 年第 2 期。

③ 魏本权：《20 世纪上半叶的农村合作化：以民国江西农村合作运动为中心的考察》，《中国农史》2005 年第 4 期。

④ 参见刘纪荣《合作运动与乡村社会变迁：以 20 世纪 20～30 年代华北农村合作运动为中心的历史考察》，《中国农史》2007 年第 1 期。

⑤ 如严中平等编《中国近代经济史统计资料选辑》（科学出版社，1955），章有义编《中国近代农业史资料》（第 2、3 辑，三联书店，1957），薛暮桥、冯和法编《〈中国农村〉论文选》（人民出版社，1983）等均收录了大量有关 20 世纪 30 年代农村合作社的文章；而台湾学者秦孝仪主编《革命文献：抗战前国家建设史料（合作运动）》第 84～87 辑（中国国民党中央委员会党史委员会，1980～1985），称得上是近代合作运动研究不可或缺的重要参考资料。

简略介绍①。

纵观现有研究成果，大多致力于近代农村合作社发展"结果"和"整体"的分析和评价，而忽略了对至为重要的"过程"和"细节"的详细深入的考察。就南京国民政府与农村合作社发展的关系而论，抗战前后的"合作政策"有着明显的变化和调整②，特别是政府指导合作政策实施的方针和原则已由战前的"引动"转向战后的"强动"，这种政策转向实际上是国民政府与农村合作社发展关系的一个分水岭，却为迄今大多数论者所忽略。前期较为遵循合作制原则，以农民为合作社发展的主体，政府（及有关民间团体）站在一旁"引动"的位置，主要提供促进农村合作社发展的各种配套政策机制；后期则因战争环境所致，政府（中央及地方政府）急于汲取各种资源而实施"统制经济"政策，以满足战争需要，已顾不上合作制的既有原则，同时以牺牲农民自愿组织的主体性特征为代价，对发展农村合作社采取一种"强动"的姿态，从而引发了比前期更多的问题与弊端。然而，现有关南京国民政府时期的农村合作运动研究大多未做这种区分，即便少数研究（包括笔者）有前、后区分，也并未细致考察合作政策实施机制的不同细节与过程。笔者认为，正是由于前期农村合作社发展基本建立在合作制原则基础上，加以实施了一系列较为有效的配套机制和措施，战前国民政府农村合作运动才有

---

① 参阅〔美〕费正清《剑桥中华民国史》，章建刚等译，上海人民出版社，1991；〔美〕易劳逸《流产的革命：1927～1937年国民党统治下的中国》，陈谦平、陈红民等译，中国青年出版社，1992；〔美〕艾恺《最后的儒家——梁漱溟与中国现代化的两难》，王宗昱、冀建中译，江苏人民出版社，1993。

② 南京国民政府"合作政策"的形成与实施可分为五个阶段：1928～1931年为政策发轫期，主要动机是把合作事业作为国家社会经济建设的一项政策工具；1931～1935年为救济政策期，其动机有二，即透过农村合作社组织的贷款，一为救济1931年长江流域水灾难民，一为救济1932～1935年间鄂豫皖赣四省区战后的乡村重建；1935～1937年为政策推展期，各地政情较稳，计划展开全国性的建设；1937～1945年为抗日战争期（含工业合作运动），借此组织民众生产、统制经济和安顿部分难民；1945～1949年为复员建设期，试图重整恢复战前的合作事业，但国共内战持续，因而受限。参阅赖建诚《近代中国合作经济运动——社会经济史的分析》，正中书局，1990，第91页。

了"盛极一时"之景象。如何解释这种现象，以便较为完整地厘清国民政府与农村合作社发展的关系，有待于深入挖掘这一发展关系间的"细节"与"过程"。唯有如此，方能更全面地发现问题，更系统地总结经验，更客观地做出评价；唯有如此，或能更有效地服务于当今社会主义新农村建设与发展农民专业合作社的客观需要。这既是本研究的旨趣所在，也是选题的学术史原因。

三 本研究的现实意义

当下困扰中国社会经济发展的"三农"问题，诸如农民负担过重、农业经济不振、农村发展滞后等与历史上的同类现象的"表现形式不同，时代特征有别"，但种种现象背后一个不争的事实是：农村发展滞后或不发展已经成为整个社会经济发展的根本性制约因素。这是历史和现实间呈现得"惊人相似"。自 2007 年 7 月 1 日《中华人民共和国农民专业合作社法》实施以来，全国各地农村合作社均得到不同程度的发展，也出现了背离合作制原则、政府干预过度、合作社规范不足等诸多新情况和老问题。有鉴于此，本研究无论是"从现在出发来理解过去"，还是"在过去的基础上来理解现在"都是极为必要的，富有学术研究价值，具有强烈的现实意义。

需要说明的是，本研究中的南京国民政府包含中央和地方政府两个层面。因为合作政策的实施走的是一种"先地方、后中央"的路径，且全国性的合作政策直到 1937 年前才真正确立起来，因此，在中央合作政策出台之前，江浙等地方政府已经率先出台地方性的农村合作政策法规，局部开展了农村合作社组织活动，之后其他各地方政府也先后效仿，局面较为"混乱"；为逐步统一、规范各地农村合作社发展秩序，南京国民政府才正式出台了相关法令、法规，并建立了统一的政策机制以加强管理，促进农村合作社发展。政府所行使合作政策的职能即合作行政，就是促进、指导、监管农村合作社发展，确保合作政策的有效实施。这实际上就是政府与合作社发展关系的重要体现。不仅如此，随着政策的推广及农村合作社的逐步发展，政府意愿同时加强并渗透到合作教育、合作金融等诸多领域，而原处于"共同推进"农村合作社发展的民间力量如华洋义赈会等逐步被"边缘化"。有鉴于此，本研究以南京国民政府中央层面"合作行政"的解读与分析为重点，兼及地方合作行政考察，以厘清从中央到地方整个合作行政体系的建立过程、合作行政过程中的具体措施及其利弊得失。而由于各地方合作行政的具体背景、实施力度等差异较大，且其与之相关的成效也各有千秋，因而详细阐明各地方合作行政所存在的问题实为本课题研究的难点，有待于区域性或个案研究的具体展开。这应该是本课题研究须进一步努力的地方。

四　若干名词解释

因行文中涉及若干专用名词，如合作行政、合作制度、合作指导、合作教育、合作金融、合作立法、合作训练、合作组织等，容易引起歧义，特别是合作立法、合作行政、合作教育、合作金融为本研究报告的关键词，且带有特定的时代背景意蕴，故正式行文前，有必要做一些特别说明和解释。

（一）合作立法

合作立法即合作社立法，通常为维护合作社正常秩序、确立合作制度的法理基础而进行的一系列正式的制度安排。从近代以来百余年的合作运动历程来看，合作立法是大多数国家影响合作社发展的最主要和最普遍的形式，也是奠定政府与合作社关系的法律基础[1]。合作立法的目的有三个。一是确立其合法性，允许合作社作为一种独立的组织形态开展活动。如西方合作运动早期制定合作社法律的英国、德国、法国等，通过制定合作社的相关法律，将合作社这一组织形式合

---

[1]　张晓山、苑鹏：《合作经济理论与中国农民合作社的实践》，首都经济贸易大学出版社，2010，第91页。

法化，为其日后的健康发展创造良好的制度环境。二是将合作社从反垄断中豁免出来，即允许农民通过采取集体行动的方式，联合起来对付加工商、中间商等，提高市场竞争力，保护基本权益。如美国的《卡帕－沃尔斯坦德法》，该法为美国农民的合作组织提供了有限的反托拉斯豁免权。三是推动某种经济社会事业的发展。这在亚洲国家尤为突出，如日本 1900 年颁布的《产业组合法》，其用意就是要通过推进合作事业发展，来加速国家工业化进程，减少工业化中的城乡差距，避免出现社会两极分化。近代中国的合作立法目的类似于第三种。

考察合作社立法的历史进程可知，第一部涉及合作社的成文法为英国 1852 年颁布的《工业和互助会法》。而最早以宪法条文形式给予合作立法规定性的国家为瑞士，早在 1869 年，瑞士就在《宪法》中指出："国家应鼓励以互助为基础的合作事业的发展，并应给予便利。"① 19 世纪末 20 世纪初，西方合作制度最先传入亚洲的日本（1900）和印度（1912）。日本基本仿照了德国模式，而印度则以英国法令为蓝本。事实上，早在 1904 年，印度就通过了《合作社贷款法案》，帮助农民获得低息贷款、摆脱高利贷的剥削。日本和印度两国的合作立法为近代中国合作立法提供了借鉴。

合作立法已经成为世界各国法律体系中一个重要的法类别，其立法模式大体可分为三种。一是综合单独立法模式，即制定适于各类合作社发展的合作社法，对各类合作事业进行综合规范，合作社法是合作经济的基本法。此以英国和德国为典型代表。二是分业单独立法模式，即在已有合作社综合立法的基础上，就每一种类型的合作社进行单独的立法。此以日本、韩国为典型代表；日本仿效德国合作社法于 1900 年颁布了《产业组合法》，这部合作社综合法后，又陆续颁布了工业、商业、农业、消费、水产、畜牧、蚕业等领域合作社法。三是

---

① 严瑞芬主编《合作经济理论与实务》，北京出版社，1990，第 89 页。

基本统一适用民商法模式，即一般没有专门的合作社综合立法，合作社立法附属于民法或商法，合作社被视为类似于公司的商业团体，法国是该模式的典型代表，法国是通过民法典和商法典共同对合作社进行调整。随着合作社经营领域的广泛化、专业化发展大趋势以及由此带来的合作社组织行为的异质性，合作社的立法趋势是向着以分业单独立法的方向发展的[①]。由此看来，南京国民政府的合作立法无疑是一种综合单独立法模式。

总之，合作立法须明确合作社的合法地位，保护合作社的合法权益。诸如制定对合作社的各种税收减免优惠政策，提供注册及信贷上的便利，给予财政补贴或扶持以及从反垄断法中豁免出来等，是许多国家特别是亚洲国家合作立法所采取的做法。

（二）合作行政

近代最早的合作社多起源于民间的自发组织。英国罗虚戴尔公平先锋社定有"政治中立原则"，当时并无相关法律法规，即最初并无所谓"合作行政"，仅限于合作社到有关行政部门依法登记、经营。后来，不少国家对其合作事业采取指导奖励与扶持政策，实行统一立法与统一行政，由政府专设机构负责推行督导，即所谓的"合作政策"。合作行政成为履行国家有关合作政策所赋予的一种政府职能、执行国家相关政策的机构体系。因此，从逻辑上看，合作行政只能是合作政策的产物。

我国初期的合作事业由知识分子及华洋义赈会创导实施，合作行政仅限于考成、登记，合作组织并没有取得完整的法人资格；自1927年国民政府定都南京后，国民党就视合作制度为一贯的经济政策，逐步加以实施，以合作事业为基础，以期实现三民主义国家经济[②]。行文中的"合作行政"，是南京国民政府时期立足于合作政策

---

① 参见欧阳仁根《试论我国合作经济法律体系的构建》，《中国农村观察》2003年第2期，第62～63页。

② 寿勉成：《中国合作经济问题》，正中书局，1938，第66～67页。

需要的一种特定的"政府行为"。因而，合作行政可定义为"基于保育国民经济及公共福利之目的，根据政策之决定，从事合作事业管理的一种国家作用或政府职能"①。据日本法学权威美龙布达吉的研究，这种作用包括权力作用和非权力作用，或法律行为与事实作用两种②。在某种意义上，合作行政机关几乎成为"合作行政"的代名词。

1. 合作行政的主要职责

南京国民政府"以致力于合作事业的推进作为既定的方针政策，除采用指导制度以辅助其发展之外，其居于监督及计划推进之合作行政机关，也居于指导合作事业的重要地位"③。也就是说，合作行政是涵盖了合作指导、合作教育或促进以及其他同为推行合作的一种有效方法，三者之间关系十分密切④。由此可知，合作行政的主要任务或职责就包括：①合作社登记注册；②合作事业的计划、促进及奖励；③合作事业调查统计；④合作人才训练；⑤合作指导员及合作社的考核与监督。

合作社的登记属于合作行政的重要内容。凡合作社的成立、变更、合并、解散以及合作社联合社的成立等皆需要合作行政机关登记备案；其未经登记而开始营业者被视为非法，并在取缔之列。登记的作用有二：一方面为保护合作的顺利发展；另一方面为防止流弊的产生。换言之，登记为保护良好合作社并取缔不良合作社的一种方法，是把握合作事业健全发展的第一道关口。这方法运用得当，则凡"合乎合作原理、宗旨纯正、手续完备的合作社，皆可取得法人资

---

① 林嵘：《合作行政的基本概念》，《合作事业》第1卷第1期，经济部合作事业管理局编印，1939，第5页。

② 林嵘：《合作行政的基本概念》，《合作事业》第1卷第1期，经济部合作事业管理局编印，1939。

③ 梁思达：《河北省之信用合作》，硕士学位论文，南开大学经济研究所，1936，第271~272页。

④ 寿勉成、郑厚博：《中国合作运动史》，正中书局，1937，第228页。

格，并受政府的保护与监督"；合作社因有这种法律地位，故能循序发展其业务，合作的效用也"自可逐渐显著"。若办理不当，则不仅合作社登记的意义"丧失殆尽"，真正形同"走过场"，且足以鼓励弄虚作假，对合作事业可谓"贻害无穷"。由此可见，"登记"对合作事业的发展前途关系重大。

合作事业之计划或规划为各级合作行政机关设计之嚆矢。结合当地的实际情形，从整体上规划设计、积极促进并奖励农村合作事业，按计划循序渐进，以免盲人瞎马之弊，而致合作事业于发展健全之途，应是推行合作政策的各级行政机关的主要任务。诸如辖区内农村合作事业发展的普及程度，农民对合作意义的认识和了解等，皆为合作行政机关所应努力者。此外如对工作人员的奖惩，也是合作行政机关的重要任务。

合作社的调查统计即上级合作行政机关可令其行政系统之机构，责成各省合作行政机关转令各县合作行政机关及指导员，就近调查合作事业的概况及其进展情形，逐月或按年报告，制成调查统计，以备执行行政时之参考①，由此可见，合作调查统计的重要性，非同一般。合作社调查有因分类标准不一而无法综合统计的，故必须由主管机关负责划一办理为宜。河北省原有指导视察系统，其举办调查统计较为容易，如华洋义赈会及华北合委会各设有视察课，课内除科长外还有视察员及调查员若干人，专司调查统计事宜。

合作人员之考核，即合作指导员工作勤惰之考绩。监督与考核原为合作行政机关用以砥砺工作人员尽心职守、提高行政效率的重要工具；对推进合作指导、校正指导错误以及评定指导员成绩等，颇具切实意义。唯有严密的监察考核，才有健全的合作社组织。合作社的考核与合作社登记同等重要，但两者作用不同：登记为防止非法合作社

---

① 所谓"合作行政之参考"，系指这种调查报告既为行政机关或指导机关设计、推行合作之参考，又是合作社社务考成及工作人员考绩之依据；指导机关对合作社及工作人员的考核，也以此为蓝本。

的产生及保护良好合作社的存在；考核是对已成立的合作社加以成绩进度的考成定级，以做放款及指导改进的依据。该项任务多由合作指导员担任，向行政机关报告；唯指导员考核其本人指导的合作社，自不免"褒多贬少"，不足为据，当由独立的视察机关任之①。

2. 合作指导制度

"合作行政"与"合作指导"原为不同形态之工作职责。在政府合作政策的推动下，合作行政机关首先面临的并不是合作行政第一要务——登记，而是指导建立合作社，因此多把合作指导视为重要的甚至是首要的工作任务。所谓合作指导制度，即合作指导员制度。在近代中国，合作指导员的设立，最早始于中国华洋义赈会聘请于树德为专职合作指导员，从事合作宣传与指导。而作为制度形态的合作指导制度，则发端于最早推行合作事业的江苏。

江苏省合作行政主管机关采用自上而下的方式，由政府派遣曾经受过训练的合作指导人员分赴各地"负责启发民众自觉自动组织各种合作社"，借以增进民众经济基础，改善民众生活。因此，合作指导制度实际上包括两个层面：第一，培训合作指导员；第二，合作指导员下乡指导合作社组织。政府为推行合作事业，首先需要培养大量的合作指导员。实际上，合作指导员或合作人才可分为不同形式，如初级（负责乡村宣传、指导方面）、中级（负责视察、监督方面）和高级（负责合作事业的计划、促进方面）之分。而合作人才的培养或训练（有关合作人才训练属于"合作教育"范畴，详见下目），特别是普通合作人才的训练，多由合作行政机关举办训练班来实现，用以充实各地的合作指导人员，而有利于合作事业的进行。然而，这种行政机关所造就者多为初级指导人员，对于中级、高级合作人才则少有顾及。所以，合作指导与合作教育、合作行政等在政府合作政策引

① 梁思达：《河北省之信用合作》，硕士学位论文，南开大学经济研究所，1936，第215页。

导下，并无严格意义上的区分。私立南开大学经济研究所首批合作课硕士梁思达曾指出，我国政府以致力于合作事业的推进作为既定的方针政策，故除采用指导制度以辅助其发展外，其居于监督及计划推进之合作行政机关，也居于指导合作事业的重要地位；这是东亚各国推动合作事业的普遍政策，与西欧各国合作行政机关仅负责保护监督的情形可谓"截然不同"①。

3. 合作行政体系

合作行政体系犹如政府行政系统一样，有多个层级。而政府行政体系有中央与地方之别，地方行政系统又包括省市县区乡镇保甲等；与此不同的是，合作行政体系止于县（区）。在合作行政体系统一前，各地方的合作行政体系较为混乱，并没用统一的设置，但设置合作指导员则较为一致。通常的做法是，县设合作指导员，由指导员直接与各乡村民众联系组织合作社。在中央合作行政机关设立后，合作行政体系才得到统一；但各地方特色依然存在，政令也难以具体落实（详见各章具体论述，此不赘述）。

4. 政府与合作行政之关系

关于合作事业的推行有三种不同持论态度。第一为合作政策论，认为合作事业应"完全由政府力量来推动"；第二为合作运动论，认为合作事业应完全由人民自动推行；第三为民主本位论，认为在民主政治制度下，政府应积极指导、计划合作事业，但不能妨碍或摧残人民主权，由人民在政府计划的框架下自由组织推行。民主本位论持论折中，颇为得当。故合作事业之管理，实非政府之权力作用，而是由自觉组织者在国家助进政策之下，为求政策的顺利进行，不能不在一定限度内，赋予合作组织以某种义务，即接受政府的监督。那么，合作事业之管理——合作行政以单纯权力作用为内容者，从理论上

---

① 梁思达：《河北省之信用合作》，硕士学位论文，南开大学经济研究所，1936，第271～272页。

（并非实际层面）来探讨，其理由主要分两大层次，10个方面。

首先，就政府层面而言，①民主政治之政府，行政范围应尽量扩大。所谓扩大，非指权力作用特别庞大，而是指为民谋福利之活动应尽量扩大。这样就可使"民治、民有、民享"的程度趋向深刻；所以政府对合作事业之管理，实非权力滥用，而是民主政治的必然结果。②（非民主）政府作为保育国民经济及公共福利计，无论在何种政治制度下，均有管理合作事业的理由。③现在政府为应对非常局面，一切均实行统制政策，如合作事业不在统制之列，则必生紊乱而乏实效。④政府为实现三民主义的经济制度，尤其需要借助自身力量，管理合作事业，以期早日实现目标。

其次，就合作系统本身来说，①我国人民教育未普及，难图合作运动的普遍发展，政府管理合作事业，可以为之助。②人民教育程度低落时，合作事业极易为不良分子所利用，而无法加以纠正，长此以往，将使不良分子借合作之名，行奸诈恶毒之实，利民事业，反致害民；政府管理合作事业，可借行政力量，去莠存良，使合作事业正规发展。③社会人士未明合作意义，时有消极对待甚至忽视者，由政府管理合作事业，可从旁启迪，转变观感。④与合作利益不调和之阶层，常立于公然对立地位，而加以抵抗。在合作组织尚不健全、能力薄弱时，极易为此种势力所压抑而消沉。⑤合作事业在自身发展进程中，由于区域性发展的不平衡，容易出现内部步调不齐、相互摩擦现象。⑥合作事业的自然发展，出于自身的限制，不易发生积极效用，从而丧失谋求事业发展的信心。

（三）合作教育

合作教育是一个新名词，有狭义与广义之分，通常指狭义，有时与"合作训练"同用。合作教育伴随着近代合作制度的出现而产生，是整个社会教育的一部分，同时与普通教育又有其鲜明的界限：因渊源于合作制度而来，故其设施必须以合作原理为依据；其目标就是用合作社的方式，由做而学，由行而知，以改造一切现实社会生活。由此可以说，合作教育是一种启发和传播合作思想与理念、培养和训练合作信仰及精神、发挥并运用合作社力量的社会生活行为。简言之，一切有关合作事业的社会生活都属于合作教育。它是现代教育范畴的一个新兴领域，在现代教育中具有重要的地位及意义。合作教育的重要意义在于：它既是健全合作社的根本保证，又是启发（或澄清）人们正确（或错误）的合作观念和认识的唯一利器，同时还是培养合作人才、确保合作运动顺利发展的重要措施。

正如有学者指出的，现代教育只有适合乡村社会与民众生活的需要，才能成为时代建设的工具。事实上，一方面适合民众生活需要，另一方面发挥教育意义，除合作社外，确无他图[①]。由于合作社的组织成员全部为乡村民众，合作社实施的组织训练，直接面对的就是农民大众。因此，合作教育在民众教育领域中的重要性更为明显。民国时期著名的社会教育家朱若溪，同时也是合作教育的积极倡导者，他认为，用合作社来改善民众的生计，只是尽了合作社的部分责任，应进一步用合作社的组织来实施全部的民众教育[②]。20世纪20～30年代所有的民众教育机关，无不以举办合作社为生计教育的主要工作[③]，就是一个很好的注解。

合作教育的实施，始终围绕合作社或合作事业而服务，其真正的核心对象就是合作社，其服务的总体对象是合作事业。合作事业之基础是健全的合作社；合作社之基础是健全的社员和职员。由此，合作教育之目的就在于推进合作运动或繁荣合作事业；而培植合作人才、启发民众对合作运动之自觉，是实施合作教育之最大目的。根据合作教育目的和对象的不同需要，合作教育可划分为以下几种形式或分类：①激发民众的合作意识，促进民众对于合作运动的自觉，如举办合作宣传周活动、印发合作小册子、出版合作刊物等，俗称合作教育

---

①　胡昌龄：《合作教育》，中央合作指导人员训练所，1935，第2页。
②　朱若溪：《以合作社为民教中心机关之倡议》，《山东民众教育》1935年第5卷第9期。
③　郑大华：《民国乡村建设运动》，社会科学文献出版社，2000，第198～213页。

启蒙；②训练合作社社员及办事人员，如职员训练班或合作讲习会等，为初级合作教育；③培养合作社指导人才，如指导员训练班或养成所，为中级合作教育；④培植合作社之专业实务人才，合作社的种类较多，故须有专门知识及研究的人才才适合经营管理，如专门机构或学校开设的合作科（系）、合作学院或研究院等，此为高级合作教育。

合作社是一个自动自主的组织，其社务、业务之进行，依赖其自己的分子之经营，事业的规划和设施应取决于社员自己的意志。然而，合作社虽设有社员大会为一社之最高权力机关，同时下设理事会（负责执行一切社务及业务）和监事会（负责监督社务），其办事人员为区别于其他社员，通称为职员（又称理事、监事和干事员）。职员如不明了合作之意义及办事方法，其举措不当甚或茫无头绪、莫名所以，势所必然。故有职员训练班或讲习会之设，授以合作知识及技术，以造就各地方乡村的合作领袖、加强合作社的内部管理为目的。

合作事业之需要，以农民最为迫切；而知识贫乏、顽固守旧，亦以农民为最甚。若任其自动兴起，势必难能。故我国合作事业之推行，必依赖于指导制度；而我国幅员辽阔，农村经济建设必须得大批合作指导人员深入民间，始可兴办。这些指导人员需要对合作理论有深切的认识，并熟悉乡村情形，尤须具备丰富的指导工作经验；因而在实施合作教育时，视合作指导人员的养成为其重大目的。

有规模的信用合作社，实为银行之雏形，其主事者必须具有银行知识，能够充分发展业务；消费合作、运销合作等偏重于商业行为，尤须熟悉商业情形才可稳操胜券，此外，农业合作、工业合作、合作簿记、保险合作、医疗合作等皆为专业类属。既明了合作原理，又掌握相应专业知识的人才，颇为难得，因此，专门培植合作实务人才，成为实施合作教育的重要目的之一。

造就上述人才，只体现了合作教育的部分目的，还不能厚植合作事业的基础。因为合作社的基础在全体社员，合作事业的发展，以达于全民众为止境。同时，指导人员只是作用于"推动"，办事人员及实务人才只限于少数人的自动经营，皆非"治本"。欲图合作基础稳固，首要提高全体社员的合作意识，达到人人可做合作社职员的目标；欲图合作事业的普遍发展，必须启发全民众对合作充分认识，从认识而信仰而自动组织。故此，启发民众的合作意识，无疑是合作教育目的之最重要部分。

（四）合作行政、合作指导与合作教育的关系

合作行政机关的普通任务有合作社登记、合作事业之计划、合作事业促进及奖励、合作事业之调查统计、合作人才之训练、合作人员及合作社之考核等；实际上，合作行政涉及合作教育、合作指导、合作立法等多种设施，几乎包揽了合作事业的大部分事项，可谓"任重道远"！事实上，在合作政策的推动下，合作指导、合作教育与合作行政均为推行合作的不同方法或机制，且三者之间的关系十分密切[1]。

为此，南京国民政府行政院实业部合作司首任司长章元善，凭着多年从事合作事业的亲身经历，在抗战前期曾手订《合作行政设施原则》，把合作事业置于国家整个经济制度之中，以使其发生最合国家需要的效用。他所坚持中央合作行政之态度为"求实效于永久，不求速效于一时"；应以人民需要为前提，以地方环境为背景；中央法令示以大体上之准则规定，给地方实施处处多留伸缩余地。因此，他一贯指出，合作行政如合作社的登记、监督等，就是政府尤其是地方政府应尽之责；政府颁行法令，在政府系统之内设置人员，办理法律上的一切手续，这是政府应办之事。将来合作事业无论发展到什么程度，政府引动的工作或许可以停止，但是登记与监督的责任却是始终必须履行的。[2]

---

[1] 寿勉成、郑厚博：《中国合作运动史》，正中书局，1937，第228页。
[2] 章元善：《合作与经济建设》，商务印书馆，1938，第43～44页。

他特别强调的是，合作社应由人民自动组织，其不能时，由政府促成之，以培养其能力；合作社之业务视人民之急切需要而定，从简单易行之业务入手，而不以指导者之主观为条件；政府应集合各方力量，先求单位合作社之普遍与健全，联合社之组织俟其自然产生，不可强勉图速；联合社之业务视其性质，必要时可由政府筹设机关代行之。合作事业除了发展生产，坚强人民经济能力之外，合作事业设施应与各种乡村改进事业，如农业推广、教育、卫生普及及其他地方自治事务，尽量互谋联络，避免重复。这样做的前提是应分清主次，办合作的人，先将力量集中在合作社的组织，以余力兼顾其他，万不可宾主不分，兼收并蓄，越希望百废俱兴，结果越容易弄得一事无成。作为政府行为，提倡合作关键是从唤起民众入手，仍要人民自己感觉到合作的需要，进而自动地组织。这些都为合作行政设施的主要原则。

合作行政为政府部门监督及促进合作事业之张本，尤其在当时国家以合作政策推动合作事业发展的局面下，行政管理更为重要。"促进"一项包含宣传、组织、指导、协助四事，供给资金为协助之一端。然而，推行合作行政，一方面需要有效的行政系统，另一方面更需要学养深厚、经验丰富之人才。梁思达曾就河北省合作行政深入考察后指出，河北省之合作行政机构"系统固已统一"，在合作指导推进方面，也因原有华洋义赈会、华北农业合作事业委员会等各机关的努力而显得"人才济济"；但各级行政机构内部需要改革之处尚多，而造就合格的合作社登记人才，堪为改革之急务①。

上述认识和看法，基本代表了国民政府一种负责任的态度和学界所表达出对合作行政尤其是合作社登记的普遍注重，同时也留给了后人充分的启示与借鉴。抗战时期农村合作运动尤其为国民党和国民政府所重视，但从抗战后农村合作社发展的事实而论，国民政府因战时

---

① 梁思达：《河北省之信用合作》，硕士学位论文，南开大学经济研究所，1936，第223～224页。

客观环境需要，已经背离了原定有关合作政策的实施方针，更偏离了章元善主政合作司所坚持的"曲线引动"原则。

（五）合作金融

合作金融素有合作运动的"血液"之称，也被称为"发展合作事业的金融机关"[①]。合作金融与合作立法、合作行政、合作教育一样，都属于合作制度范畴，是一种条件资金融通的新制度安排。它的基本功能和职责就是调节合作社资金融通。"信用"与"金融"虽"名异"而"实同"；信用是金融的基础，金融则为信用的表征。如此，可以说，合作金融亦即信用合作，信用合作也就是合作金融。更确切地说，信用合作是合作金融的原始形态。如1919年10月22日，薛仙舟创办的上海国民合作储蓄银行，被视为我国最早出现的合作金融组织。但它并不为合作社融资，而是采用信用合作制的形式专为平民提供小额信用借贷和储蓄便利的一个新式银行，或者说是一个城市（平民）信用合作社而已。

近代信用合作制发源于德国，大体可分为三大系统：赖夫艾森系、许尔志系、哈斯系。其中，哈斯系最晚，乃为前两大系列的综合继承。前两系的区别异同如表1-1所示。

从表1-1可知，许、雷二氏创办信用合作社的性质虽有不同，但均从救济平民或农民、举办慈善事业中积累了经验，其结论是："欲改善人民生活状况，必须依靠人民自身的力量。"[②] 这是信用合作社最基本的信念和成功之处。诚如于树德指出的，信用合作社是最良好的平民金融机关，可以养成平民储蓄的习惯，可以借给平民低利的资金，可以增长平民人格信用，可以指导小产业者殖产兴业的方法，可以发挥民众自助的精神，可使地方自治得一有力的保障[③]。

---

① 梁思达等编著《中国合作事业考察报告》，南开大学经济研究所，1936，第124页。
② C. R. Fay, *Cooperation at Home and Abroad*, London: P. S. King and Son LID, 1925, chap. 2, p. 19.
③ 于树德：《信用合作社经营论》，中华书局，1929，第1页。

表 1-1　德国赖夫艾森系与许尔志系两种信用合作制比较一览

比较\种类	赖夫艾森系	许尔志系
社员成分	德国西部之乡村农民	德国东部之城市平民
性质	以基督教爱邻如己作为合作经营之道,信奉邻里主义	无宗教色彩,以发展平民经济为主,信守个人主义
组织原则	1. 以人格信用为保证,注重道德 2. 采用无限责任制 3. 可分期缴纳小数额的资金为股金 4. 营业范围狭小,限于熟悉的村落	1. 入社开放,无资格限制 2. 采用有限责任制 3. 社员须出一定金额为入股金 4. 区域广大,以城市社区为主
业务管理	1. 信用之外,可兼营购买、运销等 2. 办理对人或对物信用之长期金融 3. 以社员勤勉、正直等人格信用为贷款依据 4. 贷款限用于生产用途 5. 内部实行中央集权或垄断管理	1. 专营信用业务 2. 贷款以短期抵押金融为主 3. 以社员经济能力为贷款依据 4. 不过问社员贷款资金用途 5. 非垄断性管理
与政府关系	社员自助,也不排斥政府援助	社员自助
盈余分配	盈余不得分割,用于公益事业	公积金和红利均可分配

资料来源:吴藻溪编《近代合作思想史》(上),棠棣出版社,1950,第130~133页。

　　合作金融是近代中国实施合作运动过程中亟须解决的重大现实问题,也是一个有待深入探讨的理论问题,引起了早期合作界人士的高度关注[①]。实质上,合作金融作为合作运动不可或缺的重要运行机制之一,也是整个国家金融制度的重要一环,它的中心任务就是完成合作社自身独立的金融系统,即农村信用合作社(基层)—区、乡、镇信用合作社联合社(中间)—县信用合作社联合社(或基层合作金库)—省市合作金库(中层)—中央合作金库。

[①]　当时有关"合作金融"这一问题多有专论,早期如王世颖译《农业金融概论》(上海黎明书局,1932)、吴敬敷著《农业金融制度论》(商务印书馆,1935)、徐渊若著《农业仓库论》(商务印书馆,1935)及欧阳翰存译《农仓经营论》(商务印书馆,1935)等;后者如侯哲苍《论中国之合作金融问题》(《中农月刊》第1卷第2期)、李景汉《中国农村金融和农村合作问题》(《东方杂志》第33卷第7号),寿勉成《我国合作库之沿革和将来》、林和成《民元来我国之农业金融》(均见朱斯煌编《民国经济史》,《银行周报》纪念刊,1947)。

第二章　南京国民政府农村合作
政策的历史背景

在国民政府建立之前，孙中山（1866～1925）等国民党人就对西方合作运动做了最初的了解并加以积极宣传。而包括孙中山在内的大多数国民党人与享有"合作导师"美誉的薛仙舟的交谊，不仅仅成就了《全国合作化方案》，而且该《全国合作化方案》为国民党执政后推行合作政策做出了最初的理论阐释与蓝图设计。由中国华洋义赈救灾总会引导民众组织的农村合作社早已存在于北洋政府直隶（河北）地区的现实，也为新建立的南京国民政府所赏识与认同，特别是其有关农村合作社制度建设方面的成就，为政府推行合作政策提供了宝贵的借鉴和参考。因此，考察南京国民政府农村合作政策产生、形成的历史背景，当以此为重点。

第一节　孙中山及早期国民党人的合作宣传

在早期合作思想传播过程中，特别引人注目的是在合作思想的传播者队伍中涌现了一大批同盟会成员、国民党人，表明了国民党人对西方合作思想的积极关注。可以说，在近代中国的政治领袖中，以孙中山为核心的早期国民党人对西方合作制度的理解和阐述，已成为"总理遗教"的一部分，而被后继者所认同。诚如日本学者菊池一隆所指出的，中国国民党对农村合作运动的关注，"其源头在孙中山，其重点是欧洲合作运动中的消费合作社"①。

一 总理遗教——孙中山的合作思想要义

孙中山，名文，字逸仙，广东香山（今中山）人，中国国民党创始人，被尊为中华民国"国父"，被中国国民党尊称为"总理"。他早年奔走革命，其伦敦蒙难之际，正值英国工人消费合作达到高潮之时，故而熟悉当时英国消费合作社的情况，尤其是"费边社"的合作主张及韦伯夫人的《英国合作运动史》②。自 1912 年南京临时政府建立后，孙中山分别在不同场合集中阐述了其政治纲领"三民主义"，并表达了对西方合作制度的特别关注。归纳起来，其合作思想要义集中在以下几个方面。

（一）消费合作社是"分配社会化"的一种新发明

孙中山认为，"民生是社会进化的重心，社会进化又为历史的重心"；社会进化原则是互助，而互助是合作制度的基础。他在"民生主义"第一讲时指出："分配社会化就是新发明。这种新发明叫作合作社；这种合作社是由许多工人联合起来组织的。……工人因想用贱价去得好物品，所以便自行凑合开一间店子；这种店子分利，因为是根据顾主消费的比例，所以叫消费合作社。现在英国许多银行和生产的工厂，都是由这种消费合作社去办理。由于这种消费合作社之发生，便消灭了许多商店，到现在是极有效力的组织。"这种由社会组织团体来分配消费品的新方法，即分配之社会化，也就是"行社会主义来分配货物"。由此，他主张以"合作"来解决民生问题，同时

---

① 菊池一隆：《中国国民党农村信用合作社运动之研究》，《孙文研究会报》1988 年第 9 期。

② 参阅张明贵《费边社会主义思想》，联经出版公司，1983，序言部分及第 81~83 页。《英国合作运动史》为当时的合作名著，我国最早于 1931 年由留法学者吴克刚翻译，上海商务印书馆出版。

也论证了合作制对民生主义的适应性，并表示出对英国消费合作运动的极为推崇。在孙中山看来，实现三民主义的最佳捷径是合作制度，"合作制度不但是民生主义的经济互助，而且也是整个三民主义的动脉"①。

（二）组织合作社是实行"地方自治"的重要内容

1919 年，孙中山发表了一篇题为《地方自治开始实行法》的文章，其中，除了称赞消费合作是实现分配社会化和消灭商人剥削的好办法外，特别主张"地方自治团体应该积极办理合作（社）"。他指出：地方自治团体不只为一政治组织，也并为一经济组织；地方自治团体"开始时"所应办者，有六事（清户口、立机关、定地价、修道路、垦荒地及设学校）须先行举办，此后之要事则为"农业合作、工业合作、交易合作、银行合作、保险合作等事"②。尽管孙中山当时对西方各种合作思想及其分类尚未做深入的研究，但孙中山的这篇文章影响很大，成为后来南京国民政府训政时期的根本法之一，其效力与约法相当，无疑是一篇重要的文献，也难怪如热衷于合作运动的政府要员陈果夫所言，"中国国民党之重视合作运动，实以此为起点"③。

（三）用合作社来发展实业、平抑物价

早在 1912 年亲自拟定的《建国方略》之"实业计划"中，孙中山就提出：将来中国之实业建设于合作的基础之上，（使）政治与实业皆民主化；……如各种金属冶炼厂"应仿合作制度组织之"，开办合作工厂或"矿业合作"，不仅开始时"生矿之收集，价格必廉"，且产品出售市场时还可从冶炼功夫中"分享一部分利益，用以抵消各种费用"。他强调：让农民"在合作方式下大联合，去组织团体，以恢

---

① 寿勉成：《三民主义与合作主义》，《东方杂志》1928 年第 25 卷第 2 号，第 40 页。
② 孙中山：《孙中山全集》（第 2 卷），中华书局，1982，第 492 页；孙文：《地方自治开始实行法》，《建设》1920 年第 2 卷第 2 号。
③ 陈果夫：《十年来的中国合作运动》，秦孝仪主编《革命文献》第 84 辑，第 193 页。

复自己的地位，谋自己的幸福"，如合作农场、工农合作社等，用合作社来平抑粮价。他说，米出于农民，原价一元可直接买 20 斤，间接向商家去买则"用一元只可买米十斤"，米价贵了 1 倍；如"工人与农民办一合作（社）"，则可"省去商家的中饱"而"米价便可以平"①。

二 戴季陶等国民党人的早期合作理论研究

早期国民党人对合作事业的兴趣是通过他们自己的理论学习及与平民学社导师薛仙舟的交往而产生的②。其中，1910 ~ 1920 年，研究合作且成绩较为显著的有戴季陶（1891 ~ 1949）和陈果夫（1892 ~ 1953）等人。

戴季陶，字展堂，又名传贤，浙江吴兴人，为早期国民党人提倡合作制度之积极分子。他曾担任孙中山的秘书，对合作理论极为推崇。在留学日本期间，接触了大量的合作社文献，对日本产业组合③之法制及推行情形"极为重视"，且有"深刻研究"④。他回国后曾与薛仙舟相识达 10 年之久，受薛先生邀请，于 1919 年给复旦大学平民学社的学生做过一系列有关合作社的讲座，并先后多次发表论文宣传合作制度，详细阐述了他为国民党所拟定的一份合作社计划书；1920年又拟定《产业协作社法草案》，交给当时主政广东的胡汉民，建议广东的工农组织消费合作社，准备以广东为合作社实验的起点⑤。同时他特别指出：

> 协作制度这一组织在社会上及改造社会上的地位，介于资本

① 秦孝仪主编《革命文献》第 87 辑之"总理遗教"，第 43 页。

② 陈意新：《二十世纪早期西方合作主义在中国的传播和影响》，《历史研究》2001 年第 6 期，第 97 页。

③ "产业组合"为英文 Co - Operative 的又一日译文，当时也被译为"协社"或"协作社"等，经薛仙舟翻译为"合作社"而统一名称。参阅伍玉璋《中国合作运动小史》，中国合作学社，1929，第 3 页。

④ 陈岩松编著《中华合作事业发展史》（上），台湾商务印书馆，1983，第 90 页。

⑤ 参见戴季陶《协作社的效用》，《建设》1920 年第 6 卷第 9 期。

主义制度与社会主义制度之间，它只是从资本家生产制的缺陷里面，自然发生出来的补助方法之一，且只可以救济现在社会上若干缺陷，并不是改造社会的唯一方法或势力；然而，此制度对于社会上的弱者来说，却是一个必要的方法，它可以使弱者阶级得多少救济，一方面减少若干痛苦，另一方面增加若干势力。因此，在社会组织很幼稚的中国，尤其是有益的。以为由这一制度，就可以使资本主义生产制自然消灭，那就错了。[①]

由于广东当时的局势不稳，戴氏这份计划无果而终，但其确实清楚地表明了国民党人欲借西方合作思想来改变当时中国经济制度的愿望。由于戴同时为孙中山起草《建国方略》的主要执笔人之一，因此在一定程度上，戴氏的这份"合作计划"标志着国民党立意发展合作社的建国方略已"粗具模型"。由是观之，戴氏在追随孙中山先生后，在抚导合作事业、制定合作法制及宣传合作主义等方面可谓"厥功甚大"[②]。

陈果夫，原名祖涛，字果夫，浙江吴兴人，是国民党人中一直最为热忱合作的领袖人物，素有"中国合作运动倡导者"之称。如果说戴季陶是国民党在合作社理论研究方面最有成绩的人物，那么，陈果夫可谓国民党人合作实务方面的佼佼者。早在1914～1916年师从薛仙舟学习德语时，陈果夫耳濡目染，深为薛氏对合作思想的执着与真诚所感动，"方笃信合作"[③]。1920年，陈果夫会同薛氏等发起组织"上海合作同志会"，从而迈出了实际从事合作运动的第一步；1924年又与陈霭士（其叔父）等共同组织"中国合作运动协会"，以"从事研究合作主义造就合作人才，促进合作事业"为目的。正如陈果

---

① 参阅陈岩松编著《中华合作事业发展史》（上），台湾商务印书馆，1983，第91～92页。

② 参阅陈岩松编著《中华合作事业发展史》（上），台湾商务印书馆，1983，第93页。

③ 参阅陈岩松编著《中华合作事业发展史》（上），台湾商务印书馆，1983，第77页。

夫自己所说的，"最重要的事情是把好的想法付诸实践，而合作主义是一个好的想法"①。就在南京国民政府建立前夕，陈果夫主动商请薛仙舟拟定《全国合作化方案》（详见第二节），拟于我国全面推行合作事业，以期改造社会经济，实现三民主义。

此外，在1910年左右，国民党人胡汉民、廖仲恺、王宠惠、邵力子、叶楚伧、顾孟余等都对合作社，且与薛氏保持密切关系。其中，王宠惠和薛仙舟是在美国的同学，邵力子和叶楚伧是薛仙舟在复旦大学的同事，顾孟余与薛仙舟是连襟。廖仲恺曾受薛仙舟的要求，就运用消费合作社解决分配问题做过详细的阐述②。

总之，大多数国民党人立足于三民主义，以民生问题为核心，视合作制度为改良社会经济"最稳妥、最切实、最合于民生主义"之方法。换句话说，合作运动似乎成了"实现民生主义之第一步"。虽然，孙中山的合作言论并不成其为一个思想体系，且其有生之年也没有任何组织合作社的实践活动，但他已经向其追随者们表明他的注意范围，更为重要的是，他在"民生主义"中所揭示的合作制度，"为北伐之后的国民政府在提倡合作运动时，先铺下了可供诉求权威性的道路"③。这也就是说，任何尊崇以"三民主义为中心思想"的国民党掌权派，都不能不遵照"总理遗教"，继续奉行合作运动政策。因为"三民主义"规定了国民党及其政府在意识形态上的合法性，为其农村合作政策提供了可靠的"路径依赖"④。而最早从理论上将西方合作制度"三民主义化"付诸实施者，即薛仙舟之《全国合作化方案》，薛氏也因此被国民党人尊为中国的"合作导师"⑤。

---

① 寿勉成：《陈果夫和国民党的合作运动》，《文史资料选辑》第79辑。
② 廖仲恺：《消费合作社概论·导论》，《廖仲恺集》，中华书局，1963，第213页。
③ 赖建诚：《近代中国的合作经济运动——社会经济史的分析》，正中书局，1990，第36页。
④ 刘纪荣：《薛先舟与国民党之合作运动》，《天津师范大学学报》（社会科学版）2004年增刊，第92~93页。
⑤ 王世颖：《合作导师——薛仙舟（为纪念先生逝世二十周年而作）》，《中央日报》1947年9月14日。又陈岩松编著《中华合作事业发展史》（上），台湾商务印书馆，1983，第71页。

第二节　薛仙舟与《全国合作化方案》

薛仙舟（1878～1927），原名颂瀛，字仙舟，今广东中山人，曾先后赴美国、德国和英国留学，早在1914年就接受了西方合作思想，尤其是德国舒尔茨式（城市信用）合作制度，曾先后在北京大学、上海复旦大学任教，对阐扬合作学理可谓"不遗余力"[①]。1918年，经再次考察美国合作制度、搜罗大量合作文献资料归国后，薛氏于1919年10月在上海复旦大学校园内创立了上海国民合作储蓄银行，该银行成为中国第一个（城市平民）信用合作社（或称合作银行），并与1918年由北京大学师生员工创立的我国第一个消费合作社——北大消费公社"南北呼应"，也由此拉开了近代中国早期城市合作运动的序幕[②]。1920～1924年，他先后组织平民周刊社和平民学社，刊发《平民》周刊，宣传合作主义，宣扬合作运动，产生了较大的社会影响；同时与陈果夫等人组织上海合作同志社，积极倡导合作原理，且由合作理论宣传走向了合作实务操作，因而有人说，中国的合作运动自有了薛先生的提倡"方始萌芽"[③]。

在近代中国合作运动史上，薛仙舟所开创之中国合作运动与以孙中山为代表的国民党人"开始重视合作运动"似乎不期而遇，颇有点巧合的意味，也结下一种不解之缘。实际上，这种机缘与巧合是薛仙舟与孙中山等国民党人多年来致力于挽救中国命运的结果[④]。为推

---

① 林养志：《抗战前合作运动大事记》，见秦孝仪主编《革命文献》第87辑，第503页。
② 据现有史料，上海国民合作储蓄银行为中国早期城市合作运动仅存的硕果，在近代中国合作运动史上弥足珍贵。有关"早期城市合作运动"详情，参阅刘纪荣《合作运动与乡村社会变迁——20世纪二三十年代华北农村合作运动研究》，中国社会科学出版社，2015。
③ 王世颖：《薛仙舟先生》，《合作月刊》1930年第2卷第1、2期合刊。
④ 据与薛仙舟有"三十年道德学问之交"的王宠惠回忆，早在1904年，孙中山到美国纽约，"常约宠惠薛颂瀛等相见"，参阅冯自由《王宠惠轶事》，见《革命逸史·初集》，中华书局，1981，第36页。

行孙中山的三民主义建国方略，他逐渐以复旦大学为中心，以《平民》周刊及后来的平民学社为平台，聚集了一大批年轻学生和国民党人，如戴季陶、陈果夫、陈仲明、王世引、寿勉成、谭常恺等，后来大多成为国民党合作政策的有力推动者。除为国民党推行合作运动造就了一大批关键人才外，薛氏对国民党之合作运动的最大贡献就是拟定了一个民生主义的合作计划——《全国合作化方案》（以下简称《方案》）[①]。

一 《方案》的内容设计

该《方案》作为我国第一个民生主义的合作计划，由导言、全国合作社的组织方案、合作训练院组织大纲及全国合作银行四部分组成，是一个有理想、有计划、有步骤、有目标、层层推进、环环相扣的有机整体。其中，导言开宗明义，直奔主题；合作训练院组织大纲为整个方案的重点，论述最详。

（一）导言

在导言中，薛仙舟开篇就指出：三民主义归结为民生主义。而节制资本、平均地权是实行民生主义的两大政策。欲达此目的，固不专在合作，然最根本、最彻底而于民众本身上做起的，则舍合作莫属。所以要实现民生主义，使革命成功，"应以国家的权力，用大规模的计划，去促成全国的合作化，实现全国合作共和，以为世界倡"。

（二）全国合作社的组织方案

大规模地推行全国合作化，自然有一个全国合作社，其工作首重合作训练——合作训练院；次为实施，即对社会经济进行改造，亦即合作共和之经济方面的合作事业；复重在实际的资助——全国合作银行，其社员分四种，而以基本社员、特别社员为中坚，其组织为委员

---

① 《薛仙舟先生遗著——中国合作化的方案》，《江苏合作》第6、7期合刊纪念薛仙舟先生专号，第1~8页（以下引文，除特别加注外均出自该处，恕不另注）。

制，委员由社员推举。

（三）合作训练院组织大纲

这是全国合作化的根本。要用训练军队的精神来训练社员，经此训练，出任党员，则合作训练院同时可作为国民党党员基本训练所；其训练工作分人格的、主义的、技能的三种，而期限分学习三年、实习三年，以期得到在社会的合作事业、在国家的经济事业、在政府、在党部的服务人才。

（四）全国合作银行

其目的为资助合作事业、劳农事业、小本经营，特建立全国合作银行，并将之作为信用合作之中央调剂机构，以保证全国合作事业的顺利进行。在论及合作社组织、合作训练院以及合作银行三者之间的关系时，薛先舟指出：

> 在全国推行合作化运动设立全国合作社，合作银行固然重要，但最主要、最迫切、最根本的是建立合作训练院，培养实施合作运动的人才。人才是关键。这些人才自身须受过严密的最彻底的训练，具有许身于民众的决心，藉密布全国的合作机关，做社会事业的中心，投入民众之间，与民众共同生活，共同尝甘苦；去服务民众，教导民众，组织民众，辅助民众，使民众与之同化，造成合作共和的基础，实行合作共和的制度，享受合作共和的福利；必如此然后民生主义始能真正地实现，革命才算是成功。

二　《方案》的主要思想内容

综合来看，导言首先提出了"合作共和理想"，即实施具体的大规模的全国合作化；而具体的大规模的全国合作化，自然应该有一个全国合作社；要组织全国合作社，没有基本的人才，是不能收到实效的，所以要先创办一个合作训练院，训练若干真能彻底牺牲、热心努力合作的人才来；合作训练院之设，固急切不可缓，然同时须设立一个强有力的全国合作银行，以资助全国合作事业等，合作训练院与全国合作银行是全国合作化的基础。解决了资金，造就了人才，即可组织全国合作社，渐而推广到各地，使合作机关"星罗棋布"，全国合作化了，然后全国问题可以根本解决，革命才算是真的成功，"合作共和理想"终可实现。由是观之，薛仙舟就全国合作化做了充分的论证，体现出独特的思想主张，概而言之，主要集中在以下几个方面。

1. 反对抄袭国外的合作方式，希图建立一种中国本位的合作制度

薛仙舟认为，合作之于中国，不能和欧美一样，由民众自觉自动地组织起来，而应借助政治力量来推行之。运用国家权力，用政治力量推行合作，无疑带有一定程度的强制性。这在日本早已实行，在中国，薛仙舟先生此论可谓首创，并留下了足以让后人继续努力去注释、填补的理论空间①。依据国情来选择合适的合作运动路径，这是薛氏一以贯之的思想主张，而此点，薛氏学生陈仲明秉承其意旨，认为以民生主义为原则的中国合作运动，断不可盲目抄袭欧美及日本等国和地区的合作方式，"应使合作民生主义化"②。就当时而言，合作主义的民生主义化即西方合作制度的本土化、中国化。

2. 确立民生主义的合作原则，以民生主义之实现为合作共和的终极目标

薛仙舟始终强调"唯有合作主义才能实现民生主义"。他秉承孙

---

① 继薛氏之后，国民党人就合作运动"行政化"多有辩解。如国民党中央政治大学合作学院主任寿勉成认为，酌量采用强制办法推行合作运动的理由有四个，第一，合作事业既为发展国民经济的主要方式，而国民经济建设又必须以最高速度求其发展，则非加以强制无以达此目的。第二，合作虽应处于自动，如果合作的结果对于合作的各个分子必有实在的利益，则强制也无妨。第三，合作是方法，并不是目的，目的应该是生存的维持与改善。那么，只要以同样的方法达到同样的目的就行，至于方法的实行究竟是否强制，无关紧要。第四，最关键的，就是中国传统社会的惰性太强，许多新兴事物，人民因限于习惯，很难自动进行，故为克服社会惰性起见，也有强制的必要（参阅寿勉成《中国合作运动向那里去？》，《申报经济专刊》第 183 期）。

② 陈仲明：《中国合作运动之本质及其所负之使命》，《合作与农村》第 6 期，上海黎明书局，1936，第 19 页。

中山民生主义的原则，在导言中详细剖析了民生主义与合作共和的关系：

> 民生主义的实行，有两大政策：一、节制资本；二、平均地权。节制资本有两种不同的解释：第一种，将现有的资本制度，取而纳诸社会势力之下，用种种方法节制之，使不致过于作恶；第二种，即节制未来之资本，不使流入于私人之手，酿成欧西各国万恶的资本制度，以及阶级斗争的痛苦。此第二种节制资本，即所谓"共将来之产"，这是最彻底的款制，是民生主义最扼要的部分，要达到此目的之方法，固不在合作一种，然而最根本、最彻底而于民众本身上做起的，则舍合作莫属。平均地权，最重大的目的，一方面使土地不致流入大地主之手，有地而不能耕以致产生佃户阶级，致发生地主与佃户的冲突。一方面使耕者各有其田，自食其力，不受强有力者之剥削而享其真正自由平等的幸福。欲达到此目的，舍合作外，亦没有其他较好的办法。

由此看来，薛仙舟以深思诚笃的眼光，首创《方案》也是为民众谋福利，以期实现民生主义。《方案》既体现了薛仙舟对民生主义的深刻理解，同时表明了薛氏对实现民生主义的热切向往。

3. 主张社会合作化，合作事业要城乡并重，最终消灭城乡差异

薛仙舟认定社会是国家的基础，国家的强弱，全视社会的好歹。西方各国的强盛，固然是因为它们的政治修明，关键是有稳定的社会基础，社会组织秩序井然。反观国内纷扰情形他常说，要革新中国，一定要先革新社会，这是救亡的根本工作！他期待的理想社会是一个纯洁的社会。而"要使社会纯洁，一定要社会合作化"。他认定，"生存"既是人类的最大责任也是人类最大权利，因为人类一定要求生存，更要求生存的便利，所以一定要有经济的结合。但人类经济的结合，必须"以人为本位"，尤其是以各人的互相协助以求达到他们

结合的目的为本位。合作主义正是以人为本位，尤其是以人的互助而谋经济的进步为本位。因此，薛氏热切希望合作主义推行于中国，更希望"全国合作化"，乡村和城市普遍推行合作运动。合作主义以人为本位，所以全国合作化就是以人的合作化为起点。他说："个人是社会的单位，要革新社会必须革新个人，要先革自己的命，然后才能革他人的命。……制度的革命固为重要，然施行制度者仍属于人，倘人之自身不先彻底改造，则虽有绝好的制度，也是徒然！"故而他强调：合作运动的实施应该是"每个小村落、每个工厂、每个团体、每个马路、每个里弄皆有合作机关星罗棋布，全国合作化了，然后全国问题才能根本解决，革命才算真正成功"。中国的合作运动，只有促成城乡之良好关系，使城市尽力制造"以工业品供诸农民；农民则努力耕种，以农产品供应城市"，以完成货畅其流之功用，才能最终消灭城乡对立之矛盾现象。

4. 主张"黄埔式"的合作训练，崇尚"乞丐主义"的合作人生观

薛仙舟认识到，革命事业断非短暂的训练所能成功，反对"速成学校"，主张创办合作训练院，训练一批"黄埔式"的合作军队。在意志上养成牺牲奋斗与革命的决心；在性情上养成仁爱温和镇定审美的情趣；在习惯上养成做事吃苦耐劳的精神；在感觉上养成眼明手快及各种迅捷锐敏的能力；在身体上养成健康雄壮、自卫卫人的机能；在技术上养成实行主义的各种必需技能；同时灌输三民主义、合作主义以及一切需要的学识。通过严格的训练，让参训人员密布于全国的合作机关，组成全国的合作网络，做社会事业的中心。

论及合作人生观，他提倡乞丐主义。薛仙舟认为"不慕虚荣，不求私利"还不够，这只是社会普通心理中对于人格高尚之标准，一个合作者应当将自己牺牲到忘我的境界，他的脑海中没有一个"我的观念"，同时他主张合作者都应当能吃苦，吃苦就是长进，唯能吃苦始能为社会服务；并且要乐于吃苦，真正的革命者"必定生活简单，吃苦耐劳，虽拉车当花子，亦乐为之"。这就是他的"乞丐

主义"。他认定服务是人生的天职，"生命是要来服务的，有生命而不去服务，生命就毫无意义"。

5. 倡导全国合作银行，注重开辟海外华侨融资市场

薛仙舟认为，金融银行之于国家，就如血液之于人体一样，是"营养"调剂的总枢纽，占有重要的地位，必须设立一种信用合作的中央金融调剂机关——全国合作银行，用以资助合作事业、劳农事业及小本经营。他懂得，贫无立锥之地的农民"把当铺来代替银行，承受着高利贷的盘剥"。而以全国合作银行之资助，确保每个人的经济得以改善，以达到民生主义的经济平等，这才是保障劳动者的具体办法。熟谙金融业的内在规律及行情的薛氏，对金融发展有着独到的见解和深远的洞察能力。他预计"今日中国所成立的信用合作社，苟无中央机关调剂其金融，将来定会纷纷倒闭"。设立全国合作银行，可谓防患于未然。

在薛氏看来，全国合作银行应有发行长期债券之特权，专做住房合作、农业合作、劳农事业等长期放款。"全国合作银行最重要的一种业务，即为发行长期债券，供给劳农合作等事业；而长期债券之一绝好销路，即为海外侨界。"就融资市场而论，选择全国合作银行分行之设立点，可随时在海外"酌设分行"或其他机关，志在注意联络华侨，吸收侨资，而尤其要注意美洲华侨之关系。"如能及早设立此种机关，联络侨界并与其发生极密切之关系，就可作为来日吸收侨资，开发海外融资市场，销售长期债券之有利基础。"他认为，这是确保全国合作化实施的周全之策。

6. 提倡妇女参与合作，以开辟合作"新天地"

世界各国合作运动男女均有参加的机会，妇女参与率低几乎是世界各国的普遍现象。毫无疑义，妇女有权加入合作运动，且合作运动需要妇女的参加。薛仙舟结合国情把这个道理说得更清楚：

在民众中做工作，女子至为重要，四万万同胞中，有二万万

是女性，没有女子工作，（合作运动）是不易成功的，此其一。合作以家庭为本位，女子为家庭的中心，女子如不了解合作，赞成合作，合作前途，障碍滋多，此其二。男子的生活，最易受女子的影响，故女子尤须参加特别的合作训练，并助成男子刻苦耐劳的简单生活，合作运动才有更大希望，此其三。

中国社会素有一个"女主内男主外"的传统，传统妇女因接受教育、参加社会活动的机会比男人少，而历来被视为"房中闺秀"。由此中国须转变传统观念，加强妇女合作教育，并推行妇女合作训练，让妇女走出"闺房"，融入合作运动的潮流，成为中国合作运动的新阵容。这应为薛氏提倡妇女合作的真正用意，是留给后人的又一深刻启示。

三 《方案》的影响

陈果夫作为薛仙舟曾经的弟子，在谈及薛氏这一《全国合作化方案》时认为，该《方案》"其名虽称合作，其实则为实现民生主义，奠定三民主义社会之有效具体办法"，故成为一种"民生主义的合作计划"[①]。具体来说，《方案》首先为国民政府确定合作制度作为国家的方针政策、大力推行合作运动做了最全面的理论准备及最有效的思想动员。其次，从制度经济学的角度而言，《方案》为国民政府的全国合作运动提供了足以运行的"游戏规则"，即提供了"依赖性路径"，实际上就减少了合作运动运作过程中必须付出的高昂的"机会成本"，从而在某种意义上确保了合作运动的成功。最后，如果说中国国民党之重视合作运动，实际上以孙中山先生的《地方自治开始实行法》为起点，那么，南京国民政府尤其是地方政府（首先是

---

① 陈果夫：《跋薛仙舟先生〈全国合作化方案〉初稿真迹》，秦孝仪主编《革命文献》第84辑，第255页。

江浙两省）之实际推行合作运动，则完全是以薛仙舟先生之《全国合作化方案》为开端①。了解该《方案》的宏图规划后，当时国民党中央诸先生"莫不认为立论精当，计划周详"，赞口相加②；半个多世纪后，合作专家陈岩松在论及该《方案》时，依然叹为"目标远大""构想精密"③。

诚然，薛氏《方案》系出于国民党人及南京国民政府欲推行合作政策于全国的现实需要及其本人合作主义理想之初衷，但薛氏最初多关注于城市小手工业者等弱势群体，而真正触动薛氏将眼光放之农村、出台《方案》者，则为当时华洋义赈会在河北灾区试办一大批农村信用合作社之现实。薛氏之《方案》推出后，国民党人也对其极为期待；然而，不幸的是，当时之际，南京国民政府的"北伐"尚未完成，"以时局变动"该案未能实行；更令人扼腕叹息的是，这位"合作导师"正值"知天命"之年，不幸感染"破伤风"而不治身亡。

第三节　华洋义赈会与合作防灾实验

有学者考证，我国农村最早的合作社曾出现在民国初年河北定县的翟城村，系由留日归国的米迪刚仿照日本的合作制而创办，取名为"因利协社"。该社以金融协社为主体，附有消费协社、购买协社和贩卖协社，主要办理储蓄和低利贷款业务。"协社"为当时合作社的一种日文译名。实际上，该社并非由农民而是由当地的一位乡绅所创办的，从经营业务和范围来看，该社主要为当地村民提供融资服务，是具有兼营性质的信用合作社，而非单营性质的信用合作社，更非当

---

① 参见刘纪荣《"乌托邦"还是"理想"：〈全国合作化方案〉论析——兼与赖建诚先生商榷》，《历史教学》2005 年第 5 期，第 32 ~ 33 页。
② 陈仲明：《薛仙舟先生小传》，《江苏合作》第 1 期创刊号，《中国合作创始者薛仙舟先生遗像》补白。
③ 陈岩松编著《中华合作事业发展史》（上），台湾商务印书馆，1983，第 67 页。

下特指的"专业合作社"。这与当时为村民提供类似服务的钱庄、典当、店铺均有所不同①。这一为当地提供金融等综合服务的合作社在当时无疑是极为罕见的。而真正具有单一性质特征、专为农民提供融资服务的农村信用合作社的大量出现，则始于中国华洋义赈救灾总会在河北的合作防灾实验。其间，担任华洋义赈会总干事一职的章元善，无论是最初合作防灾理念的提出，还是合作防灾实验的整体规划设计；无论是农村信用合作社的各种制度建设，还是合作社组织的内部业务经营与外部指导管理等，自始至终他均发挥了一种无可替代的独特作用。

一　合作防灾理念的由来

1920 年夏，中国气候干旱异常酷烈，旱情之重，历史罕见，广袤的华北大地，赤地千里，颗粒无收。这又引起粮价飞涨，老百姓生活陷入绝境。据档案记载，这次旱灾涉及河北、山东、河南、山西、陕西的 317 个县，灾民达 4000 万人②。这次旱灾史称"民九大旱"。面对如此严峻的灾情，中外人士纷纷成立各种救助性机构。为统一领导、加强联络、协调管理，经反复磋商和筹备，各地华洋义赈会代表于 1921 年 11 月 16 日在上海集会，最终成立一个全国性的民间社会救助团体，定名为"中国华洋义赈救灾华洋义赈会"，下设执行委员会，由总干事直接负责日常事务，并颁布《中国华洋义赈救灾华洋义赈会章程》；设华洋义赈会于北京，各地原有的义赈团体则一律改为分会，拥有相对独立的财权和用人权，但须接受并负责总会的计划安排③。这标志着华洋义赈会的正式成立。该会因机构广布，又会聚

① 参见米鸿才《我国历史上最早出现合作社的地方是河北翟城村》，《河北经贸大学学报》1996 年第 1 期。该社之后的因革不详，从名称来看，是否与之后地方政府设置的"因利局"存在某些关联，尚需待考。
② 中国第二历史档案馆编《中华民国史档案资料汇编》（第三辑），1993，第 388～390 页。
③ 朱幼珊：《中国华洋义赈救灾总会办理合作事业大事记》，《合作讯》1933 年第 100 期，第 1 页。

中外民间力量，被称为民国时期我国最大的专门赈济天灾的"民间性国际赈灾机构"。

华洋义赈会一经成立，就对传统的赈灾政策进行变革，把工作中心从被动性的救灾转向建设性的防灾。中国屡屡发生的灾荒表明，灾荒的成因不仅是自然气候等条件的变化，更在于农民不具备抗灾的能力。正如英国传教士艾德敷所言，中国农村存在四大不利条件，是形成灾荒更为根本的原因：人口众多；除了农业外没有其他谋生方式；忽视水利、交通等基础设施改进；缺乏合理利率的信用制度[1]。在这些条件下，中国农民的经济能力脆弱，以至于气候一有较大变化便形成灾害。因此，在中国赈灾，不仅需要改良自然环境以减少天灾可导致的损失，更需要改良农民经济，将中国农村的经济思想和实践加以现代转化，从根本上增强农民长期性预防灾荒的基础和能力。华洋义赈会在1920~1921年的赈务共花费近1500万元，数额之大，史无前例；然而，灾民却只能维持一个极短时期的生活，如果发生第二、第三次水旱灾害的话，前面的努力将会化为乌有。华洋义赈会从繁复而严酷的救灾实践中深刻认识到，"救灾不如防灾"，防灾比救灾更重要；只有防患于未然，才能事半功倍。凡是可以帮助农民增加生产力的一切设施，均具有防灾的效能，兴办这些事业就是防灾工作[2]。因而可以说，赈灾政策的变革促使了华洋义赈会农村信用合作社政策的形成和出台。

在1922年1月执委会第二次会议上，华洋义赈会决定建立工程水利分委办会和农利分委办会，前者发展防灾基础建设，如协助人民修渠、筑堤、修路、掘井等；后者致力于农村经济的改进。当年4月，农利分委办会成立，具体负责最初办理农村信用合作社有关事

---

[1] Dwight Edwards, *The North China Famine of 1920 – 1921*, *with Special Reference to the West Chihliarea*：*Being the Report of the Peking United International Famine Relief Committee*, Peking, 1922, pp. 7 – 10.

[2] 中国华洋义赈救灾总会：《救灾会刊》，1937，第90页。

宜，由英国人戴乐仁任主席，聘请许多经济学专家及农学专家（其中就有研究东西方合作制度的专家和学者），开展调查研究，讨论防灾计划和改良农民生计办法①。经过较长时间对中国农村社会经济的调查和研究，又结合考虑了中国传统的合会和欧洲各种合作社形式，华洋义赈会最终选择了德国赖夫艾森式（农村）信用合作社作为新型经济制度，其用于农村经济建设事业的指导思想就是"合作防灾"，即"提倡农村合作社"。该制度设计为：让农民自己筹款组成一笔合作社基金，以低利贷放给为生产用途而借款的社员，通过发展生产来增强农民抗灾能力，免除高利贷的剥削②。显然，这在当时是最富有可行性的决策。进一步了解到赖夫艾森信用合作社在亚洲的印度、日本等国的实践情况后，华洋义赈会认为，该制度可以介绍到中国农村，首先以河北省为实验区，推行"合作防灾"新理念。因为"农民最缺的是钱，无钱固不能改良农业，提高生活；若能借钱给他们，使他们用去做生产的事业，例如，买耕牛、凿水井、改良土地等，那么他们的境遇，定会一天比一天改善"③。这样不仅可以防灾，且可促进农业建设，改善农村经济，因之成为华洋义赈会防灾事业之重心。该理念在华北农村的普遍实施，不仅标志着近代中国的救灾工作产生了一种新模式，同时也标志着近代中国农村合作社组织的正式开端。于是，河北省的合作实验正式提到了实施的日程。

为此，华洋义赈会于 4 月 27 日举行农利分委办会第一次会议，筹组"合作分委办会"，注意合作事业的实际进行；并当即决定：首先调查一定区域的农村社会经济状况，为推行农村信用合作制度做进

---

① 这与当时中国知识界对各种合作思想的传播，尤其是与"早期合作运动"开始由城市转向乡村的趋势几乎同步。或许受到合作理论界对德国信用合作宣传的影响，该次会议结果一致决议：以提倡农村信用合作作为"合作防灾"的入手办法。参阅于永滋《本会农村合作事业之鸟瞰》，《合作讯》1933 年第 100 期，第 6 页。

② China International Famine Relief Commission, *The C. I. F. R. C. Fifteenth Anniversary Book*, Peking, 1936, p. 75.

③ 董时进：《农村合作》，北平大学农学院，1931，第 117 页。

一步论证。1922年夏即请北大、清华、燕京、北师大、金陵、浙大等校师生61人组织调查，调查区域包括河北、山东、安徽、江苏、浙江五省240村；他们"一方面调查农村经济，另一方面宣传合作"，所有调查报告资料有人口、家庭、居住土地、职业及经济状况，均由华洋义赈会编辑成书出版，名称为"中国农村经济之研究"[1]。在经过周密的农村调查和研究后，华洋义赈会决定：在农村倡导德国赖夫艾森式信用合作社，首先以河北省为实验区，推行"合作防灾"新理念，这标志着河北合作实验规划业已酝酿成熟。

二　合作社的组织与经营管理

华洋义赈会从一开始就注重合作事业的全盘规划。1923年4月4日，执行委员会举行第八次会议，农利分委办会根据国内的调查资料，经收集研究东西各国合作制度，参考各国成法，酌量本国情况，由戴乐仁草拟、经章元善修正译述的《农村信用合作社空白章程（草案）》提交会议讨论，结果产生了我国合作运动史上最原始的信用合作社社章——《农村信用合作社空白章程》，这也是我国合作立法的雏形。由于德国农村信用合作社具有低利融通资金之效能，适合农民的需要，且又比较容易经营，一旦农民经营能力增加时，自然就可兼营别种合作事业。因此华洋义赈会就明确了办理合作事业的具体步骤是"三先原则"，即"先从信用合作社入手，逐渐提倡他种合作及联合会；先河北再逐渐推及全国；先办预备社，后转正式社"[2]。如何组织合作社？华洋义赈会最初拿出了一个"组织合作社的步骤"方案[3]，作为各地组织合作社的统一规范。

---

[1]　C. B. Malone and J. B. Taylor, *The Study of Chinese Rural Economy*, Peking: China International Famine Relief Commission, 1924，像麦龙和泰勒这些推动农村合作之人物，大多数是基督教青年会的教徒，由此可见基督教会对中国之影响及其事功。请参阅章元善、于永滋《中国华洋义赈救济总会水利道路及农业合作事业报告》，第131页。

[2]　于永兹：《中国初期合作运动在河北》，《合作评论》1936年第3卷第2号。

[3]　见《农村合作社章则》第十辑，华洋义赈会丛刊（乙种第70号），第86～96页。

1923 年 8 月，农利分委办会议决：设立"合作委办会"，作为华洋义赈会的常设分委办会之一，由戴乐仁、唐有恒、艾德敷、章元善等人组成，专门负责农村合作社的设计与规划，并聘请热心于合作事业的人员担任委员（均为义务职），凡是有关合作社的章程、规则以及重大事情，都由合作委办会开会决定（会议不定期，大约每月一次）。这是华洋义赈会合作事业由理想规划转为社会事实的第一步。会议还决定由华洋义赈会拨出专款 5000 元作为设立"农民借本处"的试办费，这是我国合作放款的第一批基金。11 月 2 日，聘请于树德①为合作指导员，每星期到会两天，担任具体指导工作。11 月 18 日，于树德约请香河、涞水、定县、通县、唐县、深泽 6 县代表来华洋义赈会谈话，讨论继续组建信用合作社的问题，这是华洋义赈会第一次与各地农民的直接接触。从此，华洋义赈会在农村开展合作运动的设想正式付诸实践，并揭开了华北农村合作运动的序幕②。

1923 年 5 月，农利分委办会制定《农村信用合作社空白章程》后，就开始试办农村信用合作社了。同年 6 月，在河北省香河县城内福音堂倡设"香河县第一信用合作社"，该社成为我国农村历史上第一个赖夫艾森式的无限责任信用合作社③。8 月，农利分委办会议决设立合作委办会，专门负责农村合作社的设计与规划。1924 年 1 月 18 日，华洋义赈会派助理指导员杨嗣诚赴涞水县娄村调查合作社的详细情况，是为华洋义赈会开创合作社调查员制度之始。2 月 8 日，合作委办会承认涞水县第一信用合作社及定县悟村信用合作社两社，这是华洋义赈会第一次正式承认合作社；2 月 17 日，合作委办会核准

---

① 于树德（1894～1982），字永滋，天津静海人。曾留学日本，入京都帝国大学攻读合作经济学，开始接受马克思主义。1921 年学成回国，任教北京大学，和李大钊成为挚友，1922 年 6 月，经李大钊介绍加入中国共产党。著有《信用合作经营论》，是我国近代最早的农村信用合作运动先驱者之一。

② 朱幼珊：《中国华洋义赈救灾总会办理合作事业大事记》，《合作讯》1933 年第 100 期，第 2 页。

③ 参阅于永滋《中国初期合作运动在河北》，《合作评论》1936 年第 3 卷第 2 号。

放款给涞水第一信用合作社及悟村信用合作社两社各 500 元，这是华洋义赈会对河北省正式承认之合作社的第一次放款[①]。4 月 2 日，执行委员会拨 250 元作为乡村调查编制表册费用；29 日，合作委办会承认深县第一信用合作社、唐县第一信用合作社、临城县第一信用合作社等合作社，借给通县第一信用合作社 350 元，并议定由合作指导员着手筹备各社办理储蓄事项，成为华洋义赈会提倡储金之始，并于 7 月 4 日刊行《合作社储金章程》[②]。

为传达合作消息、普及合作知识及提倡合作事业，华洋义赈会于 1924 年 6 月 1 日开始印行半月刊《合作讯》（仅有 5 期，至 1926 年 1 月复刊）[③]。这是华洋义赈会最早编辑刊发的合作文献，这也标志着华洋义赈会对农村进行合作教育的最初实践。1925 年 4 月，合作委办会议定了"社务成绩分等办法"，开始对合作社进行社务考核分等。同年 7 月，华洋义赈会执行委员会决议拨款 22000 元给农利分委办会，指明以 20000 元扩充为合作社的借款基金，以 2000 元作为组织、宣传及经营合作事业之用。

为推动合作事业计划的切实开展，加强执行机关的力量，华洋义赈会于 1925 年 10 月 28 日设立农利股，聘请合作学者于树德为主任，这是该会第一个专门执行合作事业的机关。作为合作运动的正式执行机关，农利股具体负责各项合作计划的实施，下分利用组和合作组，前者负责办理掘井贷款和渠工经营事务，后者专门办理合作社事务，包括收发、登记、调查、统计、通信、放款、用品等项。从"合作委办会"到"农利股"，华洋义赈会建立了一个从规划设计到正式执

---

① 当时为引起农民对合作社的兴趣，又使农民知道创办信用合作社并不是一种慈善事业，故第一次放款定利息为 6 厘，以后利息略有提高，但比农村的高利贷总要低得多，故称为"低利贷款"。参阅朱幼珊《中国华洋义赈救灾总会办理合作事业大事记》，《合作讯》1933 年第 100 期，第 2 页。

② 《合作社储金章程》，《合作讯》1924 年第 2 期，第 3~5 页。

③ 《合作讯》于 1924 年 9 月 1 日出版第 3 期，第 5 期后因阅读者不多而中止。出于需要，该刊于 1926 年 1 月正式复刊，改由农利股按月发行，需求日益增多，到 1936 年每月发行达 12000 份。

行、设立调查员、实施合作运动的完整运行机制。1926 年 2 月，通县燕郊合作社召集附近各社开会联络，共策社务，是为各社自动联络之始。4 月，华洋义赈会刊行《联合会空白章程》，以资实行。1928年 4 月 30 日，合作委办会及农利股议定农村合作社《视察员资格证书填发规则》及《持有视察员资格证书人服务规程》，这就开启了合作社社员参与相互间监督管理、指导实施之先河①。至此，华洋义赈会倡导农村合作事业的制度建设基本上告一段落，农村信用合作事业的整个实验遂稳步发展起来。

华洋义赈会以"为协助农民促进农业建设，提倡合作事业"作为自己办理农村合作事业的动机和目的，并从一开始就制订了合作事业发展的具体步骤和方针，即《处理农村合作事业方针》②，明确了办理合作事业的具体步骤是"三先原则"，就华洋义赈会发展合作事业的具体步骤和工作目的做出初步规划，进一步明确了提倡合作社之目的在于"协助农民，促进农业建设"③。由此看来，该会提倡合作事业的目的不仅在于"防灾"，而且在于推进整个的农业建设包括改善农村教育。在办社方针中，尤为突出的是对合作教育的规定："相机办理合作教育，如讲习会及巡回书库等，并将关于各种合作、农村经济、农村改良及农村副业等事项之材料尽量汇集，编印定期刊物和专刊等藉供参考"，以增益社员的合作意识及合作精神，养成合作人才，奠定合作事业的坚实基础。

为培养农民自助自立的能力，负责具体执行任务的管理机构——农利股采取的组社办法可谓"别具一格"：首先让农民必须有自动组社的动机，其次要等该社提出协助要求，农利股适时寄给空白章

---

① 朱幼珊：《中国华洋义赈救灾总会办理合作事业大事记》，《合作讯》1933 年第 100期，第 3 页。

② 该方针历经同年 8 月 20 日、1928 年 4 月 30 日、1931 年 5 月 2 日及 1933 年 3 月 9 日之多次修正后，内容调整较大，但无论调整前后，均为合作事业的指导准则。见《合作讯》第 92 期，第 3 页。

③ 《本会处理农村合作事业之方针》（以下简称《方针》），《合作讯》第 103 期。

程及各种表格，一般以通信方式而不是以直接下乡方式来指导、协助农民组社。这样既可以激发农民的主动性，又可以训练农民对合作社的组织能力。随着合作社日渐增多，为提高社务经营效率，确定合作社的经营效果，华洋义赈会实行"社务考成制"。1926 年 4月，合作委办会议定《社务成绩分等办法》，开始对合作社进行社务考核分等[①]。至此，华洋义赈会倡导农村合作事业的制度建设告一段落，而农村信用合作社的内部经营业务也从最初的放款一项逐渐转向储蓄、放款的良性循环；而其外部指导监督任务则由介于农利股和合作社之间的少数股派调查员和大量来自成绩优良合作社的视察员完成。这种由合作社社员参与相互间监督管理、指导实施的视察员制度安排，颇具"中国特色"，堪称西方合作制本土化的"神来之笔"！

由于形成了一套相当严格的经营管理制度，华洋义赈会的农村合作事业得以稳步发展。面对农村合作社当时较为可喜的发展局面，华洋义赈会为进一步将同一地区的合作社组织起来，加强合作社内部之间的合作，提出在条件成熟的地方组织区合作社联合会或联合社，形成一个合作社"自我管理"系统，得到了不少合作社的响应。当时，巫宝三曾详细考察了华洋义赈会的合作事业，认为就合作社放款之手续及款项之调度而论，确有组织中层机关之必要；一旦机构告成，不但各方运用调度便利，且可完成其独立发展之生命。合作社联合会如能进行经济业务，则此组织即为各合作社之集体，不独可以观察各合作社需款之情形而从事调度，以及运用过剩资金于其他方面，且可在华洋义赈会资金不足之时，与地方金融机关接洽借款，以资救济。他同时强调，这种联合会之组织一定要审慎而行，必须在有相当基础之后才可进行经济业务；各社在未经训练达自行联络之前，难以承担经

---

① 参见巫宝三《华洋义赈救灾总会办理河北省农村信用合作社放款之考察》，《社会科学杂志》1934 年第 5 卷第 1 期。

营放款的重任①。

由是，自 1926 年起，华洋义赈会就开始审慎着手组织合作社联合会。1927 年冬，安平县西南区、涞水县西北区、深泽县西区的农村信用合作社组织了三个联合社②。到 1929 年，共有合作社 818 个（246 个承认社、572 个未承认社③），社员总人数达 21934 人，社员股金达 35688.25 元，已承认社的存款、储金和公积金共计 6882.52元，资本总额达 45277.27 元（见表 2 - 1）。这已是在南京国民政府合作政策酝酿、确立初期的数据，此前数量更少。因为，华洋义赈会自身立足于慈善救济的团体性质，其有限的能力和条件无法有效扩大指导规模，而只是采取一种过渡性的办法谨慎从事农村合作社组织，希望以此辅助当时北洋政府所不及。实际上，这种在中国农村新兴的合作事业必然涉及政府的相关政策，涉及与政府的关系问题。诚如总干事章元善所言，华洋义赈会只是一个民间社会团体，其合作事业"应以试办为限，以创制为限"；此外一切推广整理的工作，一定要有一个比华洋义赈会更有实力的机关来担当。今

表 2 - 1　河北省合作事业历年发展情况一览（1923 ~ 1929 年）

年份	社数（个）	社员数（人）	社股（股）	股金（元）	资本总额（元）	县数（个）
1923	8	256	176	286	286	8
1924	11	450	462	735	3739	10
1925	100	2332	2100	3523	10281.82	24
1926	317	8032	6682	11703	31453.47	43
1927	561	13190	11954	20697.96	39349.32	56
1928	604	15031	16373	23930.8	34597.89	58
1929	818	21934	22324	35688.25	45277.27	61

资料来源：巫宝三《华洋义赈救灾总会办理河北省农村信用合作社放款之考察》，《社会科学杂志》1934 年第 5 卷第 1 期。

---

① 参见巫宝三《华洋义赈救灾总会办理河北省农村信用合作社放款之考察》，《社会科学杂志》1934 年第 5 卷第 1 期。

② 张镜予：《中国农村信用合作运动》，商务印书馆，1930，第 71 ~ 72 页。

③ 中国华洋义赈救灾总会：《十年合作事业大事记》，1933 年刊行。

日社会之中，有力的团体既然不多，尤其盼望政府能匀出一笔可省之金钱，抽出一班可用之人才来，提纲挈领地来做这件事①。

三 政府与早期农村合作社的关系

华洋义赈会协助、指导的农村合作社，主要涉及当时的北洋政府主管部门及其治下的直隶省地方政府，以及北伐后新建立的南京国民政府。

为处理好合作社与政府的关系，以确立合作社的合法地位，该会早在1923年夏拟定《农村信用合作社空白章程》时，就当即向当时的北洋政府财政部备案。这份备案公函详细陈述了德国雷式信用合作社的效用，并就该会拟定空白章程（共47款）、试办经费（5000元）、试办范围（在京兆、直隶、江苏三区选择必要的乡村）等试办农村信用合作社的相关事项做了简要的说明，并请财政部"咨商农商部，会咨省区，通令所属各县查照"②。根据这份公函，华洋义赈会在乡村组织信用合作社时，由合作社发起人查照此次备案章程，以及合作社执行委员、监事委员名单，直接向当地县政府呈请立案。该公函特别强调了合作社的试办性质，之所以必须到县政府立案，是为了获取政府的"保护"。之后，华洋义赈会才正式着手河北的合作防灾实验。1924年5月26日，农村合作社刚刚创立数个，该会再次拟就《农村信用合作社章程说明书》，一方面呈请当时的农商部，通令河北省各县对于合作社组织准予设立登记，另一方面印就呈文表格寄给各社"填呈县政府登记、备案"，借此保护各地已设立的合作社。

从最初的情形来看，当时直隶省各县政府对华洋义赈会创办农村信用合作社"多表赞同"。而当时江苏、安徽两省的地方政府对此表

---

① 章元善：《政府办合作应怎样下手?》，《合作讯》1933年第100期，第2页。

② 张镜予：《中国农村信用合作运动》，商务印书馆，1930，第68~69页。

示了明确的不同看法①。华洋义赈会先后向财政部、农商部的备案，久未得到答复，直到国民政府建立后的 1927 年 6 月 10 日，北洋政府的财政部才正式答复"准予备案"；而事实上，当时的农村信用合作社的规模已经"堪称发达"了。1927 年 7 月 9 日，华洋义赈会再次向当时主政的张作霖大元帅呈请，声明创办合作社的目的，同时请求提倡；结果同样是"不了了之"。就在同年 11 月，张作霖统治下的农工部（即前农商部的改称）通令各地"查禁合作社"，结果导致定县、安平、香河等县 30 余个农村信用合作社先后被警察取消。可见，1929 年前的河北省政府对农村合作社的态度是消极的②。

合作社为外来的新生事物，自各地禁止合作社的事情发生以后，或部分人士由于缺乏了解，直指合作社为"党派之组织，教门之团结"；而当时的社会舆论普遍认为农工部的这种处置"颇为不妥"。天津《大公报》专门为此发表了一篇题目为《农村救济与农民合作社》的社评，认为天津县公署近日对农民信用合作社的查禁行为"殊令人惶惑不解"；文章指出：农村救济"实为中国现在、将来绝对重要的问题"，农民信用合作社"为救济农村之较善方法"，政界人士对此应有了解的必要③。为澄清社会各界人士对合作社的误解和猜疑，更为进一步获得各基层地方政府人士对农村信用合作社的了解与支持，华洋义赈会特发表《为各县长进一言》④ 的文稿，指明合作社的本旨是为借钱或买卖而成立的，"既不供神，又不祈祷，更不干涉现有任何政治和社会组织"；特别强调了办理合作社关系到农村前途，可谓"直接有利于社会，间接造福于全体人民"，因而呼吁各县

---

① 据 1926 年 5 月 5 日农商部致华洋义赈会函知，江苏省对金陵大学农林科试办农村合作社的"呈请保护"予以批驳不准；安徽省政府认为"各县已设因利局方便小民资金周转，实无再设农村信用合作社之必要"。参见张镜予《中国农村信用合作运动》，商务印书馆，1930，第 70 页。

② 张镜予：《中国农村信用合作运动》，商务印书馆，1930，第 71～72 页。

③ 《农村救济与农民合作社》，《大公报》1927 年 2 月 6 日。

④ 《为各县长进一言》见《合作讯》1927 年第 19 期。

长官和士绅"为社会公益着想，以先觉觉后觉"，使一般民众知道合作社、组织合作社，并热忱欢迎政府有关人士"有所见教或垂询详细办法"。

因此，从总体上就政府与农村合作社的关系而论，最初时的北洋政府既没有积极的主张，也没有加以反对，有无提倡农村信用合作社的诚意可谓"不得而知"，完全是一种"听之任之"的态度。诚如章元善所言，1928 年前，北洋政府对于合作事业的态度是"不闻不问"；当时军阀混战，他们只知争权夺利，对合作事业与民间福利，只要和他们的勾当不相冲突，他们是不来过问的，好像和政府"没有什么关系"。① 实际上，由于国家不统一，当时的军阀混战导致各地方政权分割，所谓的北洋政府并不享有"中央政府"的权威，因而对农村合作事业缺乏应有的关注；各地方政府对农村合作事业的态度更为冷淡，甚至漠视。

这表明，处于"民间社会"实验形态的农村合作运动，最初很难得到国家政权力量的肯定和有效支持。笔者认为，或许正是由于乡村社会亟须救治，而在当时弱势的国家政权——北洋政府无力顾及乡村社会救治的条件下，才有了像华洋义赈会这种民间社会性质的团体力量在乡村救治中的出现和崛起，从而弥补了政府行为在相关领域的缺失或不足。应该说，这也是华洋义赈会这种"民间社会"实验形态的农村合作运动得以存在和发展的真正历史缘由。

与北洋政府态度极为不同的是，南京国民政府刚刚成立就致函华洋义赈会，对其在华北农村的合作实验表示了最早的关注。1927 年 6 月，国民政府财政部曾函电华洋义赈会，调查该会推行合作的经历，并指示该会对合作社要"随时督促，俾臻完善"②。这表明了新政府对华洋义赈会赈济工作的肯定，对民间合作运动大加扶持。1927 年

---

① 章元善：《为什么提倡合作？》载《合作行政》1937 年第 15 集，第 3 页。
② 姜枫：《抗战前国民党的农村合作运动》，《近代史研究》1990 年第 3 期，第 187 页。

底，国民党人在考虑全国合作事业时，派出楼桐孙①等北上考察华洋义赈会的农村合作社。其后，楼桐孙成为国民政府首部《合作社法》及相关法规的主要起草者之一，并在其中吸收了华洋义赈会的经验②。

如果说华洋义赈会合作事业在当时产生了重大影响，或许就是使农村合作社成为国民政府农村政策的组成部分。诚如梁思达所言，由于华洋义赈会在河北农村推行合作事业的历史最久、影响最大，才有"政府对于合作事业之所以日加重视，规定章则，监督实施者"③。华洋义赈会农村合作事业无疑是一个成功范例，受此启示，江浙等国民政府统辖区的地方政府开始了各自的农村合作社探索。

四　华洋义赈会合作防灾实验的灵魂：章元善与于树德

章元善（1892～1987），江苏苏州人，1915 年毕业于美国康奈尔大学文理学院，归国后于 1920 年任职于中国华洋义赈救灾总会，先后出任华洋义赈会副总干事、总干事职务，负责主持总会日常事务。1922 年夏，因北京永定河河工事而举家从天津搬到北京，住在本司胡同 64 号，其间结识留日归国、住居天津的于树德，两人情趣相投并结为知己。据章元善介绍，正是那个时段，他往返于南北，而伴随他往返于南北间两月之久的唯一旅伴，就是于树德的《农村信用合作社经营论》，并由此"认识合作"。当时恰逢华洋义赈会决计试办合作社，他就把于树德找来"当导师"④，即我国第一位真正意义上的合作指导员。

---

① 楼桐孙（1896～?），浙江永康人，曾参加讨袁运动，后留学法国，获巴黎大学法科硕士学位，归国后历任南京国民政府立法委员等职，有《协作》（1925）、《消费协社》（1928）等多部译作，是民国初期合作思想传播的先驱者之一。

② 《楼桐孙先生在台言论集》，中国合作事业协会，1965，第 641～644 页。

③ 梁思达：《河北省之信用合作》，硕士学位论文，南开大学经济研究所，1936，第 51～52 页。

④ 章元善：《于树德著合作讲义序》，见《合作文存》（上），第 1 页。

早在留学日本期间，于树德先后连续向《东方杂志》撰写《农荒预防与产业协济会》的署名文章①，宣传现代防灾救灾思想，提倡组织合作社（即于氏之"产业协济会"），宣传以合作社救济家乡的灾荒，并以此作为预防农荒的长期有效之方策。可以说，于树德就是当时国内最早提出"合作防灾"这一理念者。于是，等归国后，当章元善诚心实意地寻求一起试办"合作防灾"时，两个人可谓"一拍即合"，章元善说："永滋见我具有诚意，一口承诺；同时把杨性存介绍到华洋义赈会来，当他的助手。"② 之后，无论是合作防灾实验的整体规划设计，还是农村信用合作社的各种制度建设以及合作社组织的内部业务经营与外部指导管理等，这两个人紧密配合，呕心沥血，如此"日复一日，惨淡经营"，下了不少苦功夫，付出了常人难以想象的努力。

在国民政府北伐完成之前，已经加入中国共产党的于树德"因北方党务尚未公开"，唯恐因为个人连累合作前途，为了奔走国事，"毅然与华洋义赈会脱离了关系"，直接到南方参加革命去了。对于树德的这种爱护华洋义赈会和合作事业的诚意，以及从事革命的"光明磊落的态度"，章元善倍感深切并钦佩之至。虽然之后两个人"彼此努力的途径不同，目的却同是救国"。然而，就在那个特殊时期，"永滋在河北播下的合作种子"，幸因杨性存"扶掖得法"而得以"继续着发展"。其间，章元善"用永滋的文章做教材"，为华洋义赈会举办了七次合作讲习会，"并请他编专科讲义"供给合作讲习会之用，这些讲义的原文"都在各期讲习会汇刊中发表"③。由此可见，章、于两个人虽"天各一方"，因为有了华洋义赈会的合作事业，又可谓"心心相系"，始终在一起。在以后条件允许、公事机会

① 于树德：《农荒预防与产业协济会》（上、下），分别连载于《东方杂志》第17卷第20、21号（1920年10月25日和11月10日），第16~30、10~22页。
② 章元善：《于树德著合作讲义序》，见《合作文存》（上），第1页。
③ 章元善：《于树德著合作讲义序》，见《合作文存》（上），第1~2页。

再次来临之际，两个人必定又将走到一起。

至 1931 年长江水灾，南京国民政府委托华洋义赈会办理皖赣农赈。一开始章元善就设想皖赣农赈"参照合作制度办"，决心把于树德在河北播下的"合作种子"移植到江西和安徽，于是再次找来于树德做"导师"。那次赈灾经两个人"悉心规划"，处处以灾民福利为前提，打破了历来办赈"假手土劣"的成规，一切手续都和农民直接发生关系，为将来"接着办合作"打下了一定基础。

在华洋义赈会的合作防灾实验中，章、于二人可以说"珠联璧合"，成就了一番不平常的事业，堪称华洋义赈会合作防灾实验的灵魂人物。其中，章元善自始至终发挥了一种无可替代的独特作用。因此，就华洋义赈会的合作事业来说，章元善无疑担负着"总设计师"的职责和重任，而于树德则是将总设计师做出的具体规划、设计付诸实施的"总指挥"。

第三章　初期农村合作社发展：
江浙先行、各地效仿

如上所述，南京国民政府对华北农村的合作运动实验表示了极大的兴趣和关注，并将其作为国家建设的重要政策提上了议事日程，最初在江浙地区展开实施，其他地区"争相效仿"，各地合作事业均有快速发展，却同时出现层出不穷的问题。直到 1935 年，国民政府从合作立法和合作行政等多方面加以全面规范，开始了抗战前我国合作社事业较为短暂的规范发展时期。

本章首先从国民党中央和各级政府层面，就国民政府农村合作政策从出台到实施的过程做一个简要描述；其次分两节详细考察江浙、华北各省、江淮灾区、鄂豫皖赣"剿匪"区等初期农村合作社发展情况；最后归纳总结了初期农村合作社发展过程中存在的主要问题。至于国民政府如何规范及规范后农村合作社的发展情况，作为本研究报告的重点，拟用专章讨论以揭示其要，故未安排在本章讨论之范围。

第一节　江苏、浙江农村合作事业
(1928 ~ 1935 年)

"合作导师"薛仙舟在《全国合作化方案》中主张"以国家的权力，用大规模的计划"，去促成全国的合作化。这一宏伟蓝图对当时的国民政府来说，无疑是难以企及的，但选择适当地区以为"全国合作化"前期之试验田，是完全可能的。而最早运用政府权力来推行合作事业的，就有江苏和浙江两省。

江苏和浙江两省素为江南富庶之地，位于当时以南京为中心的国民政府直接管辖区内，所谓"京畿重地"。这里不仅极有可能成为国民党中央和国民政府各项政策决策的试验田，更是一大批党政要员的来源地，地方主政者无疑具有获取各种政府资源的先决优势。因此，在国民党中央及国民政府提倡合作运动的前提驱动下，江浙两省地方政府最早实施并主导了农村合作事业。之后，河北、山东、湖南、江西等其他各地方政府纷纷效仿，渐次开展农村合作社的推进活动。"江浙先行、各地效仿"，可谓当时南京国民政府初期推行农村合作社的一个大环境。

一 江苏省合作事业演进概况

1927年4月南京国民政府正式成立，同时设立江苏省政府，省会镇江。江苏省政府成立伊始，就提议成立农民银行，提倡合作事业。有关江苏省农村合作事业概况，从合作行政、合作教育、合作指导及合作金融等机构设置上可见一斑。

（一）合作行政（含指导）及合作法规

江苏省合作行政设置，首以农工厅（后改为农矿厅）为主管机关，负责全省合作行政事宜。江苏省政府决议：在农矿厅下设合作事业指导委员会，以统一指导，并通过章程八条，宣告该委员会筹备成立。该委员会直隶于农矿厅，厅内设专任委员3人（由厅长指定1人为常务，主持日常事务），农行委员2人，名誉委员若干人；委员会下设主任、干事各1人，助理干事3人，服务员若干人。农矿厅之外，在镇江、无锡、吴县、昆山、江都、南通、东台、徐州等处设有8个合作指导所，每所设常务指导员1人，总理所务，另设指导员2人分管组织、宣传事宜。

1928 年 7 月，江苏省政府委员会决议通过《江苏省合作社暂行条例》共计 100 条，划分全省为八区，各区设一个合作指导所，把第一期合作指导人员养成所学员，分配到各区从事合作指导与促进工作；自是农村合作社始取得法人资格，而受法律之保护。1929 年 2 月，江苏省政府决议通过《江苏省合作社暂行条例施行细则》；3 月，农矿厅召开全省合作事业会议，集合各机关代表及合作专家与实地办理合作人员，研讨推进本省合作运动的各项事宜。由此可见江苏省合作事业之进展。

然而，因经费缩减，江苏省合作行政机关"多经变更"。原农矿厅合作事业指导委员会不久改名为合作事业设计委员会，各委员改称指导员，八区指导所裁撤，改设各县合作指导员 1～3 人。之后，农矿厅改组为实业厅，仅设技正一人，主管全省合作事业。1931 年实业厅裁汰，全省合作行政移归建设厅第三科兼办，在第三科农矿股下设实业指导技师"主管其事"。至 1934 年，建设厅设有指导技师 3 人，科员及办事员各 1 人。

1935 年，江苏省建设厅设立农业管理委员会，接管全省合作事业，下设合作科负责具体事务。该合作科主要负责合作指导、立法、教育和登记注册事项，为全省最高合作行政与指导机关。合作科下设指导与登记两股，先后由陈仲明、陈岩松担任该科科长，分设技师、技正各 1 人，技佐 2 人及办事员若干人。具体到各县合作机关，在县政府建设科下设合作指导员 1 或 2 人，负责办理合作行政与指导事宜，由省厅合作科的技师、技正巡回视察，负责各县合作指导员的指导与监督。在合作事业指导委员会尚未改组前，合作指导员均归其直接指挥。各处指导员拟定工作计划后，每月均须向委员会报告工作状况，委员会并常派人分赴各地调查，考察各指导员工作勤惰。因改组后的合作事业设计委员会规模缩小，只负责设计；各县合作指导员担负全省合作事业的重心，常年经费（财政拨款）约为 41460 元。

（二）合作教育（含训练）

江苏省合作教育有省办和各县自办两个层次。其中，以省办最早、层次较高，如合作事业指导员养成所；而以县办较普遍，形式多样且面向合作社职员，如合作讲习会及训练班等。

1. 合作事业指导员养成所、合作指导员训练班

有鉴于合作指导人才"亟须培养"，经厅长何玉书提议，省农矿厅与省农民银行总行会同发起，于1928年5月在南京设立"合作事业指导员养成所"，以造就合作人才。1928年6月，合作事业指导员养成所组织了第一批合作指导员训练，当时即由苏州和淮阴两农校向省厅保送毕业生共26人，由江苏各县政府保送41人，江苏省政府保送15人，浙江海宁县政府保送2人，请求旁听者3人，共计87人。训练内容是学科与实习并重，为期3个月，至9月结束毕业，合格者共有73名学员。

因第一期训练人才"尚不够分配"，该厅于1929年9月组织第二期合作指导员训练，听讲学员84人，授课时间为4个月，至年底结束授课后"分赴各地实习2个月"。养成所训练结束后，还专为第二期学员开一农事训练班，授以农事知识，并于1930年6月底结束①。

江苏省建设厅（前身为农矿厅）与省农行有鉴于本省合作指导员及农民银行调查员"人才缺乏"，再次会同发起举办合作人员（速成）训练班（为期一个月）。先由双方拟定办法，函请教育厅"令省立各农业学校保送学员"，保送的条件是："各校本省籍贯、年满20岁以上之毕业学员中，择其成绩优良、品行纯正，曾修习经济、农业及合作学科并在社会服务有相当经验者。"② 当时即由苏州和淮阴两农校向省厅保送毕业生共18人，经口试和体检后录取12人，备录2人。该次训练班设在省农行总部（镇江），于1934年12月15日开始

---

① 陈仲明：《国内合作事业调查报告（2）》，《合作月刊》1931年第3卷第2期，第11页。

② 有关该次合作指导人员训练班的课程安排、师资教员及学员来源等详情，可参阅秦孝仪主编《革命文献》第86辑，第15～18页。

训练。至 1935 年 1 月 14 日训练完毕，该批学员（共 14 人）即刻被分配到镇江、吴县等地县政府及农行总行与丹阳、金坛等各分行实习。实习期满经考核合格者"直接录用"，其中农行及建设厅录用 4 人，其余分配到各县。

在训练合作人才以外，江苏省农矿厅（后改名为建设厅）还印行各种合作社模范章程、小册子等分发各地，有数万册之多。1936 年 6 月，省建设厅合作事业指导委员会刊行《江苏合作》半月刊，这是后话。

2. 合作社职员（速成）训练班及合作讲习会

最初的合作社职员训练班系江苏省农民银行举办（详后"江苏省农民银行"），而合作讲习会多由各县自行举办。合作社社员、职员对于合作理论与实际的了解程度，无疑直接关系到合作事业的前途；同时，各地方之社教机关、自治机关之职员，以及小学教员对附近合作社"也负有从旁辅导之责"，因此，这些人员对于合作制度的学理以及合作事业的实施"均有切实研究之必要"。有鉴于此，建设厅大力督促"各县举办合作训练事宜"。自 1933 年 7 月开始，各县合作讲习会或合作社职员训练班均"次第举办"，各地民众均"踊跃参加"；至 1934 年底，先后有铜山、宜兴、金坛、南通、淮阴、江阴、松江等县举办 8 场次合作讲习会或合作社职员训练班，完成修业人数合计达 585 人之多①。之后，各地受训人员均努力于"合作事业之宣传与推进"，这些措施对于各地合作社的社务进行"影响颇为良好"。

3. 合作宣传周

1930 年，国民党中央宣传部决定，在世界合作纪念日（每年 7 月第一个星期六）举行合作宣传周，并颁发合作运动纲领，以唤起普通民众的合作意识。国民党江苏省各地方党部积极响应"中央号召"，均同时举行合作宣传周，对促进民众加深合作的认识"影响甚大"。

---

① 秦孝仪主编《革命文献》第 86 辑，第 19～21 页。

此外，国民党上海市党部曾在 1930 年 11 月开办一个合作事业指导员讲习所，听讲学员 31 人，并于 1931 年 3 月举行毕业典礼。

（三）第一个省级合作金融机关——江苏省农民银行

江苏省在设置有关合作机关时，最初并无合作行政、指导与合作金融之划分（或分工），因此，最初的合作金融机关如江苏省农民银行，也肩负着合作指导与调查之责。从一定程度上来说，其作用类似于省厅合作行政机关，如前期之农矿厅，后期之建设厅，特别是在合作人员训练方面发挥了特定作用。

1. 组织概况

1927 年江苏省政府设立之初，由财政厅厅长张寿镛提议，将孙传芳时代征收未完的"两角亩捐"，作为创立江苏省农民银行的基金，以期"取之于民，还之于民"；经同年 6 月 9 日省政府会议通过，并于 8 月由省政府聘请薛仙舟等负责筹备。薛氏不幸病故，改由马寅初等为筹备委员，筹办一切设立手续。1928 年 2 月 11 日通过"江苏省农民银行组织大纲"，聘任监理委员 7 人组织监理委员会；该会于 1928 年 3 月聘任过探先、王志莘分任总经理、副总经理，于是，江苏省农民银行宣告正式成立；1928 年 7 月 16 日，江苏省农民银行举行开幕典礼，以辅助农民经济之发展，以低利资金贷与农民为宗旨，用实力来协助农民合作社的发展。

据江苏省政府规定办法，各县将征收的"两角亩捐"（即农业税）直接报解财政厅，由财政厅"用江苏省农民银行监理委员会名义"交江苏银行存储。有数据显示，该基金增长较快，截至 1927 年 12 月 16 日，共收基金为 135307.01 元；至 1929 年 6 月 30 日，已达 1851951.81 元，两年不到，该基金增加了约 13 倍；至 1930 年初，已达 240 万元，在原有基础上又增长了 30%，可谓"年有进步"[①]。由此可见，江苏省农民银行成立之初就并非纯粹的商业银行，而是由

---

① 陈仲明：《国内合作事业调查报告（2）》，《合作月刊》1931 年第 3 卷第 2 期，第 8 页。

"农业税收入作为成立基金"的政策性银行。

从内部组织系统来看，江苏省农民银行的最高决策机关为监理委员会。总行经理由该委员会负责聘请，总行设在省会镇江，总理全省行务。为办事方便起见，该行拟将全省划分为16个区，每区设立一个分行或办事处，分别管理各区业务；每区分行再直辖若干分行，最少的也有2个分行，最多的可辖5个分行。截至1930年底，设立区分行的有镇江、南京、常州、无锡、松江5区；其中，已设有分行的，有常熟、吴江、高淳、昆山、丹阳、青浦、如皋7处。

2. 业务经营

该行的业务主要有放款、存款及汇兑三种。其中，根据章程，放款原仅限于农民组织的各种合作社，因在最初一年，合作社成立者"尚不甚多"，基金未曾放出的"为数不少"，所以该行的存款业务"尚未举办"，汇兑也因"第一年分行不多，没有开办"。至于放款业务，又分为信用和抵押两种和"定期与活期"两类，此外，1930年增加"贴现放款"一种。比较而言，抵押放款多于信用放款，活期放款大于定期放款；就放款金额来看，该行发展速度较快，但各地分行损益不一（见表3-1、表3-2、表3-3）[①]。

表3-1 江苏省农民银行总分行各种放款金额比较（截至1929年6月）

单位：元

放款种类＼行种类	总 行	常熟分行	吴江分行	高淳分行	松江分行	合计
定期信用	7600	1160	55600	6060		70420
活期信用				2100		2100
定期抵押	115379	5765	15000	11658	2310	150112
活期抵押	10000	97378	69158	3621	2600	182756.1
合 计	132979	104302	139758	23439	4910	405388.1

① 各表资料来源参见陈仲明《国内合作事业调查报告（2）》，《合作月刊》1931年第3卷第2期，第9~10页数据。各表由笔者编制而成。

表 3 - 2 江苏省农民银行年度放款比较

单位：元

放款种类	1928 年 7 月至 1929 年 6 月	1929 年 7 月至 1930 年 6 月	增长值
定期信用放款	70420.00	119642.31	49222.31
活期信用放款	2100.00	31196.83	29096.83
定期抵押放款	150112.00	352788.16	202676.16
活期抵押放款	182756.10	262403.21	79647.11

表 3 - 3 江苏省农民银行总行、分行 1930 年底决算损益一览

单位：元

总行	（益）31291.01	
第一区分行	（益）3216.70	
第二区分行	（损）164.67	
第三区分行	（益）1586.03	
第四区分行	（益）105.46	说明：
第六区分行	（损）653.10	(1)营业损益包括各类
常熟分行	（损）1356.99	放款、存款与汇兑；
吴江分行	（损）369.14	(2)定、活期之存、放款
高淳分行	（益）936.99	利率不一，且信用放款
昆山分行	（损）572.14	高于抵押放款
丹阳分行	（益）568.00	
青浦分行	（损）39.45	
如皋分行	（损）637.34	
合　计	（益）33911.36	

如表 3 - 3 所示，江苏省农民银行全体营业损益相抵，账面上计益 33911.36 元。实际上，1930 年初，该行运用的基金总额已达 240 万元，至年底还应高于这一数额，且没有计算利息；若仅以年初的 240 万元计息，按普通利率周年 4 厘计算，利息就高达 96000 余元，年底该行基金利息收益至少超过 10 万元。就此而论，在 1930 年底，该行业务经营实际是"亏损"的。

3. 合作金融与合作指导的关系

如上所述，作为直接为各地合作社提供资金来源的金融机构，江苏省农民银行本质上是一个合作金融机构，它从一开始就参与了该省

合作行政、指导与训练的有关事项。

1928 年 11 月 25 日至 12 月 1 日，为使各合作社职员对合作有相当了解起见，该行首先在江宁县开办全县合作社职员训练班，接受训练的有 22 个社的代表共 45 人。此外，1929 年 3 月，常熟农民银行分行把全县划分为东、西、北三区，举行合作训练班循环训练，由该行经理和行员下乡负责办理，该次训练效果明显，合作社社员股金"颇有增加"，并有自动倡办储蓄的提议。几乎同时，吴松农民银行与吴江蚕桑场合办一期合作社职员训练班，授以合作和养蚕制丝的知识，课程共用了 11 天完成，听讲者约 60 人。

同时，该行还设有专门的合作社调查员，为加强与合作社指导员的通力合作、免除相互间隔阂起见，特拟定联络办法五条：①合作社指导所每月应将上月工作报告及计划，择要寄交农民银行总行，以便考察；②农民银行与合作社指导所应随时交换或商酌进行过程中的困难情形及办事经验；③农民银行应向合作社指导所供给各项调查表格，并转发给各申请借款之合作社；④农民银行在必要时，得委托合作社指导所担任调查事宜；⑤设立农民银行分行或办事处之地，合作社指导所对于合作社的推广，应彼此随时接洽。

二 浙江省农村合作事业概略

浙江省合作事业始于 1927 年夏，至 1935 年前后有 8 年光景。其间，"因行政系统屡有变革及经费短促"，致使事业推进未能十分顺利，"效能也未能尽量发挥"①。但经过多年的政府及民间的上下提倡，积极推进，合作社数已增加至 1793 个，区域扩张到全省 65 个县市，合作社种类有信用、生产、运销、利用、储藏、消费、保险等八大类，合作方式"殊为完备"，在全国各省中，占有相当重要地位。为清楚描述该省办理合作事业之经过，特从合作行政、合作组织、合作

---

① 《浙江省之合作事业》，见秦孝仪主编《革命文献》第 84 辑，第 84 页。

教育、合作指导以及合作金融等几个方面略加考察，以备探讨与分析。

（一）合作行政的演进

虽然浙江省在 1927 年底就颁布了我国第一部《合作社暂行条例》，但因内容多欠完善而弃用。1928 年 6 月，浙江省政府会议通过《浙江省农民银行条例》，随后于 7 月通过《浙江省农民信用合作社暂行条例》，即成立省农民银行筹备处，负责筹设省农行，兼办合作指导事宜。因此，该省合作事业室创始于此。后因省农行资金筹集不足，"奉令停止筹备"，原筹备处撤销，合作事业划归省建设厅办理，由建设厅设立合作事业室"主管其事"，而各县有 22 县设置专门的合作事业促进员，专司其职。

1929 年 2 月，浙江省政府颁布《浙江省农村合作社规程》，对农村合作社做了更为详细的规定；同时取消合作事业指导室，合作行政主管机关划归建设厅农矿处。因建设厅订定《浙江省农村合作社规程》，并提经省政府会议通过颁行，故此前之《浙江省农民信用合作社暂行条例》也同时废止，至此，该省合作事业"开始有了一个较完备的法规"。1930 年 10 月，农矿处成立，合作事业曾一度划归该处管理。至 1931 年 1 月，农矿处撤销，"复归建设厅接办"，同年 5 月，实业部颁发《农村合作社暂行规程》，才开始正式订定各种合作社"设立许可登记"等簿册式样，通令各县遵照办理。于是，该省之前颁发的《浙江省农村合作社规程》同时废止。

1932 年 6 月，建设厅鉴于发展合作事业对于农村经济的重要性，乃恢复合作事业室，并设置专员"主持其事"，内分合作事业与农业金融两股，"俾两者关系打成一片，以一事权"。在各县则"改合作促进员为指导员"①，并订定"指导员工作纲要"及"考绩规则"，通令各县"认真推进"。1935 年 2 月，浙江省农业管理委员会成立，

---

① 建设厅合作事业室设合作专员兼主任 1 人、合作股主任 1 人、金融股主任 1 人，各股科员、办事员若干人；"各县自治"，即设合作指导员（初称"促进员"，后改称"指导员"）1 人。

于是，合作事业室并入该会为"合作事业管理处"，但其内部组织全部"照旧"①。由此可见，该省合作行政主管机关与江苏省一样，"变迁之繁，演进之频，至为可警"。

（二）合作组织的增长

1931 年前，浙江省合作组织"多为信用合作社"。因"今日农村最缺乏者莫如生产资金"，农民最感痛苦的，莫如受高利贷的压迫，组织信用合作社"确为当时环境所需要"，且以信用合作社组织较为容易，收效较快，所以"一经提倡，即纷纷成立"。然而，信用合作社成立过多"极易发生种种流弊"，以至于有专为借钱"方组织合作社"的错误观念产生，因此，一般信用合作社除借款外"别无业务"，除成立外"别无会议"。至于"用途不当，账目不清，社务腐败"，更比比皆是，不一而足。

浙江省建设厅为矫正此种流弊，对全省合作社进行整顿，"一方面督促"各县促进生产及运销合作社之组织，并指导信用合作社办理兼营业务，"另一方面订定"浙江省各县市指导员整理合作社办法及合作社考绩规则，"双管齐下"。自 1932 年之后，该省合作组织"已倾向于生产、运销、兼营等方面"多头发展。至 1935 年，该省再次颁发《浙江省整理合作社办法》及改进办法，通令各县"切实遵照执行"合作社改进，并停止单营信用合作社的成立，注重特产合作社的组织，如贝母、棉花、蚕丝、蔗糖、桐油、生姜等，经先后应用合作方式，指导经营发展。自 1929 年 2 月至 1935 年 8 月，全省各类合作社数、合作社社员人数以及股金等均有较快增长（见表 3 - 4）。但因合作社品质不高，自 1932 年 6 月开始整顿，从信用合作社逐年的数量增长来看，整顿的效果并不理想。

---

① 至 1936 年 1 月，农业管理委员会撤销，合作事业管理处又恢复为合作事业室；1936 年 6 月，建设厅变更组织，合作事业室改隶"农业管理处"。这种管理机关的频繁变动，导致的结果只能是"人浮于事"，对合作事业影响较大。参见秦孝仪主编《革命文献》第 84 辑，第 84~85 页。

表 3－4　浙江省农村合作社历年分类统计（1929～1935 年）

单位：个，人，元

年份	数量\种类	信用	运销	利用	生产	消费	供给	储藏	保险	兼营	合计
1929	社数	142									142
	人数	454									454
	股金	1727									1727
1930	社数	386	5	4		6				14	415
	人数	10534	292	104		604				375	11909
	股金	38378	3038	11424		2384				1204	56428
1931	社数	548	6	4		9	1			18	586
	人数	13673	352	104		957	262			457	15805
	股金	48492	3493	11422		5072	1191			3055	72725
1932	社数	688	9	4	13	13	2	1	1	27	758
	人数	16917	843	104	250	834	317	9	55	890	20219
	股金	68363	10278	11423	1191	1718	1368	65	376	1296	96078
1933	社数	858	26	5	150	15	9	8	1		1072
	人数	21626	2010	85	3556	977	589	180	55		29078
	股金	85584	22831	2570	12873	8063	3278	1427	376		137002
1934	社数	1124	64	13	238	22	21	14	1		1497
	人数	29771	9522	286	6100	1586	955	323	55		48598
	股金	120764	121522	5720	27204	10510	6073	1706	376		293875
1935	社数	1147	110	20	395	37	58	17	9		1793
	人数	31286	11372	573	10281	2570	2495	862	383		59822
	股金	125883	132042	7701	52426	15863	11462	296	798		346471

注：所有社数、社员人数及股金均为逐年累积数据。因 1930～1932 年"生产"与"储藏"合作社及 1933～1935 年"兼营合作社"未见统计数据，系三者业务交叉，之后"兼营合作社"全部列入"生产"或"储藏"类合作社，不再另有统计数据。

资料来源：秦孝仪主编《革命文献》第 84 辑，第 86～87 页。

（三）合作教育的实施

1. 举办合作指导人员养成所

一般来说，省级举办的合作教育，专为培养指导人才与训练合作社社员、职员，至于中高级专门人才的培养，多为专门学校或中央合作人才养成所之职责。故此，浙江省于 1928 年 12 月曾举办第一期合作指导人员养成所，为期半年，共有 40 人，于 1929 年 5 月毕业后，先后派往杭县等 24 个县工作。嗣后应各地合作社成立之需，而要求派指导员的县份日渐增多，原有指导人员"已感不敷"，于是，在1932 年 12 月继续举办第二期养成所，招收高中毕业生。截至 1935年，该省各县派出的合作指导员已达 59 县共 62 人（平均每县 1 人多，无社之县根本没有 1 人）。当时该省合作指导人才严重不足，由此可见一斑。

2. 举办合作讲习会

至于合作社社员、职员的训练，多由各县负责举办合作讲习会，由建设厅派员前往指导。训练的目的在于使社员"了解合作社的意义与利益，以及其经营办法"，对合作社能热忱拥护而培养良好社员。至 1934 年底，吴兴、金华、余姚、绍兴、平湖、嘉兴、杭县、杭州市、义乌、萧山、嘉善、瑞安等 20 个县市及第一、第二合作实验区"均已先后举办合作讲习会"，为社员了解合作知识及业务经营技巧，"成绩尚属良好"。

3. 出版合作刊物

建设厅原有 6 种合作丛书及《建设月刊》之"合作专号"刊行，如编印合作社组织程序、合作社章程式样、信用合作社簿记（1）、浙江省合作事业农业金融章则汇编以及浙江省农民拥护会计规程五种，分发给各县市。此外，建设厅于 1933 年 7 月将各县合作宣传经费集中，由合作事业室主编发行《浙江合作》半月刊，至 1935 年"已出版 3 卷共 24 期"。该刊"以浅显的文字发挥合作原理，讨论合作实施，解释合作疑难，发表合作消息"，分送各县市合作社及民众教育馆，以资普遍宣传。

（四）推行合作辅导制度

所谓"合作辅导制度"，即在原来合作指导制度基础上，辅设合作实验区，以避免原有制度之弊端。根据浙江省几年来农村合作社发展的实践经验，仅以原来采用的合作指导制度（即派出合作指导员下乡指导民众组织各种合作社）推进合作"缺陷颇多"，如缺乏经济人才、工作易受牵制、成绩不易显著、容易造成官僚化等。加之"少数人的经验见解有限，思维难策万全"，是故，自1933年以后，在指导制度之外，更创立一种辅导制度，"以弥补指导制度之不及"。就浙江省当时的具体实践而论，这一辅导制度的表现方式有以下两种。

首先，选定一个农村中心区域（文化或物产中心）筹设农村合作事业实验区，集中一部分人力于该区域内，凭借其学识经验，指导组织各种合作社，或整顿原有合作社"使其组织健全"，从而促进该区域内的合作事业充分发展。如能表现较好，则不仅该实验区内农民收到实际利益，同时也为其他合作社树立了一个"可资观摩效仿的模范或榜样"。根据这一构想，该省先后在杭县、永嘉、嘉兴三县设立了3个合作实验区。最初于1933年3月在杭县乔司设立第一合作实验区，第一步是从事农村经济调查及计划设施事项，第二步即指导农民组织养蚕及成立丝麻运销合作社，并实际辅导各社办理积蚕共育、共同烘茧、运销丝麻、供给豆饼米粮等业务，成绩颇佳，尤其是共同烘茧历次办理甚著成效，"颇得农民信仰"。第二合作实验区设在永嘉南塘，指导区内民众组织柑橘及草席等运销合作社、人力车信用兼营合作社，办理"也多成效"；其中，柑橘运销合作成绩颇多，还组织成立了区联合社，直接运销上海，获利颇佳。第三合作实验区设在嘉兴王店，1934年8月成立后，指导区内合作社举办耕种合作，提倡节俭储蓄，办理合作教育，戒除烟赌等，社员间合作精神"颇为浓厚"①。

其次，成立各区合作事业促进会。即由原来各县政府的合作指导员、农业金融机关人员以及热心合作的社会团体人士联合起来，以每一县政府成立一个为原则，直属县政府领导，负责促进县域内的合作事业。该促进会的主要任务为"研究各种合作问题集推进

---

① 秦孝仪主编《革命文献》第84辑，第88～90页。

方案"，负责向上级机关"建议各项有利于合作的设施"，并根据上级领导意见"实际参加合作业务"，以促进区域内合作事业发展。至 1935 年，该省 11 府中，已有"杭、嘉、宁、湖、绍、温、金、台"等十区成立合作事业促进会，只有一区尚未成立。此外，该省拟在各区合作事业促进会的基础上，进一步联合成立全省合作事业促进会，以为各区合作事业促进会的统辖机关。此为后话，不赘述。

（五）合作金融（农业金融）之调剂

1928 年 5 月，浙江省农业生产讨论会建议设立农民银行，由建设厅订定《浙江省农民银行条例》《浙江省农民银行筹备处组织大纲》，先后提交省政府会议通过。规定省农民银行由省政府主办，资本金定为 200 万元；县农民银行由县政府主办，资本金定为 20 万元；均以收足 1/4 以上即"先行开始营业"。

1. 省级金融机构——中国农工银行杭州分行

浙江省农行资本曾经省政府委员会决议，以全省烟酒二成附税作抵押，发行 50 万元债券"先行开办"，余额就全省军事特捐项下提拨 1/4，"以拨足 66.6 万元"为限。于是，在 1928 年 8 月成立筹备处；1929 年 10 月，再经省政府委员会决议"提拨省行资本 50 万元充中国农工银行股份"，请其在杭州设立分行，又以 38 万元存入该分行"作为办理农民放款之用"，委托该分行"经理代放"。因此，前议之省农行停止筹备，而由建设厅与该分行订立互约及放款细则，放款之终决权"仍操诸建厅"。1931 年 8 月"修改互约"，将审核放款手续也委托农工银行办理，但数额在万元以上的"仍须先征建设厅同意"。由此看来，该省农民银行之设立，诚为"一波三折"，而终于"中国农工银行杭州分行"作为省级农业金融机构，兼办全省农村合作社放款事宜。

2. 县级金融机构——县农民银行及农民借贷所

至于筹设各县农民银行，经建设厅会同财政厅于 1929 年、1931

年先后订定浙江省《县农民银行在田赋正税项下带（代）征股本办法》及《股本保管委员会章程》，"呈准"省政府公布施行"俾各县农行早日成立"。之后又制定了《浙江省县农民银行借贷所规程》，所有资本不易筹足省颁《农民银行条例》所规定的数额者，可先行成立农民借贷所，放款农民"以资补救"。

于是，最早成立县农民银行的有衢州、海宁、绍兴等县，而最早设立农民借贷所的有崇德、德清、吴兴、海盐等县。由于各行资金薄弱，信用不孚，"又多各自为政，恒少联络"，业务颇难发展，甚至于连"带（代）征股本"也多被各县政府挪作他用①。省建设厅为整顿全省农业金融，一方面通令各县制止任意挪用农行股本，所有挪用款项须"限期如数归还"；另一方面督促未设农业金融机关各县"积极筹设农民银行或借贷所"，以根除挪用之弊。同时，还制定《浙江省县农业金融机关调剂资金暂行规程》，规定"各地遇资金不足周转时，即可据此签订相互透支合同"，向资金过剩的农民银行"请求透支"以资调剂。为规范各地会计办法，建设厅进一步制定了《浙江省县农民银行会计规程（草案）》，分发各县参照办理，规定"按月填送各项业务月报表"及"开支月报表"，呈送建设厅审核"以便监督"。1934年5月，建设厅又创办"农民银行职员训练班"，培养全省农业金融基本人才，招收中学毕业生57人，"授以合作、农业金融、银行簿记、银行经营商业常识等课"，毕业后再实习一个月，即分派到各县农民银行或借贷所服务。

从上述可知，浙江省对各县农业金融机构设置多有筹划，各项制度建设也"层出不穷"，但政府办理农业金融事宜不仅人才缺乏，而且官员的品行、素质更是值得质疑。唯有政府官员严于职守、建立信用、为民服务在先，或可促其农业金融机构"信用渐孚，业务入轨"，从而给农村合作事业前途真正带来发展希望。

---

① 秦孝仪主编《革命文献》第84辑，第88~90页。

第二节　其他省份农村合作社发展概况
(1929～1935 年)

自国民政府提倡农村合作事业后，各省政府纷纷颁发组织合作社暂行条例，致力于推进农村合作社发展。除江苏省外，其他各省政府大多是从 1929 年开始才真正进入各自省份的合作事业的推展进程，合作社组织于是日渐普遍，数量之多实可惊人。尤其是 20 世纪 30 年代以后，因各银行竞相办理农村合作贷款业务，故合作社数量增加更为迅速。其中，江南诸省如赣皖湘鄂等之合作运动，多为 1931 年长江水灾后农赈之结果。此外，还有 1932 年南京国民政府军事委员会委员长行营在"剿匪区"内颁行农村合作社组织规程，加以提倡。而华北地区各省地方政府则大体继续在前期华洋义赈会的协助指导下，实施农村合作运动所取得的成绩，颇令人瞩目。

一　江淮水患与湘鄂皖赣"农赈"

1931 年夏天，江淮河汉同时泛滥，波及湖南、湖北、江西、安徽、江苏五省，灾情特重，损失达 20 亿元[①]。这种空前水灾救济极为困难，国民政府在当年的 8 月 14 日设立"救济水灾委员会"专司其责。救济工作分急赈、工赈和农赈三种：急赈为灾民筹措衣食住居应急，以保全生命；工赈为"以工代赈"，修筑堤岸，以防后患；农赈为"灾后重建"，采取低利贷款办法，辅助灾民修理农田渠道、购办农具和种子等。除江苏外，其他四省的农赈事宜，均由救济水灾委员会委托华洋义赈会负责办理。先是，1931 年长江水灾后，国民政府救济水灾委员会以 200 余万元委托中国华洋义赈会按照合作原则及

[①]　参见金陵大学农学院《1931 年水灾区域之经济调查》(1932)，《国民政府救济水灾委员会报告书》，1934，第 2 页。

河北合作实验经验，将救灾款项和小麦贷与农民，让农民组织互助社，以团体信用为担保，由社员共同负责。在组织实施互助社的同时，华洋义赈会即注意宣传农村合作事业①。1932 年春，国民政府继续委托华洋义赈会，参照皖赣先例，接办湘鄂两省农赈；同时，举办合作讲习会，将互助社先后改组为合作社。职是之故，自 1931 年 8 月至 1933 年 10 月，湘鄂皖赣四省之合作社由 39 个激增至 2225 个，社员人数由 9741 人骤增到 94096 人②。其增速甚至超过江浙，令人"亦喜亦忧"。

二 "剿匪区"和华北战区"善后农赈"

如章元善所言，国民党人开始大规模吸收华洋义赈会的经验是在 1931 年。由于在皖赣办赈的顺利，华洋义赈会把河北农村信用合作社制度引到江淮流域，为向全国普及准备了条件③。而在江西"围剿"红军的蒋介石立刻注意并重视华洋义赈会的皖赣赈务。1932 年 10 月，蒋介石下令在其"剿总"成立农村金融救济处，以举办信用合作社作为赈济江西以及豫鄂皖农村中战争难民的手段。其后，蒋介石又把合作社视为其"三分军事、七分政治"的"剿共"战略的组成部分，作为与共产党土改相对抗的农村政策之一④。

1932 年，《"剿匪"区内各省农村合作委员会组织规程》颁行，提倡组织农村合作社以赈灾。先是 3 月，江西省农村合作委员会成立。1933 年，鄂豫皖赣四省农民银行（后改名为"中国农民银行"）成立于汉口，以推行合作为其主要业务，以协助四省农村合作社为宗

---

① 参见《国民政府救济水灾委员会报告书》，1934，第 5 章；华洋义赈会编《合作讯百期特刊》，1933，第 969 页。

② 方显廷：《中国之合作运动》，南开大学经济研究所，1934，第 12 页。

③ 章元善：《华洋义赈会的合作事业》，《文史资料选辑》第 80 辑，文史资料出版社，1981，第 158 ~ 172 页。

④ 中国人民银行金融研究所编《中国农民银行》，中国财政经济出版社，1980，第 16 ~ 17 页。

旨。同年1月，鄂豫皖三省"剿匪"司令部颁布《剿匪区内各省农村合作条例》及其施行细则，成立农村金融救济处，委派农村善后辅导员指导农民组织"合作预备社"。在汉口还成立了四省合作指导训练所，招收鄂豫皖赣四省中学以上的毕业生予以培训，毕业后分赴各地指导合作。同年5月，行政院召集农村复兴委员会、福建闽西善后委员会，通过《闽西各县农村合作社条例》，组织多种农村合作社以"善后"，恢复农村生产。此外，赣鄂湘等省的建设厅、实业厅或农矿厅都纷纷成立了合作事业指导室或合作事业指导委员会，以促进各自省份之农村合作运动。

三　华北地区的农村合作运动

（一）河北

河北省由政府推行的合作事业始于1929年。最初由农矿厅（1931年与工商厅合并为实业厅，1934年底再并入建设厅）将农村合作列为政务之一，1930年由工商厅、农矿厅两厅设立河北省合作事业指导委员会，在各县设合作指导员，兼负合作技术与合作行政之责。该会聘华洋义赈会总干事章元善，以及义赈会同仁杨性存、董时进等为委员，参与其事①；并会同华洋义赈会订定合作社登记办法，将经华洋义赈会历年指导成立的各合作社补行登记，以资由法规统筹保障②。从此，河北省的农村合作事业，凡有关合作社申请许可设立、成立登记等诸行政事宜，皆由省府机关办理；至于合作事业之促进与指导工作，则大体上仍由华洋义赈会依据实际情形之需要，负责规划办理。该委员会主要以造就合作指导人才为着手处，首先与北京大学法学院合办合作讲习班，令交通便利各县，选送学员入班肄业；1930年春毕业生30人，均由该厅分发原县、派充合作或农业指导

---

① 《河北省政府积极办合作》，《合作讯》1930年第58期，第3～4页。
② 《登记办法大体已定》，《合作讯》1930年第63期，第2～4页。

员。1930 年 10 月，河北省政府委员会第 171 次会议通过《河北省合作社暂行条例》，以为组织合作社之规范，于是，河北省之合作事业始得到法律上之地位①。该省还同时制定农村信用合作社、消费合作社等模范章程和组织程序，分发各县，积极进行倡导②。1934 年 8 月，实业厅为发展河北省合作事业计，将北平大成职业学校高级农村合作科当年毕业生 48 人，派赴各县充任指导员；同年，河北省党部也从该校之毕业生中增派 20 名赴各县担任指导员工作，自是以后，河北省政府对合作事业的注意颇为努力。

至于河北省内其他政府性质的指导或推进机关，还有 1934 年由华北战区救济委员会演变而来的华北农业合作事业委员会③。其次为 1935 年成立，隶属于全国经济委员会棉业统制委员会且负责指导河北棉业改良和棉花产销合作社的河北棉产改进社，该社当年就在邯郸、安次、漕河、军粮城等指导区组织合作社 21 个，社员 2088 人。再者为 1935 年 8 月由河北棉业改进所与河北省政府、实业部天津商品检验局、北宁铁路管理局、华北农业合作事业委员会、华北农产研究改进社横向组成的河北省棉产改进会；该会除了华北农产研究改进社（由金城银行、南开大学、中华平民教育促进会组成）外，基本上是一个官方机构。据统计，到 1936 年 12 月，由该会指导协助的棉花产销合作社已达 702 个，社员 17975 人④。

（二）山东

山东省政府倡导的合作事业以 1929 年 6 月山东省农矿厅在泰安成立第一届合作指导人员养成所为发轫。从合作行政来看，"虽早已

---

① 马森年：《河北省农村合作事业概况》，《河北月刊》1935 年第 3 卷第 10 期，第 1 页。
② 《法规：农村信用合作社模范章程、消费合作社模范章程》，《河北农矿公报》第 9 号，第 19～27 页。
③ 华北农业合作事业委员会是一个横跨冀察两省的省际合作行政机关，有关内容详见第六章第二节，此不赘述。
④ 《河北省棉产改进会民国二十五年度工作报告》，1937 年印行，第 152 页，附录第 33 页。

设立，却变动频繁"。最初系由农矿厅于1929年10月设立"合作事业指导委员会"，总揽全省合作行政，同时负责实际的指导工作。1930年后，改由实业厅负责合作社的推动和整理工作。该厅于1932年举办农村合作人员训练班，期满派赴各县推行合作事业。1933年，实业厅并于建设厅，并重组合作事业指导委员会，改隶于建设厅，1934年，建设厅决定"另辟门径，……推行合作事业先以特种生产为对象"，其指导制度也略有变化，即一地如有组织合作社之必要，建设厅就派合作事业指导委员会委员担任总指导，并调附近各县合作指导员前往协作①。1936年3月山东省"合委会"又被改组为"合作事业指导处"，未久，指导处缩减为建设厅合作科，厅下又设合作事业巡回指导队三队，分赴各县任督导工作，并饬令各县政府设合作指导室②。自此，山东省主管合作事业的行政系统方告确立。

山东省以合作教育为其合作事业的发端，于1929年6月山东省农矿厅在泰安成立第一届合作指导人员养成所，招收学生70余人；该批毕业学员被派赴各地组织合作社，因属初次提倡，成效甚微。1932年，实业厅举办农村合作人员训练班，招收中等学校毕业生，施以短期合作训练后，分发各县充任县合作指导员，驻各县政府建设局，负责指导民众组设合作社，每县设合作指导员1名。同年11月，山东省政府公布《山东省合作社暂行章程》，确立了合作社的法律地位；并饬令各县充实农民贷款所基金，贷给经营生产之合作社，以扶助农民经济的发展③。从此，山东农村合作事业逐渐起步。据中央农业实验所的调查，山东省自推行合作事业之后，1931～1933年，其合作社总数居全国第四位，次于苏、冀、浙，1934～1936年，踊跃

---

① 山东合作学会：《山东合作运动概况报告》，《合作月刊》1934年第6卷第11、12合刊。

② 《法规：山东省合作事业指导委员会章程》，《山东建设月刊》1934年第4卷第1期，第3～5页。

③ 黄翰桥：《本省合作事业三月来之观察》，《山东农矿公报》1930年第13期，第3～4页。

仅次于河北省，居全国第二位①。

此外，山东乡村建设研究院对合作事业也极为注意，举凡该省合作人员的培养、合作组织的研究设计等均得力于研究院的协助，因此，山东推行合作事业"仍有其特殊成就"，尤其表现为研究院在邹平的合作实验。

（三）河南

河南省的合作事业始于军事委员会委员长（武昌）行营在"剿匪"区内的农赈。1932 年冬，河南省建设厅曾招收学员百余人赴汉口"鄂豫皖赣四省农村合作指导人员训练所"集训，次年结业后到江西农村实习两个月，返回原籍指导组织合作社，是为河南省自办农村合作事业之始②。1933 年秋，华洋义赈会在河南的考城、临风、滑县等举办黄河水灾农赈业务，指导农民组织互助社，为该省推行合作事业奠定基础。1934 年 4 月，河南省建设厅设立"河南省农村合作委员会"，在各县设立办事处，派受训学员赴各县担任合作社指导员；该会又在省内招收学员 50 名，经过短期培训，以合作助理指导员名义，分到各县工作。至此，河南省的合作事业始有长足的进展③。

有关河南省农村合作社的组织与经营各项，大抵与河北、山东并无多大差别。但如以社员职业来分析，则约有 98% 的自耕农享有信用合作社的利益；且该省信用合作社对农村金融的调剂，大都依赖各银行的放款，既不能普遍，投资也有限。随着合作社数量的增多，银行资金终不能满足合作社的需求。为此，河南省建设厅于 1935 年春，拟定《农村合作社区联合会（或区联合社）组织章程》及《农村合

---

① 中央农业实验所编《农情报告》第 5 卷第 2 期，第 41 页。

② 《怎样组织合作社》，见河南省民政厅编印《河南民政月刊》1933 年第 4 期转载，第 1~11 页。

③ 《本会举办黄河农赈之概况》、《黄灾第一农赈事务所承认社数》、《添设黄灾第二农赈事务所》、《剿匪区内各省农村合作委员会组织章程》及《本会举办黄灾农赈情形》，分别参见《合作讯》第 102、105、106、107 期等相关报道。

作金库章程》，以加强合作社的效能。据河南省政府调查，截至1936年底，各县仅成立区联合会17所，会员社数204个，会股金6625元，而合作社联合社仅有洛阳2个，管辖39个合作社，基金为1989元；至于各县合作金库的筹设，则仅镇平与禹县各成立一所，有业务进行[①]。由此可知，河南省各县合作社联合组织与县合作金库为数不多，但依然体现出政府对合作社组织的应有重视。

（四）陕西

陕西省的合作事业始于商业银行的农贷资金。1932年，陕西大旱，陕西省政府为尽快辅助农民恢复生产，派员与上海银行接洽，投资办理陕西省农业贷款事宜；于是由上海商业储蓄银行贷款10万元，会同该省建设厅及棉业改进所，在关中沿陇海线一带及泾惠渠左侧，指导农民试办棉花生产运销合作社，并举办青苗贷款，使得经济能力有限的入社农民，能购置生产用具[②]。自是以后，上海商业储蓄银行、金城银行、中国银行、中国农民银行（1935年4月由四省农民银行改称）、中华农业合作贷款银团等，均到陕西办理棉花产销合作贷款。故陕西省合作事业的创办，是由业务较复杂的产销合作社开其端，嗣后才有调剂农村金融及协助农民农事生产的信用合作社，并逐步成为陕西省合作事业的发展重心。

1933年夏，邵力子出任陕西省政府主席，以合作事业为救济农民之急需要政，乃协同陕西华洋义赈分会，先后举办两次农村合作训练班，讲习毕业学生60余名，分发各县宣传合作利益及指导农民筹办合作社[③]。同时，由省政府颁订各种模范章程，以及各种合作社指导须知文件，发给全省92个县政府，饬令各县就地方需要实际情形

---

① 参见《民国二十五年度建设工作报告》，见河南省政府秘书处统计室编印《民国二十五年度河南省政府年刊》，1937，第467页。

② 中国华洋义赈救灾总会编《民国二十一年度赈务报告书》，1933，第61页。

③ 中国华洋义赈救灾总会编《民国二十一年度赈务报告书》，1933，第67~68页。

组织各种合作社①。为协助陕西省政府救济农民，恢复农村经济起见，全国经济委员会于 1934 年 8 月，会同陕西省政府组织"陕西省农业合作事业委员会"，以中央及地方之力"供给技术指导及资金便利，督促人民组织合作社，作为复兴陕西农村的基础"②。同时，为统筹办理陕西省合作事业，陕西省政府决定在农业合作事业委员会之下，设立"陕西农业合作事务局"，任命华洋义赈会总干事章元善为主任，借鉴其先进经验，负责推行陕西省农村合作事宜③。到 1936 年底，陕西省全境 92 个县中，已有 42 个县成立合作社，除商城县成立消费合作社外，其余都以信用合作社为主，共计由 2060 个社；其中，专营信用业务者有 2003 个社，信用兼营运销或消费运销业务者，计 57 个社，社员共计 77566 人，较 1934 年度登记备案的 235 个信用合作社 16204 名社员④。

（五）山西

山西省的合作事业因监管单位的不同而分为两种，即省政府村政处和太原经济建设委员会经济统制处。村政处 1929 年就公布了《合作社暂行简章》，但在 20 世纪 30 年代以前，该省合作事业仅限于提倡阶段，并无实际成绩可言，至 1933 年才开始组织合作社；到 1935 年 10 月，仅仅成立 25 个，"足见此项合作社于山西省，尚属幼稚"。1936 年 2 月，村政处裁撤，移归建设厅主管，该省合作行政系统渐趋统一⑤。太原经济建设委员会于 1933 年底指定忻县、定襄等 16 个县之县银号发行"信用合作券"，组织乡村信用合作社。农民以土地为担保，领取此券，成立合作社。到 1935 年 9 月，16 个县共成立村信用合作社 715 个。在各县内，村合作社又组成总信用合作社，作为

---

① 雷宝华：《陕西省十年来之建设》，西北导报社，1937，第 9 页。
② 《陕西省农业合作事业委员会成立》及《陕西农业合作实施原则》，《合作讯》1934 年第 110 期，第 5~6 页。
③ 《陕西省农业合作事业委员会成立》，《合作讯》1934 年第 110 期，第 5 页。
④ 中央农业实验所编《农情报告》第 5 卷第 2 期，第 50~51、56 页。
⑤ 《山西省的各县注意合作》，《合作讯》1933 年第 100 期，第 8 页。

县银号与村信用合作社的桥梁[1]。

据中央农业实验所调查统计，1936年全年该省登记备案的信用合作社仅有23个，却有108个宣告解散；截至1936年底，该省共计只有王台、平遥、太原、虞乡4个县农村信用合作社56个，显示其农村合作事业有缓慢推进甚至停滞不前的现象[2]。在全国整个农村合作事业几乎是普遍提升的同时，山西省却出现这种反常现象，是一个值得仔细探讨的问题。究其原因，或可归结为如下三点。

第一，农民没有接受真正的合作教育，对合作制度及合作知识并无深刻的认识；合作社的成立，多系地方官绅所推动，农民参与者较少，致使合作社的效能难以发挥。

第二，从合作行政及合作指导来看，山西省一直没有该类专设机构；农村合作事业历经农矿厅、实业厅与村政处的混合管辖，直到1936年2月，村政处裁撤，移归建设厅主管，该系统才较为统一。合作行政机关既然时常变动，且建设厅也未专设具体承办合作行政之单位，终导致事业的停滞不前，影响深远。

第三，山西的金融事业向来发达，虽遭遇数次重大挫折，但其票号、钱庄、典当、银行及银号业等商业金融机构依然遍布全省各地；因此，对合作社这种经营业务与商业银行部分相似却具有改良农村社会经济和金融的"竞争性"新型组织，在缺乏应有辅助管道的情况下，势难以与上述商业金融机关抗衡。

由此可知，山西省因长期为阎锡山势力所控制，早已具有半自立的区域地位；而其借"十年经济建设计划"来整合地方经济，势必具有相应的"地方本位主义"。这种地方本位色彩实与国民政府全面推行农村合作运动的主导政策"貌合神离"，故其对农村合作政策的突出表现就是消极敷衍，根本没有实施有效推动，导致了农村合作事

---

[1]　参见中华民国史料丛稿《阎锡山和山西省银行》，中国社会科学出版社，1980，第143～149页。715个信用合作社估计多有名无实，据1935年的统计，全省才有合作社178个。

[2]　参阅中央农业实验所编《农情报告》1937年第5卷第2期，第46页。

业的不利局面。这又涉及中央与地方政府相互关系的焦点问题，值得
警戒！

第三节　初期农村合作社发展及其主要问题

综上所述，自国民政府决定用政治力量来推行农村合作政策，也
就确定了农村合作为国家政策，从而表现出与西方合作运动最显著的
差异。一方面原在西方自下而上由民众"自发"进行的合作运动，
在中国是凭借行政力量以自上而下的"强制"路径来运作；另一方
面也导致了合作社性质、"功能范畴"的变化，即西方最初由"弱者
结合"而成的合作社仅具有单纯的经济性质，多与政治无关，而在
中国则既要有挽救乡村衰败、缓解农人疾苦的经济功能，还要有配合
"剿共"、"善后"与稳固乡村统治的政治、军事功能，更要有整合意
识形态、强化基层民众对政府及其主义顺从或认同之功用。这一点，
蒋介石在初倡合作时曾明言："合作事业不但可以发展经济，解决民
生问题，而且在政治上和社会上，可以使人民的精神能够团结，行动
能够统一，力量能够集中，即以造成健全的现代社会，而为新政治上
的坚固基础。"①

一　江浙农村合作社之发展

纵观国民政府初期主导下之合作运动，无论从合作资源优势还
是合作社的成长速度来看，都以江浙二省最具代表性。据表 3 - 5 所
示，1929 ~ 1933 年的五年间，江苏省的合作社数由 319 个增至 1897
个，增长近 5 倍；从社员人数看，江苏省由 10971 人增至 56192 人。
从表 3 - 6 可知，浙江省同时期的合作社数由 143 个增加到 1072 个，
合作社人数也由 4524 人增至 29078 人，均有数倍之多的增长。江苏

---

① 张其钧主编《先总统蒋公全集》（第 1 册），中国文化大学出版社，1984，第 15 页。

省之社员缴纳的股金由 46371 元增至 473164 元，增长 9 倍多；浙江省也不逊色，其社员股金由 17217 元增至 137002 元，几乎增长 7 倍。

表 3-5　江苏省合作事业历年推进之概况（1929~1933 年）

年份	合作社（个）							社员数（人）	缴纳股金（元）
	信用	购买	生产	运销	兼营	利用	共计		
1929	280	15	20	4			319	10971	46371
1930	605	12	47	4			668	21175	96453
1931	949	42	160	7	59	9	1226	38280	266885
1932	1159	82	227	12	233	8	1721	53512	434312
1933	1277						1897	56192	473164

注：1933 年非信用合作社合计为 620 个，因数据资料无法搜寻，故此处非信用合作社未在表中表示，共计中为加上 620 后数据。

资料来源：《合作月刊》第 6 卷第 1 期，第 9~11 页。

表 3-6　浙江省合作事业历年推进之概况（1929~1933 年）

年份	合作社（个）									社员数（人）	缴纳股金（元）
	信用	生产	运销	消费	兼营	保险	利用	其他	共计		
1929	143								143	4524	17217
1930	386		5	6	14		4		415	11909	56424
1931	510		5	8	14		4		541	14268	63738
1932	688	13	9	13		1	4	3	731	20219	96078
1933	858	150	26	15		1	5	17	1072	29078	137002

资料来源：《合作月刊》第 6 卷第 5 期，第 26 页。

由此可见，南方各省的合作事业从一开始就取得了快速发展，与华北（河北）农村最初的"合作实验"相比，其合作社的增长速度十分明显。需要指出的是，江浙两省五年间之非信用合作社也得以迅速成长，江苏省由 1929 年的 39 个增至 1933 年的 620 个；浙江省则由 1930 年的 29 个增至 1933 年的 214 个。非信用合作社无论从数量还是占合作社结构的比重上，均得到了较为良好的发展。

二 农村合作社发展之比较：以江苏与河北为代表

如前所述，江南各省的农村合作一开始就是一种政府行为，且是在国民政府积极推行农村合作的政策引导下，资金和政府政策资源等具有相对优势，故其合作运动的进展极为迅速，堪称"一日千里"。因此，1929～1934年，华北农村合作社发展同样也处于由地方政府负责倡导推行的情况下，但华北地区在合作行政与合作指导上是有所区分的，地方政府主要负责合作行政事务，而以华洋义赈会为代表的民间团体主要承担合作指导工作。因此，与江南各省比较而言，在整体数量上相对落后，当然，华北各地方政府对农村合作社发展的积极性、资源条件等各方面相对江南特别是江浙来说，应该是略为逊色。仅以1931～1933年江浙两省与冀鲁两省农村合作社总数的增长之比较，即可略知一二（见表3-7）。

表3-7 1931～1933年江、浙、冀、鲁四省合作社总数比较

单位：个

年份	江苏	浙江	河北	山东
1931	1226	541	903	16
1932	1721	731	876	53
1933	1897	1072	952	260

资料来源：方显廷《中国之合作运动》，南开大学经济研究所，1934，第10页。

由前述可知，因信用合作社占我国合作社总数之4/5，故欲比较华北与江南之合作社，自须对信用合作社略加考察即可。受可资参考的材料所限，唯有河北与江苏之资料较为完备，故对此二省加以分析，旁及浙江、山东，以资比较。

从效力上来讲，信用合作社之功用有二：一为鼓励存款，一为低利放款。放款需要资金，信用合作社所有社员之存款、股金及公积金等，在当时情况下始终不足为放款社员之所用，故还须吸收非社员之

存款，且须向政府或私人设立之银行借款，以资周转。印度农村合作社的资金来源就是很好的说明，据 1929～1930 年的统计，其农村合作社周转资金来源如下：①来自社员者占 34%（股金及公积金占 28.8%，社员存款占 5.2%）；②来自社外者占 66%（省及县银行借款占 61.4%，政府借款及存款占 0.6%，非社员存款占 4%）①。由此可见，印度农村合作社社员和非社员之存款均占有一定的比例；而中国信用合作社之存款则微乎其微。因为我国信用合作社在农村多被认为借款机构，借以向农民银行或救灾机关借款。职是之故，我国信用合作社多无存款，其用以贷放的资金，唯有社员缴纳的股金。唯河北的信用合作社在华洋义赈会的指导下，虽然进步缓慢，却确有胜人之处。该省合作社之储金及存款，1925 年占周转资金额之 3%，1930 年增至 15.2%，1933 年 8 月底已增至 28%（见表 3 - 8）。

表 3 - 8　1925～1933 年河北省内华洋义赈会之承认社流动资金一览

单位：元

年份	股金	储金	存款	公积金	总会放款	总计
1925	2281	121	170	43	7160	9775
1929	14704	3465	2519	898	33040	54626
1930	17194	7745	4547	1507	49859	80852
1931	17700	11456	8777	1958	59834	99725
1932	23602	22399	16245	4888	68619	135753
1933	25784	29691	9982	7460	69441	142358

资料来源：方显廷《中国之合作运动》，南开大学经济研究所，1934，第 18 页。

由表 3 - 8 可知，从合作社放款资金运用情况来看，最初华洋义赈会的放款（总会放款）占有较大的比例；然而，随着农村信用合作社的稳步发展，合作社的自集资金（股金、储金和存款）逐步壮大，总会放款的比例则逐步减少，到 1933 年降至 48.8%。就江苏而

---

① 方显廷：《中国之合作运动》，南开大学经济研究所，1934，第 17 页。

论，1931 年 7 月至 1932 年 6 月，江苏省农民银行向合作社的放款金额共计 3026240 元，据 1932 年 8 月统计，江苏全省合作社的股金合计为 438519 元，可见，江苏省农民银行的放款为合作社股金的 6 倍多。浙江的情形比江苏还差，1933 年，农工银行杭州分行放款额为 267419 元，各县农民银行及贷款所放款额约为 722215 元，合计该省全年放款额约计 100 万元；但该省合作社 1933 年的股金总额为 105694 元，该省的放款总额是合作社股金的 9.3 倍，即股金与借款之比为 1:9.3。江苏省为 1:6.2，河北省为 1:2.7，三者相较，则优劣自明矣[①]。然就社员借款额与借款人均平均数而论，江苏省合作社社员平均每人借款额为 33.32 元，河北省每人则为 22.82 元，江苏省因处江南之乡且为首府重地，故其合作社的放款金额明显多于华北的中心河北之合作社。

合作社之质的考察，除自集资金的构成社员借款金额的大小外，合作社借款用途及借期之长短等，也系重要的考察内容。如果设甲为购买种子、食物、畜料或耕种费；乙为购买车辆、牲畜、修盖房屋或购置用具费；丙为掘河、筑堤、灌溉、排水等；丁为社会上必需责任如婚丧嫁娶等；戊为偿还旧债或购地；已为经商、织布或桑蚕及副业等。那么就 1929 年河北与江苏两省农村合作社的放款用途而论，表现就大相径庭。

从表 3-9 可知，1929~1932 年河北省内华洋义赈会承认社之放款合计为 285383 元，其中用于购买种子、食物、畜料或耕种费者计 93564 元，占 32.8%；用于购买车辆、牲畜、修盖房屋或购置用具费者为 91145 元，占 31.9%；用于掘河、筑堤、灌溉、排水等计 7105 元，占 2.5%；用于婚丧嫁娶等计 8421 元，占 3.0%；用于偿还旧债者计 56848 元，占 19.9%；用于经商、织布或桑蚕及副业等计 28300 元，占 9.9%。简言之，放款用于消费一途者，如还债及婚丧嫁娶等

---

① 方显廷：《中国之合作运动》，南开大学经济研究所，1934，第 18~19 页。

占 1/4，而用于维持生产之现状者占 3/4。当然，这里所谓的"维持生产之现状"多为维持生存而已，并非为长远打算之改良农业技术之谓也。据方显廷研究所得，江苏省之合作社借款，其用于消费用途者较河北之合作社为多（见表 3－10①）。

表 3－9　1929～1932 年河北省内华洋义赈会之承认社历年放款用途分配

单位：%，元

年份	甲	乙	丙	丁	戊	己	合计	实额
1929	29.1	30.3	0.7	1.5	23.4	15.0	100	29076
1930	28.5	33.8	3.8	2.9	20.3	10.7	100	50204
1931	30.1	32.9	3.3	2.9	21.5	9.3	100	61303
1932	39.0	32.5	3.3	3.8	13.6	7.87	100	64598
总占比	32.8	31.9	2.5	3.0	19.9	9.9	100	
总额	93564	91145	7105	8421	56848	28300		285383

资料来源：方显廷《中国之合作运动》，南开大学经济研究所，1934，第 19 页。

表 3－10　1928～1929 年江苏省内之合作社放款用途分配

单位：%

年份	甲	乙	丙	丁	戊	己	合计
1928	23.0	13.4	0.4	3.4	28.5	31.3	100
1929	32.6	15.5	0.8	2.2	30.5	18.5	100

就各社放款期限而论，河北与江苏二省大致相同，皆以放款期限为 1 年或少于 1 年者为最多，占五分之四强。从总体上来看，1924～1932 年，河北省合作社放款期限在 6 个月以内者计 36570 元，占 13.9%；6 个月至 1 年者计 180301 元，占 68.7%。1928～1929 年，江苏合作社放款期限在 6 个月以内者计 609902 元，占 46.4%，为期 6 个月至 1 年者计 667405 元，占 50.7%。为期在 1 年以上之放款，就百分比而论，则河北多于江苏：河北为 17.4%，江苏仅为 2.9%，

① 方显廷：《中国之合作运动》，南开大学经济研究所，1934，第 20 页。

且几乎没有 2 年以上的合作放款。然而，从放款期限与农业生产的关系来看，就一般情况而论，放款期限较长，更有利于农业生产的安排和资金的整体规划（见表 3 – 11）。

表 3 – 11　河北与江苏合作社放款额及其期限比较一览

期　限	河北省（1924～1932 年）		江苏省（1928～1929 年）	
	总数（元）	%	总数（元）	%
6 个月以内	36570	13.9	609902	46.4
6 个月至 1 年	180301	68.7	667405	50.7
1 年至 1 年半	18299	7.0	21800	1.7
1 年半至 2 年	17532	6.7	16830	1.2
2 年至 3 年	9579	3.7		
总　计	262281	100	1315937	100

资料来源：方显廷《中国之合作运动》，南开大学经济研究所，1934，第 21 页。

通过比较可知，华北农村合作运动在 20 世纪 30 年代初期取得了骄人的成绩，并在地方政府等合力推动下得以逐步发展，这是毋庸置疑的事实。问题是，华北各地方政府为什么积极参与到农村合作事业的进程中？是有如学者批评的所谓"利益冲动"？还是为复兴农村而选择的"自觉行为"？从客观上说，这两者兼而有之。正如学术界普遍认为，国民政府以发展农村合作事业作为国家"复兴农村，复兴经济"的既定政策，华北各地方政府严格奉行国家的方针政策，必然大力推进农村合作事业，这是完全符合国家利益的"自觉行为"。然而，广大农村提供了国家建设需要的诸多资源，谁占有农村就意味着谁拥有资源，这是中国社会历史发展的基本规律。当华洋义赈会这种民间社会组织力量深入华北农村，势力所及或许超越地方政府所能达到的范围之际，地方政府不可能无视这种客观事实的存在而"任其自然"。实际上，正是由于北洋政府对华北农村社会危机的"无暇顾及"，华洋义赈会才有可能在河北省推行农村合作事业。华洋义赈会等民间社团为华北农村合作培育了较为良好的环境及其一如既往地参与协助农村合作事业，或许是华北农村合作在品质上高于江南纯粹由政府实施组织之农村合作的关键原因。

三　农村合作社发展初期中的突出问题

纵观 20 世纪 30 年代初期我国之合作运动，在国民政府合作政策的号召下，南方以江浙皖赣湘鄂六省较有进步，在华北则以冀鲁二省最为发达[1]。不过，华北诸省以政府推进合作运动的时间比南方相应要晚一些。由于国民政府推动农村合作事业，在最初仅有各种提倡合作运动的议决案公布于世，因此谈不上全国性的执行合作机构，就合作行政而言，几乎完全是"各省为治"。

在政府合作政策的推动下，全国范围内的合作事业确有惊人的发展，时人常用"突飞猛进""一日千里"等来形容其事态，实不为过。然而，这种看似完全"人为而非自然"的快速数量增长，实质上潜伏着足以扼杀整个合作运动的危机，存在严重的实际问题：不仅合作组织自身形同"泡沫"，"有量无质"；且整个合作政策的运行机制包括合作行政、合作指导、合作教育或训练、合作立法、合作金融及合作会计等，均出现各自特殊问题。值得注意的是，农村合作事业的快速发展既可说是南北各省合作事业的优点，同时也潜藏着农村合作运动的最大问题——政府全力推行农村合作社之快速发展是否适宜？民间力量在其中是否发挥积极作用？这不得不引起全社会特别是合作界的思考和反省。

（一）合作行政上存在的主要问题

国民政府以致力于合作事业的推进作为既定的方针政策，故除采用指导制度以辅助其发展外，其居于监督及计划推进之合作行政机关，也居于指导合作事业的重要地位，这是东亚各国推动合作事业的

---

[1]　方显廷：《中国之合作运动》，南开大学经济研究所，1934，第 14 页。

普遍政策，与西欧各国合作行政机关仅负保护监督之责的情形，可谓"截然不同"①。从总体上看，前述地方各省合作行政的各种设施，其最大的弱点为缺乏统一的系统，各省皆有其自立的行政系统，与他省不相容；其各系统内部机构也重复，"叠床架屋"，常造成相互竞争或冲突的结果。从合作行政机关的具体内容看，主要存在以下问题。

1. 职权不分，亟须调整

合作行政机关的职权不集中，成为各级行政机关的突出问题。合作行政机关有时担任指导工作，其他指导机关也有代理行政任务。上自中央行政机关，下至各县，都有上述情形发生。若不加以调整，则无言事业"改进"；调整之道应结合各地实际情形，以省合作行政机关为出发点较为适宜。具体办法有二：其一，主张以独立机关如省农村合作委员会为执行机关，因其独立性而有利于具体合作行政的实施，少为政治变动所影响；其二，主张在建设厅内设一专门合作行政机关，以行政权集中于省建设厅，以利用政治力量做有效处置，且节省经费。二说各有利弊，以职权两分为宜。论者指出："合作行政职权之调整，应使合作行政与合作技术指导划分，完成一独立监督与促进合作之体系，为当前合作行政上所需解决的一大问题。"②

2. 合作行政缺乏效率，亟须提高

提高合作行政效率与前述调整职权密切相关，若合作行政能成为一个独立系统，则在本系统内人事安排或能运用自如而少受其他影响（如"人存政举、人亡政息"），那么其工作效率或更能提高。但在职权不分及经费无着等问题纠缠中，各县的合作行政多未设专职人员，仅由县指导员代理。故所有行政往来函件都需要指导员一人办理，其

---

① 梁思达：《河北省之信用合作》，硕士学位论文，南开大学经济研究，1936，第271～272页。

② 梁思达等编著《中国合作事业考察报告》，南开大学经济研究所，1936，第95～96页。

一身兼任数职（即合作技术指导与合作行政），欲下乡指导就不能在县办公，欲在县办理文件，就不能下乡指导；指导员与常人无异，故时有首尾无法兼顾之苦。因此，合作行政与合作指导之效率"两俱减低"。是故合作社请求登记者，常因指导员下乡而无法尽快办理，拖延登记时间而增加合作社社员精神与时间的虚耗，故"殊不经济"。凡此种种，都亟须研究与改善①。

3. 登记问题

以往各省办理登记的手续颇不一致，更存在缺乏登记人才、登记手续繁复及登记时日稽延等实际问题。

（1）登记人才缺乏

合作社之登记本为一专门技术，非仅为例行公事，实含有控制整个合作运动发展之力量。担任登记之职务者，除对合作原理及合作法规等必须有透彻的了解外，还须对各地经济状况有一定了解，方能胜任。印度各省的登记官就是具备上述各条件而又富有办理合作事业的经验者，故其事业日趋基础稳固之途②。虽然我国当时与印度登记官类似的合作人才并非绝无仅有，但终感缺乏，且任登记职务者多为其他公务缠身，无法专心于登记一职，导致合作社登记一事如同"例行公事"，没能发挥有效作用，从而使合作事业的发展基础就"不甚稳健"。梁思达指出，登记工作之所以未能审慎者，其症结"恐在于高级合作行政机关缺乏登记人才，与初级合作行政人员职权混淆"，这不仅河北省为然，其他各省也"概莫如是"。因此，他认为，我国政府欲以政治力量推进合作事业，并保持社员对合作的信仰，以维合作社的健全基础，则应以充实登记人

---

① 梁思达等编著《中国合作事业考察报告》，南开大学经济研究所，1936，第96页。

② 有关"登记官"即"Registrar"，请参阅 Maclgan Committee on Co-operation, *Report of the Committee on Co-operation in India.* Chap. 5, Public Aid Calcutta: Government of India Castral Publication Branch, 1930, pp. 93 - 95。参见梁思达《河北省之信用合作》，硕士学位论文，南开大学经济研究所，1936，第275页。

才及调整合作行政机关内部职权为入手良策。如何充实合作登记人才？梁思达认为，真正可行的办法是参照印度的"登记官制度"，积极培养训练①。

（2）登记手续繁复

这是各地办理合作社登记的通病，或为过渡时期之常态，但究非所宜。合作社各地请求县政府"准予设立"的手续为：合作社申请人找寻保人—请赞助者联署—备文随附件送呈县政府—县长批阅—送主管科"拟办"—科长交指导员审核备案—科长盖引—再呈县长加印发出。合作社收到"准予设立"的批示后，再须请求"准予成立"和"准予登记"，其手续大致相同，因而同样的手续须进行三次。此外县政府还要呈请建设厅及建设厅颁发登记证等手续。由此可知，合作社的登记手续之繁复，"稽时误事，对合作行政效率影响甚巨"②。

（3）登记时日稽延

登记所需时间的长短，与登记手续的繁简及合作指导员事工轻重有关。根据指导员办理合作社登记的经验可得，合作社自请求登记到领得登记证的正常情况约为 1 个月，若遇特殊情形，其时间更为延长。某县合作社于 1935 年 9 月间请求登记，到第二年 1 月还没领到登记证，历时达 5 个月之久！③ 这不仅消耗了社员的合作精神及时间，更影响到社员的借款用途和农事生产。

由于合作行政机关存在上述重大实际问题，因此，"努力于合作行政系统的统一，规定登记办法，以及高级合作人才的训练等"社会呼声，常常见于各舆论报刊。同时，进一步谋求实际问题之解决，如划一职权、充实行政人才、改善登记办法，则更能提高合作行政效率，从而稳固合作事业之基础。

---

① 梁思达：《河北省之信用合作》，硕士学位论文，南开大学经济研究所，1936，第 273 ~ 274 页。
② 梁思达等编著《中国合作事业考察报告》，南开大学经济研究所，1936，第 97 ~ 98 页。
③ 梁思达等编著《中国合作事业考察报告》，南开大学经济研究所，1936，第 99 页。

2. 合作指导方面存在的问题

合作指导负责合作事业的设计规划和技术指导等事宜全面推进，其机构可分为专职指导（如各种"合作事业委员会、合作课、合作指导处"等）与部分指导（如各地"棉产改进所、民众教育馆、定县平交会、华洋义赈会及合作放款之银行"等）两种。当然，"部分指导机关"均设有专职合作指导员，但整个合作指导之系统却"倍极紊乱"：有设"指导员"负各地实际指导之责者，有设"指导机关"负各地实际指导之责者。各地指导员的隶属关系也甚为复杂：有隶属于县政府者；有隶属于县合作指导委员会者；有隶属于社教机关、慈善机关、实验机关或私人团体者。至于指导员在各县的隶属关系则更为复杂多样，这些指导员也常因隶属关系不同而有不同的称谓，如"视察员""调查员"等。各指导机关则有设驻县指导员办事处，或驻县指导处；有跨县设置区指导所或外勤办事处；还有设驻省办事处者，如实业部合作事业驻某省办事处。指导机关如此"多样化"，其具体问题委实"层出不穷"。

（1）指导机关之重复与冲突

因指导机关系统之紊乱，其相互重复冲突之弊在所难免，且指导方策也难一致。常见同一省内的同类合作事业，由两个指导机关同时负指导之责，结果使合作社无所适从，且更足引起两者暗中冲突发生。这种现象南北各异：南方多见于合作事业机关与放款银行之间；北方则常发生于信用合作与棉运合作两指导机关之间。两种指导机关同处一地域中则"时生冲突"，这对发展合作事业影响颇大，其中因相互冲突而导致的损失"不知凡几"[①]。原以利民为目的之合作事业，结果反足以病民！

（2）指导事工之繁复

因指导系统紊乱，故指导事工必然无法分配平衡，各地合作指导

---

① 梁思达等编著《中国合作事业考察报告》，南开大学经济研究所，1936，第102～103页。

机关常因其指导员的多少，指导事工的繁简不等，从而导致分配不均。设有指导机关的县份，其工作人员较多，事工之推进较快，故此发生指导事工因指导员地位不同而有繁简之别。一县中有指导员与助理指导员两层次，其中助理指导员无论学识、经验及报酬都比指导员要低，却往往负责指导的社数较多，责任较重，似不合理；这着眼点虽小，"唯其对合作事业的前途影响甚大：一来使内部工作人员不易协调感情，二来将导致合作机关为政治机关化"①。至于仅设合作指导员的县份，又常有"事多人少"、难以展开工作之感。合作专家石德兰分析，每一指导员以指导 50 个社为最高限度，而当时合作发达县份竟有指导员 1 人指导合作社数 80～90 个之多，个中困难，可想而知。若指导员每年仅能到社指导 1 次，那这种指导又能有多少效果?!

（3）指导员的资质问题

指导员资质能否胜任本职工作，同样是一个极为严重的问题。我国合作指导员学历来源的程度高低不齐，有中学毕业生受过短期合作训练者（或未经训练直接招考者），有来自合作社实际工作的优秀分子（又称"合作匠"），也有大学或专科学校毕业生，其中以中学毕业生最为普遍。合作指导员直接面对乡村民众，不仅要有吃苦耐劳的精神，而且要有相当才干和办事能力"始克胜任"。梁思达等认为，上述资历的合作指导员分别存在不同问题，而指导员最合适的人选为中学毕业生再加以相对时期（1～2 年）之合作训练者②。合作社的指导工作虽有一定的原则要求，却无刻板之规律；若能灵活应变，解决困难，农民无不心悦诚服，乐于接受。这不仅可增强自身的信心，而且更有利于事工的推进。

有资质还需要有长远计划！合作行政的变动对合作指导影响"至为重大"，人事调动、计划变更，均使合作政策的连续性面对极

---

① 梁思达等编著《中国合作事业考察报告》，南开大学经济研究所，1936，第 104 页。

② 梁思达等编著《中国合作事业考察报告》，南开大学经济研究所，1936，第 106 页。

大困难。因为指导员要开展工作，须先了解其工作对象与环境，且须取得农民的信心；欲得农民之信心，须运用所学知识以做实际工作的表现，而求与农民发生感情联系。这种工作需要假以相当时日"始克有成"。若常此变动，则指导者对环境永无熟悉之时，而指导工作就难有收效之日。

（4）指导方式存在严重偏差

指导员的工作范围不外乎社务与业务。但农村合作社中的社务充实甚难，而业务指导较易，尤其是在指导员一人负责全县合作事工，除应付县政府建设厅之往来公函外，还必须注意个人考绩问题，可谓"责任重大"。当时合作指导员最感苦闷且对事业渐行冷淡者，其原因有三：一因个人生活无保障；二因考绩无标准；三因主管机关无固定计划。生活无保障则视合作社为临时职业；考绩无标准则养成个人的侥幸心理，希图蒙蔽取巧；主管机关无固定计划则指导者无所适从，只能敷衍塞责，此足以使有为之士心灰意冷。因此，各地指导员往往一方求合作社数量的增加，以表示个人的努力；一方求表面上业务之繁杂，以期耸人听闻，而置合作社真实社务于不顾。如各地均以联合社为指导中心，其固然有业务方面的考量，但常常为指导员个人精力和时间有限，其指导方式多偏重于业务一项；因业务关系，导致各社社务进展不力。故各地村社多不健全，而社员与合作社的关系，以及社员对社务的兴趣，都与理想相差甚远。

漠视社务指导为当时合作事业进程中的一大缺陷，即使业务指导也"未尽人意"。合作原理虽与资本主义经营原则或者截然有别，但其业务经营当取法商业经营方式。然而，指导机关"但求业务之繁复，不问经营之效率；虽亏累甚多，却执迷不悟"。其原因或还未达组织联合社之时，或因联合社之业务缺乏适当计划。因此，合作指导方式应预定计划，且兼重社务与业务双方的指导。

（5）缺乏指导上的考核制度

推动指导进展，校正指导错误，以及评定指导成绩等，首先，必须实施严格考核。考核既可检讨指导员的事工，又可区别合作社的等级，非仅为内部事工的必要措施，还要有有关对外信用的保证。如前所述，华洋义赈会的成功之处正在此！通用制度有将指导员考核与合作社考核混合在一起，也有分别考核者。前者由各地督察员或巡回视察员司其事；后者由县政府及其上司联合考核指导员，有指导员考核合作社。前者多见之于河北、河南、陕西；后者多见之于江苏、浙江。且指导员因考核关系而多取悦于县长，以期年终得好评及办事顺利，故常为县长指派到"保甲"、"筑路"及"土地陈报"等合作之外的工作中，却多有误于本身之事工者，不言而喻！如前所述，由指导员考核合作社，实为不妥！因指导员为实际负责之人，自无承认本人工作不努力或失败之理，势必滥评等级以图侥幸，其结果以此为放款依据，则呆账丛生，展期不已，放款机关莫不怨声载道。如此考核制度，何期能推进合作指导?!

考核制度的症结在于缺乏合作事业的督察人员，即使合作事业较为发达的江浙鲁等省，基本上都未切实施行。故合作社成绩的评定不尽可靠，而指导员之考核尤乏合理标准。因此梁思达等呼吁各省合作当局"加大合作经费投入"，"积极筹划"，对以往合作事业"应有切实之反省，对症下药，从事切实考核，以校正推进中的错误"①。

综上所述，当时合作指导共有五大问题，前四项直接影响到指导事工的推进，后一项则事关指导事工的监督。发展合作事业，故欲使合作指导之事工进展顺利，唯先消除各合作指导机关间的冲突现象，进而协调指导员的事工，就能力所及，在现实环境下，求其两全之道。至于指导员的训练详见下节，此不赘述。

3. 合作教育中存在的主要问题

合作事业既然由政府倡导，又因农民知识不足以自动组织，乃有

① 梁思达等编著《中国合作事业考察报告》，南开大学经济研究所，1936，第110～111页。

采用指导制度之必要，冀使农民因被动而引动，由引动而自动。但在此过程中，无论高级或初级之合作指导人员，皆感严重缺乏，故不得不积极训练人才以供需求。所以合作教育之在我国，不仅为使一般农民得有充分之合作知识技能和精神理念，以树立合作事业之稳固基础；同时必须训练各级合作指导人员，使得彼等对合作皆有切实的认识和了解，这样才能胜任辅导推进之责，而致我国合作事业于健全发展之途。合作事业赖"指导制度"以推进，故合作教育遂包括合作指导人员之训练及合作社社员合作知识之灌输两大方面，而以合作运动"人才训练"的弊病尤为严重。杨开道先生曾谈道：……人才训练，一个最普遍、最严重的毛病"就是短期训练"①。3 个月的训练，6 个月的训练，这一期 500 人，那一期 600 人，三年之内可以造成 3000 干部人才，你看这个计划多么容易，多么伟大！这种大量的训练，短期的训练，绝不会造成中国地方自治的干部人才、基本人才。"十年树木，百年树人"，一个人才，一种风气，岂是三个月、六个月，临时凑来的学生，临时凑来的教员所能养成的？他们的劣根性哪有去得这样快，他们的新本领哪里来得这样快，他们哪里会有学问，会有经验，会有品格，去领导人民，去主持大计呢？

从行政角度而言，教育行政要指导教育，合作行政要指导经济……杨开道感叹：养成合作人才何等不容易！养成地方自治人才便会合一切难题，而以一个机关担任，一个学生担任，自然难乎其难了。合作人才的"实习工作"必不可少。合作人才到合作社去实习，教育人才到学校去实习，地方自治人才要有特设的实验县或实验区作为他们的实习场所。实习有负责任的实习和不负责任的实习两种。不负责任的实习也是合作教育经常出现的问题。总体来说，合作教育主要存在以下问题。

---

① 杨开道：《从中国社会结构说到中国地方自治》，《教育与民众》第 7 卷第 4 期，第 631～639 页。

（1）重业务而轻社务

合作社之事务，可分为社务和业务两方面。指导工作以业务指导为易，因其易见成效；社务则反是。同时，合作教育关于业务方面经理职员较固定技术之训练，也较社务方面各个社员的训练为易。于是指导者往往为求合作社业务的发展，成绩之表现，皆趋重于职员之训练，而忽视了社员之训练，此为极普遍的现象。间有对社员加以训练者，也为时甚短，此实非所以欲使合作事业达于稳固基础之道也。

（2）课程内容繁重，缺乏实习机会

训练课程有时未经参酌当地情形即予以规定者，且内容极繁重之课程，定于短期内完成之，故知识不足之职员或农民社员，恐怕未能得其真义。而关于实务人才之技术训练，有时因其他过繁，占去其大部分实习之时间。则受训者虽已能粗略明了合作之要义，但因实习之机会过少，恐也未能运用其所学耳。

（3）缺乏中级人才的培养

合作教育对于中级指导人员之训练，似乎未能顾及，或为当时合作事业缺乏视察制度所致。欲使合作社健全，除采用辅导性指导制度外，尚须时时加以监督促进；欲达此目的，则非赖视察制度不为功。故中级指导人员之训练，实为要图。彼等有承上启下之功，不啻为合作指导之中坚分子也。

（4）缺乏独立的训练机关

当时各省训练初级合作指导人员大多由合作行政机关担任，并未专设一独立之训练机关。故对于学员之人选，经费之筹措，课程之规定，皆未有一通盘计划和考虑，因而不可能避免相互之认识上的冲突和政府及社会中合作资源的浪费。如江苏省曾举办合作指导人员训练班数次，但因每次主办之人不同，其所造就之人才因而分为不同派别，意见各异，常互相歧视，此诚为合作界不应有的现象。若各省都有一个独立的训练机关，则此种不协调的现象当可不除自灭。

为健全合作事业，总结合作教育的经验教训，在今后实施合作教育时所应注意以下几点。

第一，高级指导人员宜分科训练，中级指导人员宜积极训练。

第二，初级指导人员宜加强修养。初级指导人员为直接与民众发生关系者，合作事业之成绩如何，视彼等之努力而定；若初级指导员能有充分修养，则不仅合作事业推进较易，即使社员之风气也可借以转变。

第三，各级合作人才训练课程之拟定须参酌各地需要情形而定。

第四，加紧合作社社员之训练，以巩固合作社的基础。

合作社社员的训练实施起来最为困难，因为这是直接针对当时我国大部分民众之最普遍的缺点——知识低落。所以，在推进之先，有待于辅以普通教育之推行，这也应是从事合作工作者应特别加以注意的重要方面①。

---

① 梁思达等编著《中国合作事业考察报告》，南开大学经济研究所，1936，第112～123页。

第四章 南京国民政府对农村合作社的规范发展

　　1931 年春，中国合作学社代表人物陈仲明在《国内合作事业调查报告》中指出：从中国的现状来观察，中国政府现在正处于百端待举之际，对于合作事业实际上"尚无专门负责统一全国的机关"①。然而，各省农村合作日见发展，法规也多单行，而主管机关未能统一，故由政府酝酿统制合作社发展之客观条件似逐步成熟。于是，1931 年实业部《农村合作社暂行规程》应运而出，连一向视投资农村为畏途之商业银行，自上海银行（北平支行）在河北试办合作社"搭成放款"后，其他各商业银行也争向农村投资，并有"自动组织农村合作社的发展倾向"。而商业银行渗入农村合作社组织，并与各地方机关的纠合，进一步加剧了上述各地方政府在推行农村合作运动过程中所呈现的一系列问题，在农村合作推广期间极为繁复，引起了社会各界的广泛关注，"规范发展"的呼声也日渐高涨。至 1934 年 3 月 1 日，国民政府正式公布了《中华民国合作社法》（以下简称《合作社法》），规定于 1935 年 9 月 1 日全面规范施行。1935 年，全国合作事业讨论会召开，经该次会议反复酝酿和讨论，社会各界均发出了规范农村合作的强烈呼声。至此，政府推行合作事业之时期"或可告一段落"。在国民政府合作政策的推动下，我国农村合作运动得到

---

① 陈仲明：《国内合作事业调查报告》，《合作月刊》1931 年第 3 卷第 1 期，第 6~8 页。

了蓬勃发展，"由区域性、民间性的农村经济活动，转变为一项复兴农村，促进国民经济建设的全国性、政策性运动"[1]。故以《合作社法》的出台为起点，以全国合作事业讨论会的召开为契机，以最高合作行政机关——合作司的设立为标志，近代农村合作运动迈入"国民政府规范发展时期"。

第一节 国民政府规范合作行政的努力

新制度经济学认为，制度安排系指在特定领域内约束人们行为的一组行为规范，而制度结构是指经济社会中所有制度安排的总和，包括组织、法律、习俗和意识形态[2]。制度变迁取决于现存的制度结构，是从现存结构的某一项安排的变迁开始，然后逐渐向其他安排延伸，故被称为路径依赖[3]。有学者指出，在所有的制度安排中，政府是最重要的一个；政府可以采取行动来矫正制度供给的不足；只有在预期收益高于成本时，政府才可能建立新制度[4]。

在近代中国，合作制度的建立就是在原有国家制度结构中的一个新安排。北洋政府在早期合作思潮的冲击下，"虽没有积极的主张，但也没有加以反对"[5]，表明对合作制度的预期不高，故没有任何相关法律法规的出台。之后的南京国民政府既有孙中山主张合作制度的权威性资源诉求，又有华洋义赈会在河北农村合作实验的成功范例，加之新政权面临的诸多危机"亟待解决"，故最初就对西方合作制度表示出较高的期望值，积极提倡和宣传，较早开始了合作立法的酝酿过程，为我国乡村社会变迁提供了一种新的制度安排。

---

① 陈秀卿：《华北农村信用合作运动》，硕士学位论文，台湾师范大学历史研究所，1986，第 171 页。

② 林毅夫：《再论制度、技术与中国农业发展》，北京大学出版社，2000，第 16 页。

③ D. North, *Institutional Change and Economic Performance*, Cambridge University Press, 1990, p. 58.

④ 林毅夫：《再论制度、技术与中国农业发展》，北京大学出版社，2000，第 18 页。

⑤ 张镜予：《中国农村信用合作运动》，商务印书馆，1930，第 71 页。

一 我国合作立法过程及第一部合作社法的颁布

按照道格拉斯·诺思①的定义，制度是一系列被制定出来的规则、守法程序和行为的道德伦理规范，它旨在约束追求主体福利或效用最大化的个人行为②。这种制度具体区分为三个层次：①以规则和条令的形式建立一套行为约束机制；②设计一套发现违反和保证遵守规则和条令的程序；③明确一套能降低交易成本的道德与伦理行为规范③。具体来说，第一个层面是宪法。它的制定是以界定国家的产权和控制的基本结构，包括"确立生产、交换和分配的基础性的一套政治、社会和法律原则"④。宪法是制定规则的规则，这些规则一经制定，就很难更改。第二个层面是执行法。它包括成文法、习惯法和自愿性契约，它在宪法框架内界定交换条件。第三个层面是行为规范，是合乎宪法和执行法的行为准则。这种行为准则要受到同时代道德伦理规范和意识形态的影响⑤。这三个层面在国民政府农村合作这一制度安排中均有体现，只不过未尽完善而已。

（一）合作立法的酝酿过程

早在 1916 年，覃寿公就编辑、出版了我国最早的合作立法文献《德意志日本产业组合法汇编》，主张由国家立法，颁布"产业组合法"及其施行法，却不为当时的政府所重。1920 年 11 月，戴季陶主

---

① 道格拉斯·诺思（D. North）为美国新制度经济学代表人物之一；该学派强调人的有限理性和交易成本，更强调制度约束对效率的影响。新制度经济学注重研究市场运作中的各种摩擦因素以及制度与产权、交易成本、效率之间的关系，因此对研究中国近代社会转型更有借鉴意义。参阅〔美〕道格拉斯·诺思等著《西方世界的兴起》，厉以平等译，华夏出版社，1999，第 10 页。

② 〔美〕道格拉斯·诺思：《经济史中的结构与变迁》，陈郁等译，上海三联书店，1991，第 225～226 页。

③ 〔美〕道格拉斯·诺思：《经济史中的结构与变迁》，陈郁等译，上海三联书店，1991，第 18 页。

④ Davis and North, *Institutional Change and American Economic Growth*, London and New York: Cambridge University Press, 1971, p. 6.

⑤ Davis and North, *Institutional Change and American Economic Growth*, London and New York: Cambridge University Press, 1971, pp. 227–229.

要参照德国和日本合作社法情形，结合我国实际，发表《产业协作社法草案》及其说明书①，成为我国合作社立法的雏形。该草案设计较为完备，分产业协作社与产业协作社联合会两章合计共 61 条；其中，第一章又划分为总则、设立、社员、管理、解散及清算五节。在说明书中，戴氏就"立法主旨"、"协作社的分类"、"设立与监督"、"协作社与社员的权利保障"以及"协作事业的宣传及计划"五款加以详细说明。虽然该草案未在当时的国民党政权付诸实施，却成为日后南京国民政府上至中央下及地方各级部门合作立法的重要参照。因此，就近代中国的合作立法过程而言，戴季陶提供的《产业协作社法草案》无疑具有开创性地位。

承前所述，我国最早颁发并得以实施的合作社法规，为华洋义赈会于 1923 年 5 月拟定的《农村信用合作社（空白）章程》②，成为该会组织合作社的准则。之后，南京国民政府统辖内之各地方政府陆续颁发合作法规，如浙江省于 1927 年底就颁布了我国第一部《合作社暂行条例》，因内容多欠完善，后于 1929 年 12 月 6 日重新出台《浙江省合作社规程》；1928 年 2 月，江苏省农民银行筹备委员会已草就合作社法规③，至同年 7 月 12 日，江苏省政府正式公布了《江苏省合作社暂行条例》，由此开启了我国地方政府合作立法的先河④。

（二）实业部颁《农村合作社暂行规程》

南京国民政府第一部合作社法规，为由行政院实业部于 1931 年颁布的《农村合作社暂行规程》。有鉴于"因各地农村合作社逐渐增多，各省颁布的合作法规名称、内容不一，导致管理困难"，1931 年

---

① 戴季陶：《产业协作社法草案》及产业协作社法草案理由书，见秦孝仪主编《革命文献》第 84 辑，第 268～304 页。
② 有关该章程的详细内容，参见张镜予《中国农村信用合作运动》，商务印书馆，1930，第 245～254 页。
③ 张镜予：《中国农村信用合作运动》，第 78 页。
④ 林养志：《抗战前合作运动大事记》，见秦孝仪主编《革命文献》第 87 辑，第 518、523 页。

4月18日，实业部以"部令"形式，特颁布《农村合作社暂行规程》（简称《规程》），共80条，自公布之日施行。该《规程》对合作社的种类、设立的条件、社员资格及社股、职员及会议、盈余分配、解散及清算、监督、合作社联合会等做了具体规定，堪为我国合作社法之前身，系第一部全国性质的合作法规；同时也规定：该《规程》之施行细则，由各省主管机关结合地方情形制定，并呈请实业部备案①。因此，在合作社法未公布以前，各地农民所组织的合作社，在形式上均以此为根据。

1931年5月，"国民会议"通过的《中华民国训政时期约法》规定，国家应积极"设立农村金融机关，奖励农村合作事业"②。训政时期约法具有国家临时宪法的性质，可以说这是国民政府第一次在宪法中清楚表明合作事业为训政时期必行职责之一，即农村合作事业首次在国家"根本大法"中得以确认，不仅为今后的合作社立法确立了法律上的原则，同时也表明了实业部公布的《农村合作社暂行规程》的"暂行性质"，农村合作社立法还有待于法律部门的正式启动。

1932～1934年，豫鄂皖赣等"剿匪"区内，亟须"善后"重建与复兴农业生产，以安定农民生活。"剿匪"总司令部南昌行营乃陆续颁制《"剿匪"区内各省农村合作社条例》及其施行细则，以及农村"信用、利用、供给、运销"四种合作社模范章程等十几项有关农村金融复兴与合作组织推展的法规③，饬令豫鄂皖赣四省遵行办理。由此可见，《农村合作社暂行规程》并未也不可能得到真正有效的实施，不仅各省合作社法规没有取消，且在"剿匪"区又出台了

---

① 有关《农村合作社暂行规程》详细内容，参见秦孝仪主编《革命文献》第84辑，第424～436页。
② 荣孟源主编《中国国民党历次代表大会及中央全会资料》（上），光明日报出版社，1985，第947页。
③ 《"剿匪"总部亦提倡农村合作》，《合作讯》1932年第88期，第3页。

一部区域性的新法规。当然，以上所述之各种法规，虽为各部门或地方性质的行政命令，并不具有真正的法律效力；虽在一定程度上促进了各地农村合作社的组织和经营，但当时全国各地农村合作社发展状况早已是"弊端丛生"了。这表明，原有的"制度供给"已明显不足，政府必须采取行动来矫正这种制度供给的不足了。

（三）我国第一部合作社法及合作社法施行细则的拟订与颁布

国民政府鉴于合作事业在各地已有基础，有使其纳入法规的必要，唯有统一立法，才能配合合作运动的推展，使各省各自筹办的紊乱状况有所改善，而合作团体更能确切地获得法人资格，受法律之保障。在1931年《中华民国训政时期约法》明确"奖励农村合作事业"的基础上，加之此前已有的各地方政府和有关部门颁布的农村合作社规程或条例陆续出台，国家正式的合作社立法早已呼之欲出。

1932年，国民政府立法院推选楼桐孙等人，负责起草合作社法[①]。该法系根据1932年9月28日南京国民政府中央政治会议通过之合作社法原则，由立法院拟定，最早出现在1933年1月25日的天津《大公报》上；后经分送各机关征询意见[②]，讨论修正，于1934年2月13日经立法院第47次会议正式通过，于1934年3月1日由国民政府明令公布[③]。我国第一部合作社法由此诞生。

作为首部执行法，《合作社法》共九章76条，对有关合作社的性质、种类、设立、社员、社股、管理组织、业务经营、盈余分配等项均做了具体规定。嗣后，实业部依据《合作社法》，拟定合作社法施行细则共计41项条款，经提交行政院第222次会议于1935年7月23日获得通过；8月19日由实业部正式公布，并与《合作社法》于

---

① 《合作社法草案》，《大公报》1933年1月25日。
② 章元善、于树德《合作社法草案意见》，《大公报》1933年2月2日。
③ 《合作社法》，《国民政府公报》第1376号，1934年3月1日公布，第1~12页。

同年 9 月 1 日起正式施行①。该合作社法施行细则堪称合作社组织的行为规范，是合乎《中华民国训政时期约法》和《合作社法》的行为准则。

值得一提的是，1934 年 12 月，正值国民政府在重庆商定《宪法草案》时，合作界人士纷纷要求将合作事业列入宪法，终获通过。《宪法草案》第 145 条第二款规定，"合作事业应受国家奖励与扶助"，这在国家根本大法中再次明确了合作事业的重要性②。中国农村合作运动从此有了国家法律上的地位与保护，实为中国合作运动史上"开一新纪元"③。

从合作事业列宪、《合作社法》到合作社法施行细则的颁布与实施，标志着南京国民政府基本上完成了农村合作的制度安排，确立了合作社的法律地位，并在国人并不熟识合作社的环境下自上而下设计了一个合作社由国家主导发展的模式，对合作社的规范化发展并在全国范围内掀起合作运动奠定了基础。

二　全国合作事业讨论会的召开

20 世纪 30 年代，正值合作事业"突飞猛进"之时，整个合作运动亦有层出不穷的问题。为集思广益，策划周详，举凡合作制度之确立、合作法规之修订、合作人才之培养、合作金融之筹划、合作指导机关之职权划分、合作业务之统一等，"亟应详为研讨"，以促进合作事业的顺利进行。为此，全国经济委员会、行政院农村复兴委员会、实业部等有关机构商议，于 1935 年 1 月 26 日联合发布《全国合作事业讨论会规程》及议事规则，召集全国合作事业讨论会，并定于 1935 年 3 月 13～17 日在南京召开，决议邀请全国各院部会、各省市政府、各地推行合作之社会学术金融团体代表与合作研究之专家齐

---

① 《法规：合作社法施行细则》，《实业部公报》1935 年第 243～244 期合刊，第 74～78 页。
② 林养志：《抗战前合作运动大事记》，见秦孝仪主编《革命文献》第 87 辑，第 545 页。
③ 梁思达等编著《中国合作事业考察报告》，南开大学经济研究所，1936，第 79 页。

聚一堂，由赵连芳、章元善、许仕廉、乔启明等 8 人组成筹备委员会，并设立办事处，具体处理各种事务。

（一）会议代表与规程

该次会议由实业部提请行政院 190 次会议决议通过，由会议筹备委员会负责召集、设法筹备。从会议规程可知，参加本次会议的代表主要来自三个层次：第一，党政机关，有国民党中央党部、国民政府、全国经济委员会、行政院农村复兴委员会、实业部以及各省市合作事业行政机关、行政院直辖市政府主管机关；第二，各银行、乡村建设团体及学校；第三，会务组特邀专家、学者，会务组设主席团，由全国经济委员会、行政院农村复兴委员会、实业部各长官轮流担值主席。该次会议规定：出席会议人数达到报到人数一半时即达开会法定人数；议案表决取决于与会代表之多数，会议（轮流）主席有议案最终表决权。同时要求：参会单位及其代表务必于会前三天向会议办事处送交大会议案，以便于安排议程和交流研讨，临时议案须由与会代表五人以上署名、用书面提交会议主席酌量处理；各种议案先交大会讨论并分组审议，大会不能及时讨论之议案，由主席指定与会代表组织审议委员会先行审议，并向大会报告审议结果或提交修正案；会议议案如有异议时，由主席提交大会表决，会议决议事项分送各主管机关选择施行。

（二）会议议案与宣言

这次会议有来自全国各地的代表 124 人，共收到议案 123 件。代表们围绕主题，本各自经验所得，共商进行及改进方法。开会 5 天，分别就合作制度（合作法规）、合作业务、合作金融及合作教育四个方面，共通过有关决议案 25 件，并交付各负责机关付诸实施[①]。

该次会议的主要议题有四：①关于合作制度与行政法规的讨论，及组织系统之规定，使此后全国合作事业，有所准绳，且使各地合作

---

① 详细参阅秦孝仪主编《革命文献》第 84 辑，第 353～424 页。

事业，由中央为之指导调剂，并由此确立全国合作经济基础；②合作金融机关之确立，以调剂农村与都市之经济，使能相互交流，此金融机构在县以下者，以合作社之股金为主体，在省以上者，则暂以政府出资或辅助为主体，以资提倡；③合作业务上之问题，此次讨论结果，认为运销合作发达，可以兼收农工合作之效，因运销合作须利用工业，以改良农产品，使农业日益工业化；④关于合作教育，目前拟训练高级和初级合作指导人员，以应急需。通过会议讨论，为今后合作事业发展"确定原则，构成系统，通盘设计，分别实施"建言献策。同时，大会议案还涉及全国合作行政制度和合作组织系统之规划，为银行等金融机构农村投资办法重新"规定原则，以为进行标准"等。会议最后发布了《全国合作事业讨论会宣言》，呼吁社会各界在今后"更当各尽所能，分工合作，上承政府之倡导，下就国民之需要，努力进行，以求国民经济之自主，合作事业之完成"，并强调"不求速效，勿贪近功，培植合作基础于民间"的必要性①。《全国合作事业讨论会宣言》指出：

> 多年来国民经济凋敝、民生维艰、农村破产的最重要的原因，就是国民缺乏适当的经济组织。欲为补偏救弊之谋，根本建设之计，必须倡导合作事业，为国民经济立其基础。
>
> 诚以农村都市相辅相成，都市资金之助力，足以引发农民经济之自救，政府对此并有系统之金融组织，效率必可增进，农民经济可望发展，此可为合作事业前途之幸事。
>
> 建设基础在于教育，事业发展尤赖人才；民众须有业务训练，则合作组织始有自动经营之可能；指导人员更重学术经验，合作事业始有继长增高之希望。故此对于合作教育，确立原则；民众训练，拟具办法，可望推行，此可为合作事业前途庆幸者也。

---

① 《全国合作事业讨论会宣言》，《中央日报》1935 年 3 月 18 日。

江西省农村合作委员会代表在闭幕会的致辞中，表达了与会代表的共同心声，"希望政府能以最诚恳的态度，与最迅速的方法，使议案早日实行，不负此次会议之初衷"。期望合作界同人"更觉责任之重大，自当益加奋勉，努力从事，共起图之"。让全国合作事业"得以发挥滋长，渐底于成"。

有关此次会议的详细内容，南京《中央日报》3月19～21日分别就会议之决议案做了深入报道；陶镕成以《全国合作事业讨论会决议案纪要》为题，也分四个方面详为综述①。

首次全国合作事业讨论会，可谓"集中央党政当局，暨各省市政府代表，全国各地推行合作之社会学术金融团体各代表，与合作研究之专家于一堂"，参加人数之多、规模之大、规格之高、讨论范围之广，诚为中国合作运动史上空前之盛会②。会后，实业部合作司与全国合作事业委员会均先后成立，中央合作行政与促进机关自此确立。

三　全国合作行政的初步统一

在合作司设立以前，以往中央合作行政由实业部主管，因合作事业尚未发达，故一切行政事宜概由该部劳工司办理。其他全国性的中央行政或指导机构，首以1933年行政院所设的"农村复兴委员会"，内设专门委员会协助实业部及各省府督促进行开其端，该会内分技术、经济及组织三组，关于农民银行及指导合作进行事宜设在经济组中。其次为1934年豫鄂皖赣四省"剿匪"行营设立的农村合作委员会，主管推行辖区内之农村合作事业。至1935年3月全国合作事业讨论会召开，各地代表与专家均感"我国合作事业推行方针及处理办法类多各省各自为政，亟宜从速确立合作行政系统，设立中央合作

---

① 陶镕成：《全国合作事业讨论会决议案纪要》，见秦孝仪主编《革命文献》第84辑，第401～423页。
② 文群：《全国合作事业讨论会致答词》，《中央日报》1935年3月18日。

行政机关，庶几事权统一，合作可得循序渐进"。至此，统一中央合作行政才正式提上了议事日程。

（一）中央合作行政主要机构

1. 实业部合作司

全国合作事业讨论会的一个最大成果就是合作司的设立。

在该次会议中，有关确立全国合作行政系统的提案计13件，大会的审查议决为："全国合作事业之主管机关属于实业部。"拟于该部设立独立的机关办理；由实业部会同有关部门，聘任专家组织全国合作事业协会①。于是，立法院修改实业部组织大纲，增设合作司，于6月1日由国民政府明令公布；8月30日实业部下令委派章元善代理合作司司长，11月16日章元善到任就职，实业部合作司正式办公，全国最高合作行政机构自是确立。合作司下设两科，各科设科长1人，设视察员、科员及办事员若干人，凡合作法规的问题及登记监督等事，均归该司负责进行②。

实业部合作司首以"实行法规、坚树系统、注意技术、提高效率"作为施政的主要方向，与各省主管机关协力推进。1936年春，实业部颁印登记须知等文件，于同年决定合作社实行会计制度，颁印《合作行政设施原则》；11月，颁行《处理合作社办法》及《合作社章程准则》，指调各省公务人员来南京接受合作技术训练；12月，公布《合作金库规程》。1937年2月，与军政部商榷合作社重要职员得暂缓兵役；4月公布《甄别合作社办法》，咨请各省市设专科或专任人员办理合作行政；6月已初步划一全国合作社登记制度；7月取缔假借合作社名义之团体，免合作社营业税；8月免合作社所得税，颁发《审察合作社账目办法》及《合作社系统说明书》；9月颁发《合作组织与国货组织联络办法大纲》。从1937年7月7日卢沟桥事变

---

① 《农村复兴委员会之决议与实行》，《农林新报》1933年第15期，第298～299页。
② 《合委会及合作司先后成立》，《合作讯》1935年第124期，第11页。

起，实业部决定非常时期合作行政事项应随时指导地方。1938 年元旦，实业部改称经济部，中央合作行政移归农林司主管，"赓续进行"，实业部合作司至此结束，前后存在一年光景①。

2. 全国合作事业委员会

1935 年秋，全国经济委员会为推广农村合作事业而设立合作事业委员会。国民政府于 1935 年 9 月 17 日令派陈公博、秦汾、周作民、邹秉文、王志莘、文群、楼桐孙、彭学沛、卓宜谋、许仕廉、章元善、赵连芳、曾仲鸣、王世颖、高秉坊、张一飞、寿勉成 17 人为该委员会委员，并"指定陈公博为主任委员，秦汾、邹秉文、章元善、许仕廉为常务委员"②。该委员会内分秘书室及金融、技术两股，掌管全国合作事业之宣传、组织、指导以及金融调剂等技术推广事项。

该委员会设立不久，因其辖属之事与合作司"率多类似"，导致"事权不一"。至 1936 年 6 月，由行政院下令将前此之军事委员会委员长行营所办各省的农村合作，以及全国经济委员会合作事业委员会所经营的合作事业，均划归实业部接管，至此全国合作行政"渐趋一致"。合作行政由"复杂而转为单纯，由零碎而汇为整体，意志统一，力量集中"，其效能发挥之大，自不能与昔日仅由政府及社会团体个别提倡之所同日而语③。自从实业部合作司统一合作行政以来，其政令"已逐渐普遍达全国各省矣"。

（二）国民党中央合作指导机构——中央合作事业指导委员会

国民党中央直接干预国民政府的中央合作行政职权，因此多就合作设计与指导方面发挥其影响力。因此，国民党中央党部最初并无专门的合作指导机关。1935 年 3 月召开的全国合作事业讨论会曾提议"设立中央合作事业委员会"，作为中央合作行政的咨询机构。这一

① 章元善：《合作与经济建设》，商务印书馆，1938，第 26～27 页。
② 《经委会设合作事业委员会》，《合作讯》1935 年第 123 期，第 5 页。
③ 秦孝仪主编《革命文献》第 84 辑，第 2 页。

提议随后引起了国民党中央的高度重视，中央党部有鉴于合作事业的重要性，于1936年3月第五届中央执行委员会第七次中常会"通过设立合作事业指导委员会（简称'合委会'），隶属于中央民众训练部，负指导全国合作事业之责"。

1. 具体任务

即指导各级党部关于合作社的组织、调查；合作社的经营、考核；规划全国合作事业的设计及推进；办理全国合作社之调查及登记；审核关于合作社的章则及报告事项；其他应行办理之事项。

2. 组织结构

中央合作事业指导委员会设正、副主任委员各一人，分别由原中央民众训练部正部长周佛海、副部长王陆一兼任；委员中有"当然委员"8人，分别为原中央民众训练部组织指导处处长张廷灏、运动指导处处长吴绍树，行政院代表吴景超，全国经济委员会代表许仕廉，实业部代表章元善，中央国民经济计划委员会代表刘子亚，中央地方自治计划委员会代表杨一峰，中央政治学校合作学院代表寿勉成；聘任委员有王世颖、唐启宇、陈仲明、胡士琪4人。委员会并设办公处（由张廷灏兼任处长），负责处理日常事务；处内设干事、助理干事及录事若干人，由中央民众训练部工作人员调充之。

3. 工作进展

制定《指导合作运动纲领》；设立"省市党部合作事业指导委员会"；创办"中央合作函授学校"等。然而，直到1937年3月底，虽已拟定"中央合作函授学校章程及省市党部合作事业指导委员会组织大纲"，但各项实际事务依然"均正在积极推进中"①。

同年，国民党中央地方自治计划委员会之专门委员研究会及中央国民经济计划委员会之专门委员研究会均设有"合作组"，主持合作设计事宜。而合作组的主要成员大多为合作界专家、学者，如地方自

---

① 参阅华北农业合作事业委员会编《华北合作》1935年第23期，第11页。

治计划委员会合作组的正、副组长分别为章元善、寿勉成；国民经济计划委员会合作组的正、副组长分别为章元善、陈仲明。其实，这种类似机构的职能可谓"大同小异"，而真正能够发挥实际作用的仅为少数。即便如此，在国民党中央的号召下，各级地方党部对于合作事业的指导促进机关"亦逐渐设立"。

（三）合作司的主要使命及成绩——发挥合作的效能[①]

合作司设司长一人，负责总揽全局；合作司下设两科，各科设科长1人，起初"只有科长2人，科员2人，连司长共5人"，后因"事实之需要"，另设视察员、科员及办事员若干人，最多"增至16人"。举凡合作法规的法律解释、政策咨询及登记、监督等，均归该司负责进行[②]。其中，第一科主要负责合作社的登记监督、纠纷处理、联络调整、系统规划、行政人员的训导考核、合作论著的编审研究、合作事业的调查统计以及其他事项；第二科主要承担合作事业促进工作的指导监督考核、合作教育的普及、合作人才的培养、合作资金的调剂、合作金融系统的规划与联络以及合作事业的奖惩等事项。虽然，"人少事多"是刚成立的合作司给外界的第一印象，但合作司被赋予的使命就是"发挥合作（制度）的效能"。为达此目的，合作司重点主抓了两项工作：树立行政和促进两个工作系统、提高合作社的品质。

1. 树立行政和促进两个工作系统

合作司的首要工作就是树立行政和促进两个工作系统。根据职责划分，合作行政主管机关负责的是行政事项，而"行政的主要工作，就是登记"；促进机关负责的是推广事项，"行政与促进"应分属于不同的工作职责范围。

---

① 章元善：《发挥合作的效能——实业部纪念周合作司报告》，《合作行政》1936年第6集，第6~8页。以下行文所引，非特别加注者，均出自此处，不另行说明。
② 《修正实业部组织法》，《国民政府公报》第1757号，1935年6月1日公布，第43~48页。

有鉴于之前"许多行政主管机关，也在那里办促进，却忽略了他本身的主要工作——登记；而有的促进机关，也在那里办登记，双管齐下，系统不明，目标不一，职责不分，力量就不集中"，从而导致各地机关工作"重复偏枯之弊"随之而生。当时的合作司为除此弊，把首要工作任务定为"树立行政和促进"这两个工作系统。关于行政方面，为"确定中央、地方各级机关之工作"，特于 1935 年12 月 28 日颁行《合作社分期登记办法》①，这为各地方"主管人员的设置"确定了一种可行标准，而合作行政体系的组织"更有明确之规定"，如《合作社法施行细则》第二条规定：本法及本细则所称主管机关，在县为县政府，在县级市为市政府，在直属行政院之市为社会局②。这样规定，每一个合作社只有一个主管机关，只有一处可以取得合法之登记，且不得越级申请。中央和各省（市）的合作行政机关为县（市）的上级主管机关，故由省（市）主管机关办理登记，是明显不相宜的"越级申请"。因为，合作司的成立，已标志着全国合作行政系统的基本树立，全国各省市、各团体组建的合作社均被纳入统一的管理体系，并规定各类合作社必须在所属县（市）政府进行甄别并重新登记；依此施行，于法无背，于事有济，而合作行政中之合作社登记问题，方有负责解决的希望③。

至于对各级合作行政人员的相关业务办理和指导，合作司采取了多种办法。如 1936 年 2 月，合作司编订了一本《各省市县办理合作社登记须知》，该书可作为合作公务员手册，其中对于办理登记的程序和方法都有详细的说明。同时，该司每月出版《合作行政》专刊作为训练合作公务员的一种工具，其内容包括专门的著述、一个月中全国的合作新闻，又将有关专家有价值的论文摘要介绍，还有问题解答等，并订立了一种"征文给奖规程"，以检测合作公务员的学识，

---

① 详见本书附录二。
② 见秦孝仪主编《革命文献》第 84 辑，第 450 页。
③ 章元善：《合作与经济建设》，商务印书馆，1938，第 66~67 页。

同时鼓励其相关研究兴趣，提供一个表现进步的机会。该刊并非公报性质的刊物，更像是一种函授学校的讲义。

所谓促进工作，可分为宣传、组织、指导和协助四种。这四种工作的具体要求不同：举凡对于一般民众讲解合作的意义和效益等，都是宣传，因此，宣传的对象是一般民众，而不是其中的某一部分；在已有组织合作社动机的民众中，帮助他们组成合作社，即组社的所有工作"谓之组织"；合作社虽已成立，其内部组织不健全，如何使之健全，业务不发达，如何使之发达，手续不完备，如何使之完备，凡此都在指导在列；对新成立之社或自力薄弱之社，拿金钱或其他物质去扶助，叫作协助。办理促进工作的政府机关，有各省合作事业委员会或合作事务局；至于社会方面，"凡是有志服务、热心合作的人士以及公私团体，都可担任促进工作之一部或全部"。可根据能力强弱来确定区域范围之大小。其中，个人担任促进事业时，"应依照主持全省促进工作机关的指示，并取得彻底的联络"。

总之，合作司奉行的工作原则是：行政主管机关以登记为主，有余力时再兼顾促进工作；政府部门的促进机关以不代办登记为原则，以代办登记为例外。

2. 提高合作社的品质

这个工作也必须从行政和促进两方面着手。行政方面，就是要"严办登记"，把好合作社品质的第一关。合作社登记之后，便可取得法人资格，享受政府所规定的利益（好处）。当时全国合作社总数有4万个之多，好的合作社固然不少，而组织不健全甚至冒牌的合作社"也在所难免"；这样的合作社"非但人民受不到它的好处，或者还要蒙受意外的损失"。所以"不办登记则已，要办就得严格去办，让不好的合作社都不能幸存"，而能得到主管机关准许登记的，都是良好的合作社。

促进方面，就是要注重合作教育，以纠正人民"以借钱为目的或视合作为办理赈济事业"的错误观念。合作司为此编印了一本《组织合作社须知》分发基层，以加深民众对合作社组织的初步认识。

合作社的会计制度是一种对专业知识要求较高的技术安排，很是重要。当时各地合作社"有的用收付方式，有的用借贷方式"，不尽一致；要谋求合作事业的发展，就得先统一会计制度。为此，合作司曾函请中国合作学社及中国华洋义赈救灾总会"会推代表，组一合作社会计制度委员会"，以研究统一的会计制度。于是，1935 年 12 月，合作司会同经济委员会合作事业委员会"组织合作社会计制度委员会"，至 1936 年 10 月 27 日决定《合作社会计制度设计计划》，该委员会结束①。

针对之前合作社的名称"至不划一"，如甲、乙两社业务形同却名称迥异，导致在监督、指导上均感困难，且统计分类"更为棘手"。合作司也编订了一本《合作社划一名称说明书》，就此做出明确规定。此外，合作司还斟酌各地实际情形，参考各专家意见，拟定修正合作社法草案。如 1936 年 4 月奉令修正现行法规，合作司草拟《合作社法修正案》，5 月 30 日呈准行政院"修正"《合作社法施行细则》第五条，11 月 21 日呈准行政院"补充"《合作社法施行细则》第四条，11 月 30 日颁印《合作行政设施原则》十五条，力图法制法规完备。

由上述可见，合作司从 1935 年 11 月 16 日正式成立，章元善于当日莅临就职开始，到 1937 年 7 月 15 日为期刚好 20 个月。合作司在较短时间内，完成大量的实务工作，其工作效率之高实属罕见（见表 4-1）。历经这期间合作司的励精图治，与之前全国各地散漫状况相比较，合作司在"调整行政，树立系统"等诸多方面不无显著进步，合作事业可谓逐渐走上轨道，各项举措取得"诚足惊人成绩"。一如章元善所言，"如能集中力量，分别缓急，内外一致，持

①　参见《合作社会计制度设计计划决定之经过》附《合作社会计制度设计计划》，《合作行政》第 11 集，第 1～4 页；及章元善《合作文存》（下），第 27～32 页。

之以恒，不松懈也不急进"，那么在不久可期待之将来，合作事业对于"树立国本，应付非常"应有更大的贡献①。

表 4-1　合作司每月处理稿件统计

单位：件

1935 年		1936 年		1937 年	
月份	稿件数	月份	稿件数	月份	稿件数
		1	12	1	108
		2	34	2	119
		3	21	3	121
		4	27	4	103
		5	32	5	99
		6	64	6	140
		7	48	7	140
		8	68	8	89
		9	99	9	74
		10	100	10	130
11	3	11	98		
12	16	12	140		
当年共计	19		743		1123

资料来源：《合作司大事记》，见《合作文存》（下），第 149~158 页。

四　明确合作行政主管人员的使命

一种事业或运动非有两种力量不能成功，一是原动力，一是鞭策力。原动力能够推行、促进，将事业一步步推向前进；鞭策力能够驾驭、指导，将事业或运动引入正轨。原动力就是机器的马力、人类的创造力，文化的进步、社会的改良，非有这种力量不可；鞭策力好像船上的舵、汽车上的驶轮，引领原动力、指导方向，使那船或车不快不慢地向前推进。合作运动也是这样，需要原动力做促进的工作，

① 章元善：《二十个月的合作司》，载《合作文存》（下），第 67~71 页。以下行文中所引，除特别加注外，均出自该处，不另行说明。

更需要鞭策力去做行政的工作。两种力量运用得法，两种工作相辅而行，合作运动方能健全发展，有利无弊。合作行政主管人员的使命可分为对个人、对社会、对法律以及对整个合作运动的使命。

（一）合作行政人员本身的使命

所谓"不在其位，不谋其政"。合作行政主管人员对自身的使命就是准备与责任问题。准备（自己）的必要条件或方法就是要多读合作书籍、研究促进技术、明了国内外合作大事及其他有关的合作艺术等，然后再拿理想来见诸事实，使合作事业日渐发达，合作运动益趋稳定。

（二）合作行政主管人员对社会的使命

任何事业的成功与否，取决于责任心。合作行政主管人员的责任，以合作行政为主体，以合作社为对象。简言之，就是合作行政主管人员的职责所在，诸如登记呈文的及时审核、合作社纠纷的公正处理等。合作行政主管人员对社会的使命是要在奉行法令外监督合作运动走入正轨，办理合作社登记，明确为社会服务。法则上固然有合作社登记的概括性规定，但未提到如何去登记及登记时的注意事项。合作行政主管人员对社会的使命，就是在依法执行外，还需要完成的许多重要工作，比如，登记前的忠实调查、登记中的公正审核、善意鼓励以及委婉指导等，唯其如此方能获得圆满的结果。

（三）合作行政主管人员对法律的使命

合作行政主管人员对法律与实际环境应负的调查责任。这种责任第一是对合作社的社务、业务是否健全、是否适合地方实际需要等详加考察，以备参考；各级政府如何结合当地实际来奖励、保护合作社以收功效以及中央与地方合作社的联络等。第二是下级政府对各地合作事业促进机关的切实调查与了解，详细报告，以达最低限度地了解其动机与目的，了解其在合作事业上的地位（自动受委或奉行服务）、本身的实力、推行的方法（如引动、代动，集中、分散）以及工作、投资情形等。上级政府根据报告来取缔非法促进机关，确保合作事业渐入正轨。

（四）合作行政主管人员对整个合作运动的使命

1. 提高合作社的标准

合作运动发展进程一般要经历三个特性与需要各自不同的阶段，即创始期、粗具规模期和基本稳定期；因此，行政主管人员对各期应负的使命也就不同。创始期是提倡时期，同时也是合作运动中最危险的时期，民众往往受宣传力量的鼓动草草组社，指导员为提高工作业绩，也往往求速而不求效，重量不重质，大批合作社应时而生，从而导致一种"有量无质"的危险趋向。合作行政主管人员应当注意这种危险，在各社成立登记的时候，要看地方情形，详细调查，认真审核。如合作社组社动机是否纯正、营业区域是否适当、社员分子是否忠实、社员对合作意义是否了解等事项均须格外注意，才能提高社的标准。

2. 保持合作运动的本性

初创时期已过，进入合作事业的第二阶段——粗具规模期。合作运动是民众自身的运动，应以民众自动为主体；在民众未曾觉悟、能力薄弱时，政府应当提倡，提倡之后需要奖励。如何提倡与奖励才能保持合作运动的本性，健全地发展。这就是合作行政主管人员应特别关注的要点。在各社成立登记时固应注意，而在调查合作社的变革、合并、解散登记时尤为重要，应查明其是否本着自助互助精神。所谓保持本性的意义，即是如此。

3. 切合实际需要，均衡合作运动的发展

中国合作社已有粗具规模的发展，但历史地理关系、派别分歧不容，多导致地方需要与业务不符、社务发展不均衡。不需要多设合作社的地方，合作社却非常多；需要合作社的地方，反倒以历史系统的不同而社数寥寥，供不应求。一区不同系统的机关常常钩心斗角，互相倾轧，地方上需要运销合作社，倒办起了信用合作社，需要信用合作的地方，倒办起了运销合作社。

五　全国合作事业实施方案及其纲领

（一）制订全国合作事业实施方案

1. 实施纲领

①确定合作为实现民主主义的基本政策，故政府或私人的经济机构均以不妨碍合作事业为原则；②合作事业应由人民自动经营，故应视民众的合作训练为合作事业的基本工作，在人民自动力未充分时，政府尤须以政治力量促进其发展；③合作事业在发展人民经济力量外，应顾及教育与自卫，故教育、保健、娱乐等合作社，也应视人民需要与能力，积极提出；④政府为贯彻合作政策起见，应视各地民众需要，设法逐年增加合作社及社员数量；⑤各地合作事业质与量的增减升降，应列为地方政府主管长官政绩考核项目之一；⑥全国青年训练应注重合作课目及合作精神；⑦为求合作事业发展，应注重单位合作社的健全及各级联合社的组织；⑧合作社股金、公积金及储金应积极鼓励其增加，以谋合作社基础之巩固；⑨为辅助合作事业发展，政府应筹设或奖励地方金融机构，"供给合作社资金之便利"。

2. 合作社系统

①凡在可以合作范围内居住之人民，均可组织单位合作社；凡有经济上自然关系的单位合作社，均可组织区联合社；区联合社组织县联合社，县联合社组织省联合社，省联合社组织全国联合社；县联合社成立后，区联合社应即撤销或改为县联合社之办事处。②合作社业务分为信用、供给、生产、运销、消费、公用（利用）、保险七种。③无限责任信用合作社及保险合作社应各自成一联合系统。④同一区域内，有限责任或保证责任信用、供给、生产、运销、消费或公用合作社，均可兼营，共同成立一系统。

3. 合作行政系统

①合作行政的范围，为登记与监督，以提高合作社品质及调剂有关各方面相互间的关系为主要事项；②合作行政机关得以余力辅助当

地促进合作事业之工作；③全国各级合作行政主管机关，在中央为实业部，在省为建设厅，在隶属于行政院之市为社会局，在县市为县市政府。

4. 合作促进系统

①促进事业包含宣传、组织、指导及协助四种。在省联合社未成立前，政府促进工作集中于省市；在实业部指导下，省市可设立合作委员会，必要时可由中央会同筹设。②省市合作委员会成立时期，县市政府兼办促进工作时，应受其指导与监督（垂直管理）；建设厅或社会局所管合作行政事务"可由委员会代办"。③省市合作委员会外勤人员，以"分区巡回工作，不设固定性的县区办事处"为原则。④凡有志于服务、热心合作之人士以及各种社会团体，在政府指导下均可参加促进工作。⑤促进机构自有经费的用途有二：以保障商资；以利息充当促进工作。

5. 合作金融系统

（1）在合作社自办的合作银行未成立前，政府特设农本局，为合作银行的前身；农本局股票可由合作社及联合社随时收买，所替出的固定资金改作存款，农本局的管理权"随股票的流转而渐归于合作社"。

（2）合作社信用业务所需资金，由农本局以固定资金及合作放款资金供给。

（3）农本局办理信用放款的办法如下：

甲、承借信用放款的，以信用合作社为限，农本局不直接或间接对个人办理信用放款。

乙、属于联合社的信用合作借款，应由联合社向农本局承借转贷。

丙、前项合作社以依法登记、组织健全的合作社或联合社为限。

丁、农本局放款数额须采纳促进机构的意见核定，以满足合作社正当且必需的用途为原则。

戊、在规定限度内，合作社无须提出抵押品或保证人。

己、农本局对各社放款，尽量采用往来透支方式，合作社得分期用款、分期还款、息随本减。

庚、在债务未清前，农本局得随时派员对承借贷款的合作社或联合社"稽核账目"。

（4）在设有促进机关的各省，农本局业务办理可选方式有二：一部分资金委托该机关代为放款，按期交割；派员在该机关附设贷放部，联络办公。

（5）农本局不指导组织合作社，但对于合作社业务发展，农本局可随时向主管机关提出有关建议。

（6）合作社或联合社收押农产品，应分为：自行保管以备物主取赎的自用品、销售品。农本局对甲种农产品，要以固定或合作放款资金放款，而对乙种农产品转押的，农本局以流通资金为收押资金。

（7）农本局对收押品可在进行鉴定分等后，混合保管，发给仓库证（可在市场自由买卖）及凭单，数月后凭所发仓库证及凭单"交割押款"。

（8）农本局放款利率以月息9厘为度，对联合社放款应减至8厘以下。

（9）凡有运销合作社或联合社之地，其农产部应分期按照第（4）条后一种办法，在该社联络；在该社能力充足时，农产部业务即由农本局委托该社为其经理。

（10）商业银行放款分信用与抵押两种。办理抵押放款时，在与所在地的促进机关及农本局取得联系后，可依照普通习惯，自由经营；办理信用放款时，应参照第（3）条规定各项办理，并按下列方式之一经营业务：参见农本局的合作放款资金；委托促进机关依照预定条件，代理其放款；接受促进机关的介绍，对申请借款的合作社直接或转托放款；接受促进机关的指示，在指定区域内自行放款①。

（二）推行合作事业纲领（草案）②

如前所述，1935 年国民政府中央执行委员会曾设立"地方自治计划委员会"。为便于讨论，特依性质不同将自治各方面分设若干组，合作事业"自成一组"，合作司司长章元善担任组长，开始着手拟定全国实施纲领草案。1936 年自春至冬共集会 10 余次，章元善综合同人意见，拟定草案，经大会通过，提送中央。只因"大会工作尚未全部告竣"，该纲领"未及成立法程序"；但全国合作政策之要旨"实已孕育于此，关系甚大"。

1. 合作事业方针

合作事业为实现民生主义的基本政策，推行自治应以合作事业为其经济方面的中心工作，"人民自动力未充分之时"，应以政治力量促进其发展。

2. 合作组织

①在维持健全组织的原则下，对于以乡镇为区域的单位合作社"应力求其普遍发展"，并按实际需要"提倡区、县联合社组织"，完成省以下的合作社系统；②县政府设（合作）科，掌管合作行政宜，不能设科时"得设合作指导员"。

3. 合作社业务

①合作社业务应使"消费和生产"两方面得到均衡发展；②生产运销合作应注重大宗特产；③合作社应注重农村副业的发展；④除信用业务外，有限或保证责任合作社，因事实上的需要"得兼营两种或两种以上"业务；⑤合作社的股金、公积金及储金等"应积极鼓励其增加"；⑥合作事业应顾及教育与自卫两端。

4. 合作教育

①合作常识应"列入乡村师范学校必修课程"，在中小学应列入

---

① 章元善：《代拟全国合作事业实施方案纲要》，《合作文存》（下），第 4～10 页。
② 章元善：《推行合作事业纲领草案》，《合作文存》（下），第 32～35 页。

公民或社会科学教材中；②地方自治人员训练及公民训练应注重合作精神之陶冶及合作常识之灌输；③利用乡村师范及中小学寒暑假"分别在市镇及乡村选办合作讲习会"，分批训练合作社社员，合作社能自办讲习会的，应予以指导及协助，以资鼓励。

5. 促进工作

为辅助合作事业发展，地方政府应筹设或奖励地方金融机构"供给合作社资金上的便利"。地方合作事业促进机构应就健全的合作社"选择品行纯良、能力充足之社员"，轮流担任指导工作。县自治机构在省合作事业主管机关指导下，应负"协助"责任，具体办法如下：

①本县设合作指导员时"协助其工作"；②本县未设指导员时"负指导合作之责"；③提倡合作教育，如宣传周、讲习会等；④关于合作设施及人事变动方面，可向上级自治机关报告，并向合作行政主管机关提出改进建议。

第二节 南京国民政府的合作教育

20 世纪 20～30 年代，农村合作社组织完全是一种新兴事业；建立稳固这种事业之基础以及发挥其伟大之效能，以达到发展实业、改良农业、改进生活环境的目的，端赖合作教育的普遍实施。"合作事业可给农民一种经济的协助。但就真理说起来，它在教育上给农民的协助，比较经济的协助尤为重要。像经济的协助不过使其生活得到局部的改善罢了，而教育确能根本地改善它，并使它永久的得以生存。"[①] 当时的中国农民大部分知识贫乏，思想保守、落后，使其直接接受合作思想、经营合作事业"实非易事"。故由社会团体和政府出面提倡，于是造成农民被动（非主动）参加合作运动，此为我国

---

① 任鸿隽：《科学概论》，《合作讯》第 117 期，第 15 页。

合作运动特有现象，而与欧西各国不同。南京国民政府教育部为推行合作教育起见，曾于 1935 年 11 月通令全国各公、私立大学，在经济、社会、商业等系科，酌设合作课程，或适当科目之教材，注重合作研究，并通令各省市教育厅局，转饬所属社会教育机关，协助指导合作社推进民众合作教育①。

1930 年，江苏省农矿厅举办"合作事业会议"，议决"关于递呈中央订定办法通令各级党部各级政府共同举行合作运动宣传周"一案；该案由农矿厅"呈请省政府转呈行政院核转中央"，所以中央党部宣传部"乃决定于民国十九年七月第一个星期六（即世界合作纪念日）起举行合作运动宣传周"。除了函请行政院通令各省府遵照外，已通令各省市党部宣传部"转饬各县一体遵办"。因当时并没有"每年继续举行"之规定，恰遇同年 10 月，中国合作学社在杭州举行第二届年会时，会议决定呈请中央规定每年合作日为合作运动宣传日，进行继续不断的宣传，"以冀此项事业之发扬普遍"。此外，1931 年，江苏省农矿厅合作干事童玉民也就此"作同样的呈请"，于是，国民党中央在 1931 年通令全国各级党部及各级政府"于每年合作日，即每年七月第一个星期六举行合作宣传"，规定"从合作纪念日后一星期内，为合作运动宣传周"②。

一　南京国民政府早期的合作教育

我国历史上合作教育的开端，当以清末京师大学堂"产业组合"课程的开设为最早。不过，这只是作为正规高等教育中学习的部分内容，并不是严格意义上的合作教育。从极少材料中所透露的信息看来，当初开设这门课程，或许带有加修经济学选课的意图，并没有产生合作教育方面的任何实际影响。在南京国民政府推行合作教育之

---

① 《教育部推行合作教育》，华北农业合作事业委员会编《华北合作》1935 年第 23 期，第 11 页。

② 寿勉成、郑厚博：《中国合作运动史》，正中书局，1937，第 110～111 页。

前，我国民间就已存在多种形式的合作教育先例，较正式的合作教育，当以薛仙舟等在上海创办的星期合作学校开其端，而以华洋义赈会举办的各类合作教育成效最著。

（一）星期合作学校

五四运动前后，早期城市知识分子积极宣传合作思想，组设各种合作社，开启我国早期城市合作运动之时，他们已利用报纸杂志，撰写文章，译著合作知识书籍，实际上已推开了广义合作教育的大门，认识到合作教育在整个合作运动过程中的地位和作用，对合作教育的设施已为注重，只是缺乏一定形式。留美归国的薛仙舟在组织上海合作联合会后，创办了一所星期合作学校，设校址在中国商业公学，聘请上海职工俱乐部部员郑重民为主任，聘王效文、王世颖、刘梅庵、孙锡麒、张廷灏、张志鹏等为教员，于1923年5月6日正式开课，于是，我国最早的合作学校诞生了。该校以灌输合作知识及日常应用学问、储备合作人才为宗旨，主讲合作类和常识类两种课目，其中合作类科目有合作史、消费合作原理、信用合作原理、农业合作原理、生产合作原理等8种，常识类课程分国文、英文及数学三种。学校每年分为两期，3～6月为第一学期，9～12月为第二学期。授课时间为每星期日上午9～11时及下午2～4时。学生入学程度与高小毕业相当，男女兼收，且"不征学费"，实行免费教育。在教授合作科目时，特许"非学员旁听"，但旁听生须遵照课室规则。因人事变动，学校仅办一期就无形停顿，至为遗憾①。

（二）华洋义赈会的合作教育

华洋义赈会的合作教育形式多样，内容浅显易懂，多为民众所乐意接受的，其中办理最多也最为人称道的是合作讲习会。

1. 合作讲习会

为了培训合作人才，华洋义赈会仿照印度办理合作教育模式，自

---

① 寿勉成、郑厚博：《中国合作运动史》，正中书局，1937，第83～84页。

1925 年起每年都利用农闲时间，协助各地合作社办"合作讲习会"，时间在一周或一月左右，讲习课程为合作社章则、表格、簿记、经营方法、农业经济、农村问题、农林常识等。1925 年 11 月 27 日至 12 月 2 日，河北省第一次合作讲习会在北京南方大学举行，有 104 人到会听讲，代表 15 个县 52 个社。从这以后，每年在农闲时期，都要举行一次，以训练社员、职员或培训师资。到 1937 年，一共举办了 12 次合作讲习会，共计 252 组，19884 人，代表 6635 个社，开销经费 14444.75 元。

2. 巡回书库

当时，农民文化知识水平的落后，极大地阻碍了农村社会的改良，故华洋义赈会又设立了合作巡回书库，以提高其知识水平。具体办法是在华洋义赈会内设总库，酌量购买有关合作、农业、经济、社会等方面的书籍、报刊；在合作事业发达、地点适中的地方设立分库，然后将书报分发给各分库，附近的农民便可前来借阅了。1930 年 3 月 12 日，华洋义赈会将创办合作巡回书库的事通知了各合作社，并着手采购书籍建成总库。次年 8 月建成 5 个分库，后来又扩展到 10 个，书籍总量分 317 种 1950 册，专供各社社员借读，每年约有 4000 人借阅。

3. 社务扩大周

此外，华洋义赈会还利用合作社"社务扩大周"的办法，推广合作教育。1935 年底，为了促进河北省合作社机能健全，并扩展合作社的业务，倡导了社务扩大周活动，即利用农闲时期，由各社自己举办，以宣传合作思想、扩大合作社的组织，并编写《社务扩大周手册》和《社务进展标准》等。1936 年举办扩大周的有 30 个社，参加者中有社员 987 人，非社员 4127 人，扩大周结束之后，有 163 人入社[①]。

---

① 中国华洋义赈救灾总会：《救灾会刊》，1937，第 29 页。

4. 创办《合作讯》半月刊

在开展多元化合作教育的同时，华洋义赈会农利股还定期编辑出版《合作讯》专刊（半月刊），记述各地合作消息，介绍相关技术知识、合作理论，探讨实际问题，赠送各社学习，"其有助于合作社者，当不在少"[①]。

5. 加强联合办学

民国时期农业生产技术的落后，极大地制约了农村经济的恢复与发展，有鉴于此，1928年10月，华洋义赈会与清华学校、燕京大学和香山慈幼院合办了"农事讲习所"，当年录取正取生30名，备取生6名，由该会给予生活津贴，第二年共录取37名。1930年7月1日，农事讲习所改为新农专业学校，招收了两个班的学生，直到1931年1月学校停办，一共为华北农村培养了近百名农业技术人员。

（三）中国合作学社

作为民间社会团体，在北方，有华洋义赈会始终活跃在除华北外更为广阔的合作事业平台上；在南方，中国合作学社作为一个相当独立的合作学术机构，几乎与国民政府之合作运动相始终，在近代中国合作运动的历史舞台上，特别引人注目。

1928年12月22日，中国合作学社成立于上海。其创始人多为早年平民学社的同人如陈果夫、王世颖、寿勉成等，既为薛仙舟先生之弟子，同时也是国民党中的重要成员。该社以"集中合作同志，研究合作学说，提倡合作运动"为宗旨，规定每年举行一次年会，发行《合作月刊》，堪与北方之《合作讯》相媲美，成为南方各省及国民政府合作事业的重要舆论阵地；并陆续编译、出版其他各种合作运动之文字，以广宣传和讨论。故此，有学者点评中国合作学社之"有助于国内合作运动之发展者实多"[②]。

---

① 中国华洋义赈救灾总会：《救灾会刊》，1937，第93页。
② 方显廷：《中国之合作运动》，南开大学经济研究所，1934，第9页。

二　国民政府举办之（高级）合作教育

国民党中央对合作教育的实施可谓"极为重视"。1927年薛仙舟拟定的《全国合作化方案》，专就"设立合作训练院、养成合作人才"做过详细的规划，目的是培育高级合作人才；而在1935年召开的全国合作事业讨论会中，有关高级合作人才训练的提案多达数件，大会议决后通过"三原则"，请主管机关斟酌办理，即：①请实业部、教育部委托中国合作学社会同办理合作教育卓有成效的大学及办理合作事业成绩显著的合作团体，组织特种委员会，妥拟详细办法①；②由政府筹拨款项办理；③请教育部通令各大学，设法多开设合作讲座，并设合作组。正是在这种背景条件下，全国各地的有关大学和部门开始我国高级合作教育的各种尝试，其中较为著名的有中央党部组织委员会于1935年办理的中央合作人员训练所、中央政治学校社会经济系合作组（1930年）及合作学院（1936年）、浙江大学农学院合作组、金陵大学农学院与棉业统制委员会合组的棉业合作人员训练班、中国合作学社合作研究班等，其目的均为"造就高级合作人才"；其中，尤以南开大学经济研究所合作研究生的招生影响最为深远。

（一）中央政治学校合作组

1930年，中央政治学校（即原国民党中央党校）为造就专门合作人才，在原社会经济系内设立合作组，将合作定为专科，由此开创了我国高等教育史上的先河。在当时，中央政治学校为国民党设立的唯一大学，而提倡合作事业业已成为国民党的既定方针、政策，因

---

① 当时拟定的办法要点有四：一是以薛仙舟《合作化方案》为根据；二是入学资格为大学毕业生，省联合会、全国联合会的理事、监事及高级职员，办理合作卓有成效者，以及现任合作指导人员；三是程度不齐的分班训练；四是除修学外必须有相当时期的实习。上述均参见寿勉成、郑厚博《中国合作运动史》，正中书局，1937，第270～271页。

此，合作组设立的目的就在于培养、储备高级合作指导人才。然而，合作组设立之初，生源并不多，仅有 7 人，且后继乏人，所以在 1932 年该组学生毕业后即告停办①。

从当时合作组的课程设置表②可知，合作组为四年制，共计 35 门课程（日文选修）。其中，第一学年并未开设"合作"类课程，所学 13 门课程全为基础课；第二学年有 11 门课，其中"合作"一门课每周 3 课时，全年开课；第三学年开设了均为一个学期的"合作银行论""合作问题""合作商店论"三门课，每周 2 课时；第四学年的上学期安排为"派赴合作机关实习"和军事训练，下学期 4 门课，安排了每周 2 课时的"合作经济名著选读"。除了不足一个学期的实习时间外，合作组学生的专业知识授课时间共约 200 课时，这也是与其他各组的课程相比多增加的"额外包袱"。这种课程安排可能导致的结果是，该组学生的专业知识结构不尽合理，专业特色并未显现。

中央政治学校合作组的主要教员有寿勉成、陈仲明、王世颖等，多为薛仙舟早期复旦弟子，因而该合作组的设立带有明显的承继薛仙舟"合作训练院"的痕迹，但由于当时普遍的社会舆论对合作事业尚未产生真正的认知和接纳，合作组的开设尚未产生社会各界的共鸣；同时，或设立合作组被视为国民党党部学校的专利，难以引起足够的关注。因此，为吸引、招揽生源起见，合作组除开设其他组所有的专业课程外，还略增加了 5 门"合作"专业课，无形间加大了学生的学习强度，故而多被当时的学生视为"畏途"而放弃了，结果自然是"后继乏人"，不得已停办了。

（二）中央政治学校合作学院

全国合作事业讨论会后，中央政治学校原校务委员会有鉴于当时国内高级合作人才的缺乏及其责任所在，于 1935 年 7 月召开会议，

---

① 胡昌龄：《合作教育》，中央合作指导人员训练所讲义，1935，第 74 页。
② 胡昌龄：《合作教育》，中央合作指导人员训练所讲义，1935，第 74 ~ 78 页。

决议设立合作学院，目的在造就合作事业高级指导人才，以备推行合作政策之急需。决议通过后很快就上报国民党中央并得到核准，由中央聘请丁惟汾、陈果夫、刘振东、寿勉成、王世颖、陈仲明、章鼎峙等为委员，组成筹备委员会，专司筹备事宜。该委员会经三次会议后，厘定有关章则，编制课程并勘定原中国合作学社旁边空地为院址，动工修建了一座学院大楼，至当年 12 月底，一切筹备工作就绪，该委员会宣告结束。1936 年 1 月，国民党中央党校校长聘请该校前社会经济系主任寿勉成教授担任该院主任一职，合作学院于是正式成立。

作为南京国民政府最高级别的合作教育机构，合作学院与该校当时的地政学院、计政学院并立，仅设主任 1 人总揽全院事务，另设有教授、讲师、研究员、助教、干事、录事、队长等若干职位，全院教职员工共 29 人。当时的教授有王世颖、彭师勤、刘振东、陈仲明、张宗成、薛伯康、褚一飞、蒋辑、吴世瑞、许继廉等。该院自成立后，在合作人才培养及合作理论研究方面做了大量工作，取得了一定成绩。

1. 人才培养

1936 年 1 月，该院即开始办理第一届招生事宜。首批招考新生分为省市政府考送和直接报考两种，限额 50 名；要求考生须具有专科学校或大学毕业资格。由各省市政府考送 31 人，经复试录取 23 人；直接报考的 68 人，录取 19 人。首批新生人数为 42 人，于 2 月 1 日正式开学；其间，先后淘汰 6 人，因而，合作学院第一届学生实际只有 36 人，学生籍贯分别为江苏、湖南、福建、云南、浙江、安徽、四川及广东、湖北、河北、河南、山东、山西、陕西、甘肃、江西等省。学生年龄最大的 35 岁，最小的 22 岁。第一届学员的修业年限定为 3 个学期，自 1936 年 2 月 1 日至 1937 年 1 月；每学期 4 个月，每期结束，放假三天。学院实行准军事化管理，要求学员平时（星期天除外）概不外出；训练期间，膳食、制服、讲义均由校方供给，此外，依照学校规定，学员每人每月还发给津贴若干元（民国银圆——引者注)①。由此可见，首届学员待遇还是相当不错的。

合作学院要求学生按时上课听讲，主要学习课程有合作伦理、合作概论、合作法、农业合作、保险合作、银行合作、交易合作、工业合作、中国合作问题研究、合作行政等共计27门理论学习和每期必修的军事训练（见表4-2②），除此之外，还要参观实习、课外研究及撰写毕业论文。与军事训练一样，每学期规定的合作实习训练为必修课，由所任教授随时指定，学生遵照执行；课外实习则分配学生赴各省合作事业机关及重要合作社参观或实习。第一、二学期结束时，学生大都分批到南京、上海、江苏、浙江各地实习。第三学期期满后，院方又规定"须到各机关团体参观实习"，以资历练。因此，根据这项要求，第一届学生于1937年2月开始，分别派往实业部合作

表4-2 合作学院第一届各学期课程（1936年2月至1937年1月）

第一期			第二期			第三期		
课程	教授	每周课时	课程	教授	每周课时	课程	教授	每周课时
合作伦理	王世颖	2	农业合作	王世颖	3	中国合作问题研究	寿勉成	2
合作概论	王世颖	3	保险合作	王世颖	2	农业金融	王世颖	3
党义	刘振东	2	农业经济	彭师勤	3	仓库管理	王世颖	2
合作法	陈仲明	2	银行合作	彭师勤	2	各国合作制度	彭师勤	2
高等经济学	赵兰平	3	交易合作	陈仲明	3	工业合作	彭师勤	3
工商经济	俞铨	3	地方自治	薛伯康	2	合作行政	陈仲明	1
会计学	金企渊	3	统计学	楮一飞	3	银行簿记	吴世瑞	2
法律学	阮毅成	3	运销学	蒋辑	2	银行实务	许继廉	2
农业概论	张宗成	3	审计学	金企渊	3	经济地理	蒋辑	3
军事训练	每期必修							

① 寿勉成、郑厚博：《中国合作运动史》，正中书局，1937，第272～273页。行文中的以下所引，非特加说明者，均出自该著。

② 寿勉成、郑厚博：《中国合作运动史》，正中书局，1937，第273～275页；由笔者整理、制表。

司、合作实验区及各省农民银行、建设厅等机关参观、实习，以便于实际的合作工作得到正确的认识和充分的经历，作为将来服务时的准备和借鉴。

课外研究问题系由学生 3 ~ 4 人一组，各组研究一个有关合作的实际问题，特别是当时中国合作运动中的实务问题。各组确定问题后，即搜集材料、拟定纲目、分析研究，并在规定时间集合全体师生一起，将研究所得提交公开讨论。这项问题涉及内容广泛，主要有合作事业与国民经济建设实施、合作事业与中国土地、合作社的专营与兼营、合作与商资、合作会计、合作如何救济佃农、农民银行放款、合作社产品联合运销、消费合作社如何推广、合作社联合社以及农业价格等其他与合作有关的问题。而这些课外研究的问题，大多作为学生毕业论文的选题。因为，自第二学期开始，学生即在主任寿勉成与其他授课教师指导下，开始准备撰写毕业论文了，并要求必须在毕业前提交；或因时间关系，当时并不要求论文答辩。

2. 理论研究

作为当时国内最具专业特色的合作学府，合作学院师资力量较为雄厚，不仅为实施合作训练、造就高级合作指导人才奠定了较好的基础，而且对合作理论研究工作同样极为重视。早在合作学院成立之初，即设立研究室和研究员、助理研究员及助理员职位，由王世颖全面主持研究工作；此外，还特约若干合作专家担任各种实际研究任务，在编辑合作丛书、合作论文索引、合作年鉴及合作专题研究方面，做出富有成效的努力。

20 世纪 30 年代初，我国单行的合作书刊，出版发行量可谓"日有增长"，但综合论述的合作理论与实际的全套合作书籍"尚付阙如"，是以自合作学院成立来，即拟定编辑合作丛书 14 册（见表 4 - 3），作为第一步研究计划，由院方聘请院内教职员及合作专家"分任编辑"，由南京正中书局出版发行，并规定"1936 年底起陆续付

印，1937 年 4 月前全部出齐"。就笔者所知，这批丛书大多数如期面
世，当时各高校图书馆均有收藏，至今可见者依然不少。

表 4 - 3　合作学院编辑合作丛书目录一览

书名	作者	备注
连锁论	〔法〕查理·季特著,彭师勤(合作学院教授)译	单价 7 角
合作原理	王世颖(合作学院教授)	
世界合作运动史	寿勉成(合作学院教授)、罗虔英(留校讲师)	
中国合作运动史	寿勉成、郑厚博(留校讲师)	单价 1 元
保险合作经营论	王世颖	
农业合作经营论	王世颖	
工业合作经营论	彭师勤	
银行合作经营论	王志莘(上海新华银行总理)	
交易合作经营论	陈仲明(时任全国合作人员训练所主任)	
合作法通论	陈仲明	
农业仓库经营论	侯哲苍(中国农民银行调查处主任)	单价 7 角
农业金融论	侯厚培(江苏农民银行经理)	
合作会计学	章鼎峙(国营招商局主任会计)、谢允庄(全国合作人员训练所教员)	
中国合作问题	寿勉成	

资料来源：寿勉成、郑厚博：《中国合作运动史》，正中书局，1937，第 277 ~ 281 页（其
中若干作者有所调整，笔者略加整理、制表）。

此外，当时各种报纸杂志刊行的合作论文数也"与日俱增"；合作
学院"为汇集合作论文、便利合作研究起见"，于是，创刊《合作论文
索引》，以作为办理和研究合作事业者的重要参考。该刊由王世颖教授
主编，各期学员均可参与。编辑方法是"将全国主要期刊及日报中有
关合作的论述、文章，分类编订三种索引，即分类索引、题目索引及
作者索引"。其中，分类索引（附有论文摘要）系依据中国合作学社薛
仙舟先生纪念图书馆合作图书分类法，将合作文献分为十大类，即
"合作总论 C000、合作法制 C010、合作组织与体系 C020、农业合作
C030、工业合作 C040、信用合作 C050、合作指导与行政监督 C060、合
作教育 C070、国际合作 C080、合作文学 C090"；各大类中的小类，自

数种甚至数十种不等。这种分类"至为详细",各类论文"均饱览无遗";分类时如有两种性质的论文时,则按其分录二类,但只在主要一类中附录摘要。题目索引与作者索引则"按题目及作者第一字,依据陈立夫五笔检字法,分类排列",如第一字相同则按第二字排列,以此类推,检查时"极为便利"。最为值得一提的是,该《合作论文索引》的刊行,将"自中国有合作论文开始至 1935 年年底止"所有论文编成一巨册;而自 1936 年 1 月起,则每 3 个月编印一次,定名为《合作论文索引季刊》,每年 4 期,持续编印至 1938 年 3 月底。

编辑合作年鉴在当时中国实为一大创举。然"兹事体大,殊非一机构能力所能胜任"。于是,合作学院与中国合作学社联络并参加 1936 年 4 月 17 日由其召集、组织的"中国合作年鉴编辑委员会"。该会由中国合作学社邀请中央统计处、实业部合作司、中央农业实验所及合作学院等有关机关共同组织,第一次会议通过编辑合作年鉴办法及年鉴内容,并决定由中国合作学社担任主编,由合作学院负责实际编辑任务。然而,中国合作学社推派编辑年鉴的负责人为寿勉成,他不仅是该社执行委员,也是合作学院的时任主任,所以,合作年鉴的编辑工作,合作学院方面"负责最多"[①]。

至于合作学院教授、研究员等就理论与实际方面所开展的合作专题研究,可以说贯穿合作学院的始终。因为这种专题研究系"自由择定题目,自动研究";一有研究成果,概由院方"刊行问世"。同时,由于合作学院与中国合作学社、仙舟合作图书馆几乎并在一处,因此,相关研究工作不仅有图书供给之便利,更有合作学社及自身源源不断的人力资源为保障。这种条件下的任何合作研究,可以说"不出成果也难"。

---

① 参见寿勉成、郑厚博《中国合作运动史》,正中书局,1937,第 280 页。需要指明的是,筹备中的《中国合作年鉴》当年就进入编辑流程,由合作学院学生伍玉璋等负责汇集材料,预计于 1937 年初付印问世;然而,由于种种原因,这部年鉴并未如期在中国大陆问世。

（三）中央合作训练（养成）所

中国国民党中央组织委员会"因鉴于合作事业的重要、合作指导人才的缺乏"，1935 年拟创办中央合作指导人员训练所，该所以"养成合作指导人才，推进中国合作运动，借以发展国民经济，实现三民主义"为宗旨。首先确定训练的方式为面授与函授两种，前者规定入所的资格较深，并在中央工作人员中选取，以为各省市高级合作人才的储备；后者主旨，在普遍灌输各地党员对于合作的认识，以造就初级合作人才，实际指导与推进将来各地合作事业。本此一方针，订定训练所章程共 17 条，同时通电全国各省市党部选送党员中对于合作有兴趣的中等学校以上毕业生，分别派定，报名受训。该所依托位于南京中央路 560 号的中国合作学社为所址，由时任国民党中央组织委员会主任陈立夫兼任所长。至 1935 年 4 月底，前期筹备工作告成，于 5 月 1 日举行开班仪式，宣告正式成立。出席开班仪式的有"中央秘书长叶楚伧、民运会副主任委员王陆一、中央委员苗培成、王琪以及组织委员会、宣传委员会、土地委员会的秘书等政府官员，中国合作学社代表端木恺、首班教授寿勉成及学员等共计 100 多人"[1]。可见盛况一时，备受关注。

1. 组织概况

中央合作人员训练所设正、副所长各一人，分别由时任国民党中央组织委员会正主任委员陈立夫、副主任委员谷正刚兼任，综理所内一切事务；其下设教务、总务两部，各设主任一人，由所长聘任陈仲明为教务主任、沈苑明为总务主任；教务部下设教务员、编审员 3 人（即罗虔英、伍玉璋、胡昌龄），总务部下设事务员、书记员共 2 人；所有教职人员（包括教授、特约讲师、助教[2]）系由主任提请所长任

---

[1] 中国合作学社：《合作月刊》1935 年第七卷第 4、5 期合刊，第 59 页。

[2] 当时被聘为中央合作人员训练所的教授有王世颖、陈仲明、章鼎峙等 10 人；特约讲师有文群、王志莘、伍玉璋等 15 人，助教程君清 1 人。见寿勉成、郑厚博《中国合作运动史》，正中书局，1937，第 284 页。

用，总务部职员则由中央组织委员会工作人员充任。所有训练经费概由国民党中央党部拨充。这种组织结构和经费来源在经由国民党中央组织委员会通过、施行的《中央合作指导人员训练所章程》中有明确的规定。

从该所制定的有关规程（包括《章程》、《附设合作研究班简章》和《函授办法》[①]）可知，所有学员系免费入学，入学条件非常严格，必须是：①中国国民党党员，年龄为 25~40 岁；②从事民众运动及农村工作 3 年以上；③高中或旧制中学以上学校毕业；④身体健全，无不良嗜好；⑤性情温和，能吃苦耐劳并对合作运动感兴趣。该所的训练方式采用函授和面授两种；首班面授学员 42 人，其中由国民党中央党部抽调送入的职员 38 人，特许加入的学员 4 人；函授学员由各省市党部推定委员 1 人、各县市党部推定委员或党员 1~3 人报请受训。由于报名者踊跃，当时首次函授学员达 2491 人之多。

2. 研究班

训练所系借中国合作学社为所址，研究班学员即在此上课。面授学员自 5 月初至 7 月底，共 3 个月，除节假日以外，每天下午定 2 时至 6 时为研究时间，授课约 4 个小时。以 3 个月计算，除了一星期考试外，上课时间共 12 周，合 288 小时。研究班学员受训的主要课程有 12 门，即合作概论、消费合作经营论、信用合作经营论、生产合作经营论、合作法规、合作簿记及会计、合作统计、合作指导、农业经济、地方自治概要、合作研究法和特别演讲。此外，训练所对于精神训练和体格训练"特别注重"。所谓"精神训练"，即邀请党政领袖做精神讲话；而"体格训练"即每日劳作或运动一个小时。研究班学员在规定时间（7 月底）训练期满，为考查各学员在授课期内研究的程度起见，特举行毕业试验一次；因该班与普通学校的性质不

---

① 参见胡昌龄《合作教育》附录二"本所主要规章"，中央合作指导人员训练所讲义，1935 年 9 月编印。

同，因而采用高级教育的方式，由教务处提出主要课程，各出论文题目数则，由学员就每一门课程写一篇论文，以此作为"毕业的标准"。毕业考试及格者"由国民党中央党部颁发证书"，多分配全国各省市"负责指导并调查合作运动"。

3. 函授班

就当时的中国而论，合作教育较少采用函授方式，而大规模的函授训练，该班"实属首创"。《函授办法》规定，该班学习时间为6个月，"必要时可延长，但所有学员不得无故中途辍学"。同时根据函授学员学历的高低，分为高级和初级两个班，不具备初级中学毕业者均编为初级班。所学课程与面授学员大体一致，另增加了"合作教育"和"合作金融"两门新课程，共计14门课程。该所采用导师制度，除由所方按照研究合作的程序，组织编印有关课程讲义，分发各地学员处，并指定或介绍有关合作读物"由学员自行购买参考"，自行详细研究。学员对于学习过程中的疑问，得随时详举问题，填写规定式样之质疑纸"一式两份，开明本人姓名、住址及注册号"，通函询问由教务处负责答复。针对函授学员应修的课程学习检查，该所每月或间月举行一次试验，要求学员在接到试题后一周内将试卷寄交该所"以备考核"。

因编列名册工作量太大，"极为烦琐"，故函授班"自5月20日起，开始实行寄发讲义"；其间，因"中央党部改组，停止办公"，导致"班务停顿甚久"，至1936年底"方告结束"。该期函授学员人数众多，几乎遍及全国各省市，主要负责组织原所在省市或县市党部的合作运动委员会。

第三节　南京国民政府时期的农村合作金融

南京国民政府时期，农村合作金融制度的发展约可分为信用合作制度时期、农业贷款制度时期及前、后两个合作金库制度时期四个阶段;由于前期的合作金库与后期合作金库的基本精神及法律依据均不相同,实代表两种合作金融形态,名称虽同,但实质上有极大的差异,故应分述。

一 农村合作金融的历史演进

(一) 农村信用合作制度时期

该时期合作金融的特征是:政府绝无合作金融政策,也无完整的制度可言,合作金融的形态仅为人民自发自动所组织之信用合作社。揆诸史实,现代合作(运动)思潮虽自清末民初西欧输入我国,而第一个成功的平民合作组织却系我国合作先导者——薛仙舟先生于1919年10月22日所创办的上海国民合作储蓄银行,开其先河。因薛氏曾游学德美,德国为合作银行发祥地,勒夫艾森式和许尔志式两大合作银行制度,均肇始彼邦。薛氏对这种制度有过精湛的研究,并将其与我国的社会经济现状加以综合检讨印证,深信其足以改造社会经济,建立平民经济及金融基础。其后又到美国搜集合作制度资料甚多,归国后即创办上海国民合作储蓄银行,起初规模甚小,但因制度完备,营运妥善,业务依然蒸蒸日上。

该行成立后,各地农村信用合作社闻风而起,其组织形式及方式,则悉取法德国勒夫艾森式,其重要特征有:①合作社的目标,在发展农村经济,调剂生产资金,而农民及劳动者的经济自救自助组合,社员多属生产农民,社址多在乡村;②采取无限责任制组织形式,社员相互负连带责任,业务区域狭小,每社人数不多且互相熟悉;③合作社社员大多数以借入低利资金为目的,数额微小,多用于生产,业务颇为单纯,有时兼营共同购买或农业仓库;④社员必须缴纳股金,但为数甚少,内部采民主作风,全体社员均有选举权及被选举权,实行一人一票制;⑤合作社全体职员悉为义务职,所有盈余按交易额分配。

在我国初期的合作运动的发展过程中,以融通资金为目的的组织，主要有中国华洋义赈会在华北所推行的信用合作社，该会目的原为赈灾及防灾，以防灾赈灾首在农村建设，而农村建设又必须有完善的组织与制度，经详细研究与调查后，乃决定以信用合作社为农村建设的工具，该会首由农利股办理农村信用合作辅导推行事宜，旋复设立合作委办会专司其职，凡经该会承认者，即予以贷款，从事农业生产。在这一阶段所表现的合作金融形式，为"合作金融"的初级形态，纯粹由人民自动组织，自动结合，或由社会团体（如华洋义赈会、平教会、山东乡村建设研究院等）加以倡导推行，国家根本无合作金融政策可言。

农村合作社是团体信用向外借款新型组织，其借贷规模可以让银行开展业务，其对资金的自行管理可以使银行不必增加交易费用。虽然农业投资只有薄利，但整个农村却是广大市场。除了战事的特殊情形外，河北农村合作社从未发生还贷拖欠现象，银行无须担心资金的流失与安全。

商业银行有鉴于中国华洋义赈救灾总会办理农村合作事业颇有绩效，显示农民组织团体的信用程度颇为可靠，乃决意透过合作社组织，在农村兴办农业放款业务。这里，信用合作社的团体信用保障成为银行农村放款的最初源头；向农村释放膨胀的剩余资金是银行放款的无奈选择；实现银行投资效益是其农村放款的真正追求。"在商言商"，理所当然，唯在确定有保障的前提下追求利润最大化，才是金融资本的真正目的；至于"救济农村、复兴农村"，或只是极少数银行人士的逐利动机与其爱国心的巧妙结合罢了。

因合作事业缺乏独立完善的指导制度，且为时势所需，其资金需求又"至为急迫"，故各地方各级合作行政机关除不得不肩负合作指导和合作训练等任务外，往往还兼负合作金融上的责任。

（二）农业贷款制度时期

这时期的特征：一方面，政府倡导奖励信用合作社，特别是农村信用合作社，作为合作金融的基层机构；另一方面，政府又设立农业金融机关，以农业贷款的形式办理合作金融。政府设立金融机关办理农村合作贷款，以1928年7月成立的江苏省农民银行为最早，依该行章程规定，系以贷款给农民所组织的合作社为原则，对于江苏省农村合作的推进，不无贡献。该行会同合作行政指导人员，协助合作社业务的经营，如办理农产品合作运销，生活及生产用品合作购买等，此外，并成立农产运销处，指导合作社办理农产运销及抵押，对合作社业务的促进，裨益甚大。浙江省在1928年也成立了农民银行筹备处，其后运行效果欠佳。

上海商业储蓄银行是最早投资农村的商业银行。1931年3月就与华洋义赈会商定以2万元作为河北合作社的搭成放款。1932年总行设立了农业合作贷款部，河北合作社放款额增至5万元，1935年又增至10万元。又据1934年7月至1935年6月的统计，该行在山东放贷323个合作社，放款22万元[1]。中国银行继上海商业储蓄银行之后，于1933年以5万元参加华洋义赈会合作放款，其中2万元贷予山东平陵、新城、宝镇三乡的互助社。1934年，又与山东省建设厅订立合同，以100万元贷放12个县的棉农[2]。据统计，河北大名县合作社接受中国银行合作放款后，1934年由40个社增至300个社[3]。金城银行也于1933年以5万元参加华洋义赈会合作放款，1934年与平教会定县实验区、南开大学经济研究所组成华北农产研究改进社。到1935年，由该社指导的合作社已有655个，主要集中在河北无极、景县、赵县、南宫等县，金城银行放款达26万元[4]。受国民政府新颁《银行法》鼓励农村贷款之影响，上海商业储蓄银行等5家银行还于1934年6月联合进行豫晋陕三省棉花产销合作社放款，总额约90万元。1935年2月，这5家银行与其他银行组成"中华农业合作

① 《上海商业储蓄银行农业贷款报告》，1935年编印，第2页。
② 符致逵：《商业银行对于农村放款问题》，《东方杂志》1935年第32卷第22号。
③ 李紫翔：《中国合作运动之批判》，《中国乡村建设批判》，新知书店，1937。
④ 《河北省棉产改进会二十五年度工作总报告》，1937年印行，"附录"第28~30页。

贷款银团"，按农业经济区域划分贷款区，设办事处。第一期贷款预定为 500 万元，由银团贷给办事处，办事处再转贷合作社①。如中国农民银行在华北的合作放款业务，集中在河南省，开封、郑州、许昌、安阳等都设有分支行处，一切农贷业务也是通过合作社进行②。此外，河北银行、山东省民生银行也分别对本省的合作社开展过贷款业务。

这一阶段是以农业贷款方式表现合作金融制度的时期，合作金融无独立的性格，而系附属于农业金融，合作金融局限于农业贷款而不可分离。一方面，政府倡导奖励信用合作社，特别是农村信用合作社，作为合作金融的基层机构；另一方面，政府又设立农业金融机关，以农业贷款的形式办理合作金融。实际上，农业贷款绝不能涵盖合作金融，合作金融也绝不能自囿于农业贷款的范畴之内。但合作金融的发展，其本身固无健全的组织体系，也无强固的资力基础，"随人好恶，仰人鼻息"，当时的国民政府对于建立合作金融制度的完整体系，认识未足，推行不力，仅以农业贷款为务，无统一的方针和切实的步骤③。由于农村合作社的主要业务是合作放款，因此，农村合作社在一定程度上承担了调剂农业金融的责任。就合作放款专限于农村区域来说，合作金融与农业金融实为一致。

（三）《合作金库规程》时期

在国民政府、合作指导机关、金融机构和社会团体等共同努力下，我国合作事业获得快速发展④。然而，有论者指出：合作社虽然组织了，资金全赖银行接济，而银行在内地分支行和办事处都很少。因此合作社资金专赖外界的援助"诚非长久之计"⑤。当合作贷款主

---

① 万钟庆：《银行投资农村与农业金融系统的我见》，《民间》1935 年第 2 卷第 5 期。

② 万钟庆：《银行投资农村与农业金融系统的我见》，《民间》1935 年第 2 卷第 5 期。

③ 梁思达等编著《中国合作事业考察报告》，南开大学经济研究所，1936，第 125 页。

④ 实业部中央农业试验所农业经济科：《全国合作事业调查》，《农情报告》1936 年第 4 卷第 2 期，第 36 页。

⑤ 章景瑞：《我国合作金库发展的三个阶段》，《合作月刊》（战时版）1941 年第 24～25 期合刊，第 17 页。

要来自银行借款时"对合作社影响更大",因为"银行营利性的目标追求与合作组织非营利性的本质是矛盾的",银行能否为合作组织长期提供资金"存在很大的疑问"①。

在这种情况下,社会各界普遍呼吁,树立一个完整的合作金融系统才是农村合作事业的"长久之计"②。合作金库实为其合作事业枢纽。苟当局或主办合作人员,忽略此种重大意义与设施,则合作事业之发展"势必会专恃普通金融界随意投资,或赖政府临时拨款周转",这对于合作事业来说,随时随地"均感极大困难,甚或有崩溃之危机"③。而最早的合作金库制度设计却源于"剿匪"区的恢复生产性质的农贷。

1935年1月,江西、安徽、湖北、河南四省农村合作委员会在江西联合举办第一次讨论会,决定建议委员长南昌行营批准四省辅导设立合作金库;同年10月,军事委员会武昌行营颁布了中国第一个合作金库组织法规《"剿匪"区内各省合作金库组织通则》,规定"省合作金库之出资者限于政府及合作社暨合作社联合社"④。为更好地发展我国农村合作金融,1935年3月,全国合作事业讨论会中对于统制及监督商业银行农村合作贷款之提案凡11件,关于建立合作金融问题讨论甚为周详,并通过"请政府起草农业银行条例及合作银行条例"的决议;王志莘提出"合作金融系统案",为大会修正通过,主张合作金融系统的建立方法"分为两起,中央及省则由上而下,县以下则由下而上,用求两全之道"⑤,从而形成中央、省、县、村四级合作金融系统。

---

① 梁思达等编著《中国合作事业考察报告》,南开大学经济研究所,1936,第125页。
② 于永滋:《合作金融制度之研究》,《农村合作月刊》第2卷第2期,第14页。
③ 赖建诚:《近代中国的合作经济运动——社会经济史分析》,正中书局,1990,第111页。
④ 章景瑞:《我国合作金库发展的三个阶段》,《合作月刊》(战时版)1941年第24~25期合刊,第17页。
⑤ 郑兼山:《中国合作金融上之缺陷及其改进》,《农村经济》1936年第3卷第5期,第65页。

1936 年 12 月 8 日，国民政府实业部颁布了首个全国性的《合作金库规程》，明文规定合作金库以调剂合作事业资金为宗旨，分中央级、省市级及县市级三级。1938 年 2 月，国民政府公布了修改后的《合作金库规程》，再次规定合作金库分中央合作金库、省及直隶行政院市合作金库、县市合作金库，县市以下区域设立合作金库代理处。关于县市以下区域设立合作金库代理处，所谓"合作金库代理处"，可由当地信用合作社或信用合作社联合社行使之[①]。

1936 年 12 月 18 日前实业部颁发的《合作金库规程》规范，省级合作金库以四川、江西两省为最早，因依照规程的规定，在合作金库试办期间，各级政府、农本局、农民银行、地方银行及办理农贷各银行及其他不以营利为目的的法团，均得酌认股额以提倡之，于是各地合作金库遂在多元辅助之下，逐渐推广。至抗战爆发，随扩大农贷政策及合作组织的发展，在农本局及中国农民银行积极辅助下，有如雨后春笋，纷纷成立，最盛时期，县合作金库达 380 余个单位，分布在川、黔等 13 个省，省市合作金库计有川、赣等 7 个单位。

由于农村合作金融对合作事业的发展关系"至重且大"，因而当时有鉴于合作运动的混乱状态，时人寿勉成等曾指出，"亟须调整"，而调整之道"应以合作金库为主体；农本局、中国农民银行及若干省区，均以普设合作金库为目标。所需改进的，有经营的步调不齐，以及相互间的利害冲突。协调此中关系，应提前设立中央合作金库，使其成为唯一的中期、短期放款之合作金融机构，将各方面所设合作金融之资金，完全由中央合作金库统筹运用"[②]。

（四）《合作金库条例》时期

抗战胜利以后，国民党与国民政府依然一厢情愿地推动合作运动。1946 年 11 月，中央合作金库成立；次年，国民党中央设立中央

---

① 经济部农本局合作指导室：《合作规章汇编》，1938，第 31 页。
② 寿勉成：《我国合作金库之沿革和将来》，见朱斯煌编《民国经济史》，《银行周报》纪念刊，1947，第 286~289 页。

合作指导委员会。

　　经历了抗战前期的恶劣环境变化，至 1943 年 9 月 18 日，国民政府再次公布了《合作金库条例》。此条例意在衔接《合作金融系统案》而规避《合作金库规程》的若干明显不足，明文规定"我国之合作金融制度为一种复合制，县以上之合作金库为中央合作金库及其在各省之分支库，采由上而下之方式，县以下合作金库则由全县之合作社及联合社共同筹设，为各社所共有共营共享，采由下而上之方式"①。

　　《合作金库条例》的制定与颁行系由 1941 年中国国民党五届九中全会通过的"切实改善合作金融，发展合作事业，以奠定抗战建国之社会经济基础案"演进而来，该案的基本精神为：迅速由国家成立中央合作金库，建立完整的合作金融体制。就此而言，《合作金库条例》的颁布实为划时期的改革，堪称"合作金库"的根本大法。1944 年 3 月，政府公布《合作金库施行细则》，从而完成合作金库立法。同年 6 月，由社会、财政两部会同订定《中央合作金库章程》，8 月 12 日会同公布《县市合作金库章程准则》，建制工作大体就绪。至 1943 年 12 月 12 日，主要合作金库理监事会也选举产生，并报请核定。因当时战事方殷，未克积极成立，至抗战胜利后，各项建设事业均应齐头并进，同时战后恢复生产，繁荣社会，都依赖合作事业与合作金融的配合进行，乃着手积极筹划，到 1946 年 11 月 1 日，遂正式成立，开始营业。

　　《合作金库条例》所规定的合作金库制度，中央一级已属国营的合作金融制度，且一反过去的三级制（中央、省市、县市），而采取二级制（中央及县市合作金库），省市则为中央合作金库的直接分支机构，为虚单位性质，县市合作金库则仍由合作社组织，直接受中央合作金库的指挥监督，一方面自上而下，另一方面由下而上，形成双轨制度，如此可加速建立完整健全的合作金融体系，以适应事业的发

---

　　①　寿勉成：《我国合作金融问题》，《金融知识》1944 年第 3 卷第 6 期，第 31 页。

展需要。实际上，近代中国合作金融体系由原来基层合作社—县合作金库—省合作金库—中央合作金库四级制，改变为基层合作社—县合作金库—中央合作金库三级制。由此可见，在我国农村合作金融制度设计与变迁的过程中，仅合作金库制度设计就经历至少三个环节的变动过程；但制度变迁的路径基本延续一致。

二 合作金库体系的初步创立

合作金库的创立是合作金融走向独立化的前提与基础。合作金库"亦称合作银行，系由合作社自集资金所组织之合作金融机关，自成系统，以调剂合作事业资金为其主要任务"①。合作金库以合作社为基层组织，其业务以办理合作贷款为主，以其他银行业务为辅。筹建合作金库体系，主要目的在于使合作金融独立化，改变信用合作资金主要来源于银行的局面。"此制之最终目的在于合作资金之归合作社'自有自营自享'。"②"合作金库的最高理想则在以农民为主力，结成自有自治自享的金融枢纽。"③

从组织架构来看，近代中国合作金融体系包括基层信用合作社、区县信用合作社联合社或县合作金库、省市合作金库、中央合作金库四级体系。如在江西，"本省合作金融体系，概分为省、县、区、村四级，最上级为省合作金库，次为县合作金库或县信用合作社联合社，再次为以乡镇为范围之区信用合作社联合社，而以村单位之信用合作社为其基础"④。近代中国合作金库首先从省合作金库的创立发端，而后县级合作金库普遍组设。截至 1941 年底，计有四川、江西、浙江、福建、广西、云南、甘肃、重庆与南京成立省（市）合作金

---

① 郑厚博：《中国合作金融之检讨》，《合作事业》1941 年第 3 卷第 1～4 期合刊，第 102 页。
② 郑厚博：《中国合作金融之检讨》，《合作事业》1941 年第 3 卷第 1～4 期合刊，第 102 页。
③ 罗俊：《合作金库经营论》，《农村合作》1937 年第 2 卷第 9 期，第 34 页。
④ 《江西合作事业报告书》，江西省农村合作委员会编印，1939，第 209 页。

库。1946 年 11 月，中央合作金库成立。至此，借助政府、新式农业金融机关等机构的共同努力，合作金融体系可以说是粗具规模，乡村金融形成传统农业金融、农业银行金融与合作金融并立的格局。

（一）省级合作金库的设立

自 20 世纪 30 年代中期开始，倡议设立合作金融体系的呼声不断高涨。最先成立的是四川省合作金库。1935 年 11 月四川省农村合作委员会成立，积极推行合作事业，并筹设省合作金库。1935 年 12 月 21 日，四川省合作金库宣告成立，但由于金库营业基金一时难以筹定，直至 1936 年 11 月 21 日方开始营业。四川省合作金库以为本省各级合作组织提供贷款资金为主要业务，是民国时期成立的第一个省级合作金库。

四川合作金库虽然最先成立，但最早拟议的省级合作金库则始自江西。1935 年 1 月，江西省农村合作委员会拟定《江西省合作金库暂行简章草案》，初步搭建起省级合作金库的制度框架；同月，豫鄂皖赣四省农村合作委员会第一次工作讨论会在南昌召开，随即江西省农村合作委员会将拟制提案交大会讨论通过，决议建议委员长南昌行营请准通令该四省政府筹设合作金库。1935 年 4 月，军事委员会委员长武昌行营（1935 年 3 月成立）认为各省布置合作金融系统"实为必要"，随即通令各省政府"即便筹设合作金库"；并参酌情形，按年由省财政收入总额内划拨 3% ~ 5%，充作各该省合作金库基金。同月，武昌行营颁布《"剿匪"区内各省合作金库组织通则》，作为设立合作金库的指导准则，该组织通则规定以各省政府与合作社及其联合会社为出资者，由于"剿匪"区内各省财政"罗掘俱穷"，而合作社及其联合会自有资金无几，抗日战争前勉强成立者仅有江西省合作金库。1937 年 2 月 2 日，江西省第 947 次省务会议通过《江西省合作金库章程》，资金定为国币 500 万元，半数由省政府拨给，半数由各县合作社及各区联社认股，均定 5 年内认缴足额；政府方面出资，则由省"合委会"将省府所拨"匪灾"贷款 90 万元，及旱灾贷款 10

万元，共计 100 万元，拨充提倡股本，"余俟日后随时加入"。1937
年 4 月 1 日，江西合作金库在省农会举行创立会，推定程时炘、彭汝
厘为正副经理，即"开始营业，办理各合作放款、农贷、农产抵押
运销、各联合社重贴现等项业务"①。

浙江省合作金库的筹设始于 1938 年。1938 年，浙江省政府先后公
布《浙江省筹设省县合作金库办法纲要》及《浙江省省县合作金库进
行办法》，期以政府力量来扶植合作金库的加速成立，更以金融力量来
协助合作事业之发展。1938 年 3 月成立省合作金库筹备处，4 月 10 日
即以筹备处名义开业，1940 年 1 月 1 日正式成立，以应调整战时物产
与农村经济之需要，该省"合作金融之基础由此奠定"。到 1940 年底，
全省成立县合作金库 27 所，县合作金库筹备处 18 所，共计 45 所②。

（二）县级合作金库的"辅设"

应该说，浙江省县级合作金库的设立最初源自农本局颁发的
《合作金库规程》。1936 年 9 月，南京国民政府实业部农本局成立，
12 月 18 日，实业部公布《合作金库规程》，规定"合作金库以调剂
合作事业资金为宗旨，分中央省及直隶行政院之市及县市合作金库三
级"；自此规程公布后，农本局即"以提倡辅设县市合作金库为主要
工作"③。自 1937 年起，农本局即按预定计划，积极筹设县合作金
库，先后派员至山东寿光、济宁，河北定县，安徽宣城，江西进贤，
湖南岳阳、攸县、新化，山西解县以及南京等地分头筹设，一时设立
合作金库的风气遍及全国，截至 1937 年底，农本局辅导设立县级合
作金库达到 17 所。除农本局外，中国农民银行、中国银行、交通银
行、中央信托局、中国工业合作协会以及各省市政府亦相继倡设合作
金库。由此，合作金库的发展步入一个新阶段，合作金库推进主体日

---

① 《江西合作事业报告书》，江西省农村合作委员会编印，1939，第 209～210 页。
② 梁朝琳：《浙江省合作金融述评》，《浙江经济》1948 年第 4 卷第 3 期，第 30 页。
③ 郑厚博：《中国合作金融之检讨》，《合作事业》1941 年第 3 卷第 1～4 期合刊，第 99
页。

趋多元化，形成省县合作金库设立的高潮期。

抗战爆发以后，因为战事关系，合作金库辅设区域集中于西南、西北各省。1938年2月23日，经济部（即原实业部）对《合作金库规程》加以修正公布，将合作金库的认股机关扩大到农民银行、地方银行及办理农贷各银行。各银行的参与使合作金库的资金来源大增，因此，可以说这个时期是我国合作金库的黄金时代[1]。到1938年底，农本局辅导设立县级合作金库共计76所，1939年扩展到175所[2]。自1939年起，中国农民银行亦参与辅设合作金库，截至1940年底，全国合作金库设立379所（见表4－4），1941年达到475所。

表4－4　各省区市已成立合作金库数量统计（截至1940年底）

单位：所

省区市	省区市金库	县金库	合计	省区市	省区市金库	县金库	合计
四　川	1	112	113	甘　肃		20	20
贵　州		58	58	西　康		10	10
广　西	1	46	47	福　建	1	2	3
湖　南		28	28	云　南		9	9
湖　北		17	17	河　北		1	1
江　西	1	11	12	安　徽		2	2
浙　江	1	33	34	山　东		2	2
河　南		5	5	南　京	1		1
陕　西		17	17	合　计	6	373	379

资料来源：郑厚博《中国合作金融之检讨》，《合作事业》1941年第3卷第1～4期合刊，第104页。

（三）中央合作金库的筹设

自国民党中央军事委员会委员长南昌行营及国民政府实业部先后颁布《合作金库组织通则》及《合作金库规程》以来，设立合作金

---

[1]　章景瑞：《我国合作金库发展的三阶段》，《合作月刊》（战时版）1941年第24～25期合刊，第18页。
[2]　郑厚博：《中国合作金融之检讨》，《合作事业》1941年第3卷第1～4期合刊，第104页。

库的计有四川、江西、浙江、福建、广西、云南、甘肃、重庆、南京九省区市，各省设立的县市合作金库到 1941 年共计 475 所，其中以四川最多（121 所），此外还有渔业合作金库、工业合作金库等多种类型，分布于 12 省市，仅从数字而言已相当普及。但是前期各省市的这些合作金库系依照《合作金库规程》设立，"各自独立，又不能连成一体，资金无法调拨，且辅导机构紊乱"，除各省市银行参与辅导外，还有中国农民银行、农本局、中国银行、交通银行、中央信托局、中国工业合作协会以及各县市政府参与其中，因此，设立单位虽多，却不能在政府和民间建立良好信誉、吸收大量资金，以供给合作社的需求。不仅如此，这些合作金库由于自身及环境等无力抗拒的因素，稍遇波折就难以生存。而在抗战后期，物价大涨，货币贬值，导致存款剧减，各地合作金库因此纷纷停顿。早期这一合作金库的制度设计流露出十分明显的缺失。

有鉴于此，合作界力谋改进，倡议合作金库改为两级制，即中央与省（市）为一级，县为一级，并先成立中央合作金库；为提高其信誉吸收大量存款以供合作社运用，可使其处于国家银行相同的地位。其结构可分两部分，即：由上而下，在全国各重要地区，设立分支库处；再由下而上，辅设县市合作金库，以股东身份参加中央合作金库。由此，可确立完整的合作金融体系。1941 年 4 月，社会部召开全国合作会议，有关建立合作金库完整系统的提案多达 20 多项，由于合作界迫切"改制"的努力，这些议案获"全部一致通过"。1941 年 12 月，国民党五届九中全会通过陈果夫提出的"切实改善合作金融，发展合作事业，以奠定抗战建国之社会经济基础案"，并提交国民党中央党务委员会审查，结论是"合作金融制度确有从速建立之必要"，合作金融体系建设自此备受重视。于是，为促进合作事业的发展，国民政府责成社会部、财政部、四联总处统筹合作金融之专设机关，并于 1942 年 5 月开始着手筹备"中央合作金库（中央合作银行）"，先行成立筹备委员会，拟订组织章程草案，并呈报行政院核备；经行政院第 575 次院会决议通过，并呈报国防最高委员会。嗣由社会部、财政部、四联总处商定筹备委员会名单，经行政院核定，由社会部草拟《合作金库条例（草案）》，于 1943 年经立法院通过，由国民政府于同年 9 月 18 日公布施行。1944 年 3 月 2 日，又公布《合作金库施行细则》（简称《施行细则》），至此，合作金库完成立法程序，进入开业筹备阶段。《合作金库条例》规定合作金库"以调剂合作事业资金为宗旨"①，确立了中央合作金库及其各省（市）合作金库、县（市）合作金库两级体系。至于该机关的名称，最初并未确定，后由参加筹备的各机关共同商定为"中央合作金库"。

《合作金库条例》规定，作为法人，合作金库分中央合作金库与县合作金库两级；省（市）由中央合作金库设省市分库，并于必要地区设支库。也就是说，省市合作金库为中央合作金库的分支库，非独立法人。由此可知，这一新制度与旧制度的最大不同之处，即县合作金库为"法人"。该条例第一款规定了合作金库的宗旨为"调剂合作事业资金"，而合作金库的业务范围则"以专营或兼营之合作社、合作社团及合作业务机关为限"。其主要业务包括：收受各种存款及储蓄存款；放款及投资；票据承诺或贴现；办理汇兑及代理收缴各种款项；办理信托及仓库运销；代理保险业务。其中，合作金库与农业金融的业务划分由行政院核定。

合作金融以国家统一体制形态出现，则始于 1946 年 11 月 1 日正式成立的中央合作金库。依照《合作金库条例》及其《施行细则》的规定，中央合作金库的理监事会成员部分由政府指派，部分由认股单位选举产生，并于 1945 年 12 月 7 日举行第一次理事会，推定陈果夫、谷正纲等 7 人为常务理事，聘请寿勉成为总经理，由社会部呈准

---

① 《合作金库条例》，蔡鸿源主编《民国法规集成》第 43 辑，黄山书社，1999，第 29 页。

先拨合作金融专款 20 亿元（法币），于 1946 年 11 月 1 日在南京白下路正式开业。这样，经过多年努力，中央合作金库终于成立了①。

《合作金库条例》规定，中央合作金库的主管机关为社会部和财政部。有关社会部与财政部的职权划分，《施行细则》补充规定：一般金融法令的执行解释及合作金库业务的监督考核事项，由财政部核办后，送达社会部查照；各种合作法令的解释、合作金库组织的指导及合作金库与合作业务的配合推进事项，由社会部核办后，送达财政部查照；以金融为主，涉及合作业务事项，由财政部商请社会部同意后核办；以合作业务为主，涉及一般金融事项，由社会部商请财政部同意后核办；合作金库依法应呈准主管机关的事项，由两部会同核办；合作金库理监事或理事长，依法应由两部会同选派或指定者，由两部会同办理。为适应事业发展需要，中央合作金库于 1947 年春季设班训练了 50 余名业务人员，为期 4 个月，期满经考试合格者，分发各分支库工作。

全国各地合作组织均需资金供给。为此，中央合作金库成立后，即积极扩展组织，加速完成全国合作金库网。到 1948 年 8 月 19 日止，即总库成立不到两年的时间里，设立河南、山东、河北、湖南、上海等 15 个省市分库，并在青岛、蚌埠、成都等 22 地设立支库，还于大同、包头、太原等地设立分理处 56 个单位，分布于 40 个省市，在远及新疆、黑龙江等的全国主要地区均设立了中央合作金库的分支机构，从而成为分布最广的中央金融机构。其主要业务包括：①存款；②放款，这包括一般合作放款、农业合作放款、特种合作放款、普通贷款等项；③汇兑；④信托②。

《合作金库条件》与 1936 年实业部《合作金库规程》的最大不同，乃是将合作金库系统确立为中央与县（市）两级，取消省合作

---

① 因认股单位未能选举，中央合作金库的首次理监事会构成全由社会部、财政部共同遴选，陈果夫、谷正纲、俞鸿钧、文群、蒋经国等 22 人组成理事会，陈果夫为理事长；由张厉生、楼桐孙等 10 人组成监事会，以楼为常任监事。

② 参阅陈岩松《中华合作事业发展史》（上），台湾商务印书馆，1983，第 326～328 页。

金库的独立法人地位，从而战后合作金融系统演变为基层合作社—县（市）合作金库—中央合作金库及其各省（市）支库与分库三级体系。1946 年 11 月 1 日，中央合作金库在南京成立，以陈果夫为理事长，以寿勉成为总经理。中央合作金库成立以后，迅即扩展组织，加速完成全国合作金库网。当然，这是 1946 年的事情了，因与农村合作金融关系之故，本研究延续了相关考察。由此可见，国民政府规范合作金融之努力。

第四节　规范时期的农村合作社发展：以江浙为例

通过上述各种合作设施，江苏和浙江两省的合作行政主管机关均为建设厅，省农民银行作为全省的合作金融机关，协助建设厅辅导全省合作事业，合作教育与合作指导任由建设厅统筹，整个合作制度运行机制基本确立。此后，江苏省由建设厅全力"督促各县积极指导人民普设各种合作社，使全省人民各种经济行为、社会行为和政治行为，由合作社统筹指挥，构成一个村—镇—区—县—省的合作网"，并创设多个合作实验区，积极推进特产品产销合作社，提倡农村工业生产合作，同时力行合作社考绩事项等，为树立和巩固三民主义社会建设打下良好的根基。

一　江苏省农村合作社的新发展

（一）打造全省合作网

为建立全省合作网，江苏省一方面由建设厅在各县普设合作社指导员，并抽调原有农业技术人员和合作行政等人员重新加以合作训练，指示推行方针，另一方面由民政厅在保甲督察员及乡镇长训练班中加编合作课程，以充实合作指导人才，刷新合作指导阵容，使合作事业得以顺利普遍推广，以期达到全省各个村镇均有一个合作机构的目标，把全省民众纳入合作机构，共同从事一切经济、社会及政治活动，从而充分发挥合作的效用。

在这一过程中，建设厅一方面派遣合作指导员分赴尚未推行合作事业之各县加以指导提倡，另一方面指示各县要求曾接受合作训练的度量衡检查员兼任合作助理员，协助办理合作指导事宜；同时出版合作刊物，推广宣传，并创立合作实验区及合作中心区，办理示范合作社，以资观摩。此外，特别要求随时督促各县"举办扩大合作运动宣传周及合作讲习会"，以启发民众踊跃从事合作组织。

在力促完成全省合作网建设的动机下，江苏省 61 个县中已设立合作指导员的达 57 个县（1936 年 6 月底，下同），除了少数县正在筹办外，合作组织基本上"已布满全省各县"，各种合作社共达 3825 个社，社员人数达 133386 人，已缴纳社股金额共计 1006759.0 元①。

（二）创设合作实验区

如上所述，在当时经济条件与民众知识均相对落后的国情下，江苏省政府为推行合作事业，原本运用合作指导制度，由政府派遣曾经受过训练的合作指导人员分赴各地"负责启发民众自觉自动组织各种合作社"。然而，因各县面积辽阔，且农村经济濒临崩溃，民众对合作社要求又"极为殷切"，仅以少数指导员的有限力量，实难以应对如此复杂艰巨之新兴事业。由此，早期农村合作事业"自难免有顾此失彼之虞"，各县合作事业之所以"微弱窳败"，理无或爽！

为弥补原来合作指导制度之缺陷，江苏省开始实施合作辅导制度。合作辅导制度的实施机构为合作实验区，设立地点"或择定物产中心地带，或择定文化中心地带"；在这种机构中，集中一部分人力、物力辅导区域内各村镇居民普遍从事各种合作事业，以"表现事实，树立模范"。在横向上结成完整的合作网，在纵向上建立强有力之"宝塔式"合作系统，如逐步形成各区、县联合社，使合作事业成为有系统、有计划之展拓，促成国民经济建设之桥梁。于

---

① 《江苏省合作事业之经纬》，见秦孝仪主编《革命文献》第 86 辑，第 1~2 页。

是，江苏省各地普遍创设合作实验区，最初设立的有丹阳、淮阴及吴县之光福。

1. 丹阳实验区

丹阳县原有 300 余个合作社，为全省各县之最，其中，信用合作社占 90% 以上，各社又都以借款为目的，有所谓"只知合借而不知合作"之称，以至于社务被少数腐化分子把持操纵，业务则大多"废弛不堪"，不加以切实整理恐合作前途将"不堪设想"。为此，江苏省最初选择了丹阳作为合作实验区，以期在"最短时间内"采用辅导方式来调整、转变全县合作事业面貌。

该实验区成立最早，于 1934 年 11 月正式成立，首先聘请中国合作学社王世颖、寿勉成、陈仲明等合作专家，事先详细考察计划；再由建设厅指派农业管理委员会县指导技师李吉辰会同丹阳县长负责筹备，同时任命丹阳县长毕静兼任该实验区正主任之职，李吉辰为副主任[①]。该实验区（1934 年）的临时经费为 5228 元，常年经费约 19736 元；1935 年度临时经费仅 440 元。

实验区的初期工作以外聘合作专家指导实施合作教育、训练合作指导人才及合作实务人才为主。随后立即从事有关原有合作组织的整理及创立合作示范社工作，并将 8 个月期间实验所得"推广于句容、镇江、武进及金坛 4 县"，派遣该实验区合作指导员分赴上述各县设立"合作推广区"，实施合作教育并协助当地合作指导员辅导农民组设合作示范社。

至 1936 年 6 月，为完成丹阳全县合作化，更"集中全力实施农民合作普及教育"，举办两期（每期一个月）合作训练（速成）班，聘请合作专家王世颖、陈仲明、章元善、唐启宇等先后讲授合作理论及经营方法；此外，该实验区还辅导所在地合作社组织区联合社 7

---

① 《苏建厅指定丹阳为合作实验区》，《合作月刊》1935 年第 7 卷第 1～2 期合刊，第 18～19 页。

个，办理共同购买种子、肥料及耕牛等，同时各社员的农产品如蚕豆、谷米、小麦均由联合社集中运销，业务进行"颇为发达"，社员获益匪浅。

丹阳实验区自办理以来，曾先后辅导当地农民组成信用合作社127 个、供给合作社 4 个、生产合作社 19 个、运销合作社 3 个、利用合作社 5 个以及兼营合作社 23 个，至 1936 年 6 月，丹阳全县共有合作社 181 个，社员人数为 4321 人，已缴纳社股金额共计 10906.5 元，各社业务尚称发达，一切物品采销事宜另有 7 个区联社为之统筹办理，增益农民经济不在少数（见表 4 – 5）。

表 4 – 5　丹阳实验区 1934 年 11 月至 1936 年 6 月合作社发展情况一览

社　　别	社数（个）	社员人数（人）	社股金额（元）	社数占比（%）	减少社数（个）
信用合作社	127	2526	3921	70.2	
供给合作社	4	265	379	2.2	
生产合作社	19	525	2212.5	10.5	
运销合作社	3	78	1555	1.7	
利用合作社	5	192	1272	2.8	
兼营合作社	23	735	1567	12.7	
合　　计	181	4321	10906.5	100	119

资料来源：笔者据秦孝仪主编《革命文献》第 86 辑第 7 页有关数据编制而成。

由表 4 – 5 可知，经过整理、规范后的丹阳实验区合作社总数比原来减少了 119 个；同时，供给、生产、运销、利用以及兼营等多种合作均有初步发展，整个农村合作事业呈现相当均衡的发展态势。这表明，该实验区在短短不到两年的时间内，合作事业的整理、规范发展业已取得初步效果。

此外，丹阳素为农业区域，自耕农占全县人口的 90% 左右，实为推行农业合作社的最佳地区；该实验区"今后将辅导各合作社逐渐实施集团管理，进而至于共同经营，促进农业集体化、机械化，并引发农村副业工业化"，表现合作事业之伟大性能，以树立农村复兴之巩固基石①。1936 年丹阳实验区提出的这种全县"四化"（即农业集体化、农业机械化、农村副业工业化、农民合作化）的构想，可否真正能够全面解决当时的"三农"问题，达到复兴农村之目的呢？丹阳县的这段实验并没有给出更为详细可靠的历史依据，因为一年之后，随着日本全面侵华战争的爆发，丹阳实验区的仅有成果也几乎成为泡影。

2. 淮阴实验区

淮阴县地处江北，为物产集散中心。江苏省以往合作设施多侧重江南而忽视江北，为使大江南北各县普及合作起见，特在淮阴创立第二个合作实验区，以为江北各县之提倡。1935 年 7 月，由建设厅委派淮阴农民银行经理蒋国炎会同淮阴县长妥筹创办计划，同时任命淮阴县长兼任该实验区主任，蒋国炎兼任副主任（1936 年 5 月改由薛树熏担任），负责推行。1935 年该实验区临时经费为 1500 元，经常费为 12000 元。

该实验区成立以来，有鉴于当地农民教育程度较低，对于合作事业未能了解，于是利用农闲时间，创办两期合作社社员职员（速成）训练班，课授合作常识、农业常识、合作会计、各种合作社经营方法等。该区地处畜牧产区，民间养猪事业颇为繁盛，唯因猪种不良，生产迟缓，且被商人压抑售价几"无利可图"，还不时遭遇猪瘟，"损失浩大"。为此，该实验区改良猪仔产销事业，实施包括养猪调查、猪舍改良调查、猪瘟调查及猪仔运行调查等多项措施，并辅导养猪农户猪种猪仔生产运销合作社，共同购买盘克夏母猪与本地猪交配，以期改良从而有利于农民养猪。1936 年 6 月，该实验区开始小理辅导各社对猪仔的共同运销及消毒防疫；同时，更准备将所有猪仔直接运销上海，以免猪行层层盘剥。至于养猪饲料也拟实行大规模向外采购，以免粮行抬价压榨。

---

① 秦孝仪主编《革命文献》第 86 辑，第 7 页。

相对于丹阳来说，淮阴实验区成立的时间稍晚，其辅导成立的合作社数也略为逊色；但各社业务进展较为活跃，社务进行也较为顺利，共正式成立信用合作社 27 个，供给合作社、生产合作社各 2 个，利用合作社 3 个以及兼营合作社 39 个，全县共计合作社 73 个，社员人数达 3538 人，已缴纳社股金额为 10372.5 元。其他如分别提倡榨油手工业合作及织布手工业合作，并辅导各村镇单位合作社组成区联合社 2 个，县联合社 1 个，受各社委托办理一切物品采销事宜，业务均颇有可观（见表 4－6）。

表 4－6　淮阴实验区 1935 年 7 月至 1936 年 6 月合作社发展情况一览

社　别	社数（个）	社员人数（人）	社股金额（元）	备注
信用合作社	27	1160	3070	
供给合作社	2	106	374	
生产合作社	2	46	102	区联合社 2 个
利用合作社	3	172	476	县联合社 1 个
兼营合作社	39	2054	6350.5	
合　计	73	3538	10372.5	

资料来源：笔者据秦孝仪主编《革命文献》第 86 辑第 8 页有关数据编制而成。

3. 吴县光福实验区

吴县自古以来就属于桑蚕区域，该区域以优良品质之蚕丝享誉全国，一般蚕农历来个别经营，且蚕价备受蚕行控制，以至于无利可获，"大有放弃养蚕之势"，亟须实施蚕业生产合作"以资挽救"，特由建设厅委托中国合作学社在该地区创设一个合作实验区，推进蚕业合作事业"切实改良"。该实验区常年经费有建设厅拨款 2000 元，吴县县政府拨款 700 元。

1935 年 7 月，该实验区正式成立开始工作，自设计及实施的一切事宜，均由实验区合作事业委员会主持。其中，合作宣传以启发蚕农自觉自动相互合作的意识，举办合作教育以训练蚕农合作实际经营人才。同时，积极组织各种合作社：在横向上，已辅导当地蚕农组织成立生产合作社 28 处，全区合作网络结构基本完成；在纵向方面，经辅导各单位合作社共同联合组成全区蚕业生产合作社联合社，树立全区合作中心机构，进而集中力量、调整步伐，各养蚕合作社实行共同催青、共同育蚕、共同烘茧及共同运销，充实内部业务，增强对外信用。至 1936 年 6 月，该实验区进一步辅导各养蚕合作社及联合社兼营供给、运销及信用等业务，以适应一般蚕农的整个生产流程需要，完善产业链，并谋求合作社自力更生之意境。一年来，全区蚕业生产合作社联合社干丝运销总值计 103796 元，扣除一切成本共计净利润达 5354.53 元，储存苏州农民银行作为联合社的公积金及合作教育基金。此外，光福普通茧行多以营利为目的，其鲜茧议价至每担市称 31 元，合司马称 38.2 元，而合作社联合社议价合司马称每担为53.1 元，较普通茧行每担鲜茧多卖 14.9 元，以 1936 年 1744 担鲜丝计算，共多卖 25985.6 元，由此可见，合作事业有助于蚕农经济"良非浅显"①。

（三）推进特产品产销合作

江苏省特产品种类繁多，产量极为丰富。如无锡、金坛、吴县等县的蚕丝，南通、江阴、靖江等县的土布，萧山、铜山、如皋、东台、南通等县的棉花，泰兴、泰县、淮阴、如皋、靖江等县的猪仔，以及宿迁的金针菜与无锡的牙白等，每年产销总值为数不下 10 亿元，对于整个国民经济的影响"至为重大"。然而，一般农民身居田亩，见闻狭隘，不知市场情形及预测行情的涨落；尤其是历来缺乏组织，多为个别生产、单独贩卖，以至于在生产和销售方面处于市场劣势地位。况且自由生产，品质不齐，零星贩卖，毫无统制，常常无法掌握市场有效信息，从而导致"供求失调的严重危害"。寻求补救之道，可借鉴丹麦特产运销合作和日本丝茧运销合作成功先例。于是，该省提倡组织特产品产销合作社，"使生产管理有力方，增进工作效率"，

---

① 参见秦孝仪主编《革命文献》第 86 辑，第 3~8 页。

从而减少成本，同时"加工制造，共同运销"，特产品经加工后"以崭新姿态出现于市场"，进而取得"市场议价地位"，免除之前所受商贩垄断之痛苦，从而拓展市场、推广销路均可"由这种有组织有计划的运销合作社方式来完成"。在促进运销合作过程中，同时可促进转化个人观念为团体观念，增进农民市场知识与经验。

1. 筹办过程

该省建设厅在筹备推进特产品运销合作期间，首先从事全省各种特产品种类、产量等调查，之后厘定办法及章程，督促各种特产品区域各县"提倡产销合作社"，使产品运销有计划、有组织地进行；运销方式一律采用委托制，先由合作社与社员订约（单），在一定时期提供若干产品，分别等级，施行加工流程，分等包装，贴用统一商标牌号，用合买分摊法，直接运销于市场。同时，该厅商请江苏省农民银行农产运销处贷放款项及介绍销路；至各村镇单位运销合作社成立有 5 个社以上时，则指导其成立区县联合社。待各县运销合作社办理"稍有成效"时，再由建设厅指导其共同组织省联合社，"务期全省各种特产合作生产及合作运销等事业"在一强有力的中枢机构指导下，集中力量，整齐步伐，从而繁荣农村经济。

2. 实施情况及其成效

在建设厅的督导下，各蚕丝区域县份提倡蚕业产销合作，棉花区域县份提倡棉花产销合作，多种特产区域也一律提倡各种特产品运销社，截至 1936 年 2 月，全省 61 个县成立特产品生产运销合作社的有 50 个县，社数共 495 个，社员人数 23281 人，已缴纳社股金额共计 202580.8 元。1936 年 5 月，为扩大全省运销合作社的运销规模，促进各社社务健全发展，经由建设厅召集各县运销合作社代表，在镇江筹办设立江苏省运销合作社保证联合社，于 5 月 30 日正式成立，其营业资金由参加之各社员单位认购股金，省政府补助股金 3000 元；此外，其他各种信用供给等合作社兼营运销合作的有 1460 处之多，业务均有可观。

自提倡特产品运销合作之后，江苏省几乎所有合作社社员均将多余的特产品交由合作社集中运销市场，在产品销售前，社员须用款项将运销中的特产品向江苏省农民银行押借，一旦特产品出售，除归还农行借款外，"余款分配发还各运销社员"。社员委托合作社运销的特产品有棉花、金针菜、猪仔、黄豆、芝麻、稻谷、小麦、土布、干丝等十余种。据统计，1934～1937 年，该省运销总值共 300 余亿元，年均 100 亿元[1]。虽然年均百亿元的数额不大，相对于全省农民的平均数更小，但对于一般经济能力薄弱的小农来说不无裨益。而这，是否意味着江苏省运销合作联合社成立后，该省运销合作事业即将进入一个崭新阶段呢？

（四）提倡农村手工业生产合作

近代以来，我国农村手工业在外受洋货倾销，内受生产组织和生产技术落后的双重困境下，陷入极度衰落之中。农村手工业者因经营惨淡，难以维生而相率离村，导致农村劳动力流失，对于整个国民经济与社会秩序影响最为严重。为挽救农村手工业生产，有志之士呼吁"采用合作方式"，以复兴农村手工业而求社会生活之安定。因为，农村生产大量原料，用合作方式指导农村手工业者共同组设手工业生产合作社，"可使一切作业共同进行，一切原料共同供给，一切机械及其他设备共同使用，一切产品共同运销，以及一切利益共同分配"，既可健全生产组织，改良生产技术，还可实现"分配社会化"这一重要生产原则。在生产原料丰富的农村中创立工业生产合作社，引发并实施农村工业化，是实现国民经济建设运动中"振兴农业与发展工业"这两大政策的重要举措，可谓农工并重，一举两得。因而，江苏省建设厅决定提倡农村手工业生产合作社，以促进工业、发展生产。

自提倡农村工业生产合作以来，当即由建设厅开展有关全省的农

---

[1]　见秦孝仪主编《革命文献》第 86 辑，第 10 页。

村手工业调查，将应提倡的手工业生产合作社分为"以农产品为原料者和原料在农村可获得者"两大类别，其中，"以农产品为原料"的包括：①以果实野菜类为原料；②制油、制粉；③以废物畜产品为原料；④以其他副产品为原料。"原料在农村可获得"的包括：①毛织衣料、毛巾、毛毯之制造；②木工、竹工；③缲丝、织布、织绸。此外，建设厅为加强具体实施、督促各县遵照切实提倡，特规划如下推行方针。

（1）农村手工业生产合作社由农民组成，其经营原则以乡镇为单位，将"分配社会化"作为生产政策的主要成分，并留意不使利益独占。

（2）农村手工业生产合作社利用剩余劳动力、消化过剩人口，但以不影响农村主要劳动力为主。

（3）农村手工业生产合作社之原料须选自本乡或附近各乡的生产品，原料数量应与设备相称，不为过多也不可过少。

（4）农村手工业生产合作社的产品必须求得其附近一带市场有相当的销路，然后再向大城市寻求永久销路；同时，尤须注意能增加输出与防止输入。

（5）农村手工业生产合作社的设立，须适合当地特殊情形，而不为其他地方所容易办理。

（6）农村手工业生产合作社须研究运往市场的距离及运输设备，以减少生产品的搬运费。

（7）农村手工业生产合作社所需要的资金如不敷周转时，可向农民银行申请供给低利款项，以图此项工业金融的灵活与流通。

（8）农村手工业生产合作社必须注重设备的折旧与存货估价，提取公积金、公益金及股息等均依法办理。

秉承建设厅的上述指导方针，江苏省先后有吴江开炫弓村生丝精制合作社、吴县唯亭的毛毯制造合作社、阜宁的织篾合作社、兴化的榨油合作社、武进及南通的织布及毛巾合作社、盛泽及丹阳的织绸合作社等相继成立。这些合作社均由农民出资组成，所有业务进行均以会议的形式决定，选举各种职员尚能"恪尽职守"，每年营业"颇为发达"。各社大多采用新式机器加工制造，农产品以一种新工业品的形态出现在市场上，价格随之提高，销路也较为推广；同时，人力、物力因采用机器生产而节省，农村经济也有所发展；而各社所得纯利依各社员付出的劳动力、所供给的原料及所投入的资金比例"平均分配"。直至抗战爆发，这种新型的工业制度在江苏省仍在积极推行当中，务期达到"人尽其力，地尽其利，物尽其用"之目的。时人曾大胆预言，这种制度"将来推而广之，实足为垂危之民族工业另开一新生命线也"[1]。笔者认为，这种溢美之词和憧憬之望相为喷发，此诚可嘉。

（五）厉行合作社考绩

江苏省自 1928 年提倡合作事业以来，截至 1936 年 6 月，前后历经 8 年，据不完全统计，该省各种合作社共计 3825 个社[2]，位于全国合作事业先进行列。然而，因向来"仅有片面的分析而缺乏整个评价"，以至于"奖惩苦无标准，兴革失所依据"，亟待厉行合作社考绩工作，评定等级，分别奖惩，以期振刷全省合作事业之风貌，从而达到整个合作事业走上健全化与合理化的路径。

有鉴于此，省合作行政主管机关建设厅根据实业部合作司的具体部署，参照前华洋义赈会的社务考成办法，特厘定江苏省合作社考绩规则和考成分等表各一种，通令各县遵照办理报核。至于评定成绩，共分四等：80 分以上为甲等，70～80 分为乙等，60～70 分为丙等，50～60 分为丁等。甲、乙两等予以分别奖励，丙等及格，丁等以下予以惩戒。合作社考绩由各县合作指导员分别举行，再由建设厅派员抽查，其未派指导员的县份由县政府派员进行考绩工作。

---

[1]　见秦孝仪主编《革命文献》第 86 辑，第 13 页。
[2]　《江苏省各县合作社统计表》，见秦孝仪主编《革命文献》第 86 辑，第 2、13 页。

各县自奉令办理合作社考绩以来，一因考绩须确切据实查填，不得虚饰呈报或评分不公，一因办理登记须根据考绩表评定等级，以为审核各合作社有无重新登记资格的标准，以致推进未能迅速。截至 1936 年 10 月底，各县呈送合作社考绩表"尚未及一千个，仅占全省合作社数的四分之一"。该省在继续督促各县迅速办理的同时，派员分赴各县抽查，以见各县考成初评是否公允，并作为最后评分基准。至于各社奖惩，还有待于全部考绩工作完成后"方克施行"[①]。

江苏省以其江南富庶地区，又是政府推行合作的首善之地，在全国农村合作事业发展中也处于先进行列，自 1935 年全面规范实施以来，先后推行各种积极措施，如创立合作实验区、推进特产品产销合作、提倡农村工业生产合作、力行合作社考绩以及构建全市合作网等，取得了明显的成绩。然而，当时的合作经费并不如人意，根本谈不上充足，仅以 1935 年三个合作实验区的经常费用（即财政拨款支持）还不到 3 万元为例，即使就一般行政设施而言，务求以最小之经费来完成最大可能之建设，似乎也有"杯水车薪"之嫌，事实上难以达到合作事业之精进。

此外，河北省政府自从合作事业指导委员会设立之后，该省的"信用合作社之数量大增，至 1936 年 7 月，全省合作社数由最初的 946 个增至 4737 个，社员人数自 25727 人增至 122110 人"[②]，合作社总数和社员人数均增加 4 倍左右，跃居全国各省排名第一。而据中央农业实验所的调查，山东省农村合作社发展极为踊跃，到 1935～1936 年，合作社总数仅次于河北省，达 3637 个社，居全国第二位[③]。

---

① 江苏省建设厅编《江苏建设月刊》1936 年第 3 卷第 11 期，第 9 页。
② 梁思达：《河北省之信用合作》，硕士学位论文，南开大学经济研究所，1936，第 189 页。
③ 中央农业实验所编《农情报告》1936 年第 4 卷第 2 期，第 41 页。

二 浙江省农村合作社的规范发展

1935 年 8 月，国民政府实业部合作司的设立，统一了合作行政，成为中央合作行政机关，即《合作社法》全国最高行政执法机构。1935 年 9 月 1 日，《合作社法》及《合作社法施行细则》正式施行，11 月 16 日，司长章元善到署办公后，随即实施依法行政，开展了全国合作事业的全面整顿和规划。如 1935 年 11 月 23 日通令各省市"依限登记合作社法施行前之合作社"，12 月 7 日通令各省市"补行登记"，截止日期展限 3 个月，12 月 28 日，颁行各省市县局办理合作社登记分期办法；1936 年 3 月 27 日印发"各省县市办理合作社须知"、"组织合作社须知"及"划一合作社名称说明书"，合作社申请登记用表式及主管机关办理登记用表式（如登记簿、登记证、报告单等）均经一一规定；3 月 28 日通令各省市赶紧办理合作社登记，并附发"各省市合作社登记换用新式登记证、报告单"以期衔接；等等（详见附录四）。就各类合作社的规范发展做出明确的规定和要求。正是在合作司的统一规范要求下，浙江省农村合作社也逐步走入规范发展之路。

（一）举行全省合作社重新登记

自国民政府行政院明令公布《合作社法》及《合作社法施行细则》于 1935 年 9 月 1 日正式实施后，此前所有依照实业部颁《农村合作社暂行规程》而成立的合作社，均须依照《合作社法》重新登记。建设厅为划一登记手续，特拟定《浙江省合作社登记规则》一种，及各种登记表证，颁发各县"遵照办理"。同时，通令各县将所有组织不健全及考绩列入戊等的合作社"一律拒绝登记"，予以淘汰；若有欠款未清的，除拒绝登记外，还"停止其活动"，追偿欠款，并代其办理清算解散等手续。自开始举办规范整顿以来，各县"尚能认真努力办理"，被淘汰的合作社"为数颇多"。但因该省原有合作社 1700 余个，重新登记手续较为繁重，加之办理整顿解散清算等手续，故工作进行"殊费时日"，进展较为缓慢。截至1936年5月底，全省合作社经省建设厅正式核准登记的仅为680个，经解散及停止活动的达800余个，其余"尚未呈报"①。该省几乎有接近一半的原有农村合作社被解散清算或停止活动，该省整个农村合作事业的质量，由此可见一斑。几乎与江苏省规范前的情形一样，农村合作社整体上的发展态势依然是"有量无质"，值得反思。

（二）推进稻麦棉、桐油、蚕业等特产合作组织

如前所述，1935年省建设厅为改良农业生产、发展农村经济，特指定杭、嘉、宁等各属中18个县作为稻麦棉、桐油、蚕业等特产推广实验区，委任大批技术人员携带改良品种，分赴各区负责办理合作事业，指导区内农民分别组织生产、运销及兼营合作社，使"农业技术与农业经济打成一片，收连贯一致之效"。1936年建设厅决定扩大该项推广事业，指定杭州市等14个县市为稻麦棉推广区，拟在区内推进各种合作组织，特拟定《浙江省各县市稻麦棉推广区域内推行合作事业应注意事项》7条，分令各县市遵照办理，以此推进各区域内的合作事业。

桐油素为浙江省产大宗商品，品质优良。据各县初步统计，该省1936年产油可达15万担，多分布于第三合作实验区。只不过榨油方法陈旧，运销程序繁复，在国际市场需求日增、价格飞涨之际，该省力求"全盘筹划改进以因应国际需要"。为此，省建设厅一方面通令各县提倡组织桐油生产兼营合作社，另一方面派员向上海各金融机构接洽借款转贷，同时根据各县调查，拟定《浙江省改进桐油产销事业计划》，通令各县参照办理。先后成立桐油合作社40个，分布于金华、丽水、仙居、江山、常山、龙游、永康等10个县，并指定产油各县农民银行负责办理各区桐油储押运销事宜。

蚕丝事业几乎直接关系到浙江省国民经济发展状况，故该省曾于

---

① 秦孝仪主编《革命文献》第84辑，第91页。

1934 年采用统制管理政策（统购统销），以政治力量促进整个蚕丝业的改良。虽办理以来"颇见成效"，但深感这种统制政策的实施"当与蚕农具有合作组织者"来推行较为顺利，因此强调各县市积极提倡组织蚕农生产兼营合作社，以便于推广改良蚕种。1936 年 2 月，为促进蚕农合作社进一步经营烘茧及运销业务，特制定《浙江省合作社办理合作烘茧暂行办法》，通令各县市遵照办理。其中，办理成效相当显著的有萧山、诸暨、海宁及第一合作实验区等，当年盈余共计 2 万元[1]。

（三）成立省合作事业促进会

如前所述，该省曾于各旧府属区内先后指导成立区合作事业促进会共 10 个；但在省城来说"仍需要一个中心机构"以资连贯统辖，以臻健全。经各区促进会发起筹设省合作事业促进会，至 1935 年底筹备结束，于 1936 年元旦在省城杭州市开元路会所举行成立大会，出席人员有全省各县市合作指导员及农业金融机关重要职员等当然会员百余人，全省各党政机关均派员出席，会期 3 天，决议要案 20 余件，由该会分别呈厅次第施行。该会成立后不久，又创设浙江省励志信用合作社及合作宿舍、合作图书馆俱乐部于会所内，对于促进全省合作事业进展"当非浅显"。

（四）改革各县农业金融

1. 督促办理农业仓库

设立农业仓库、举办抵押放款，不仅农民可免除高利贷剥削，且对于调节农产品价格、平衡供求"也具有相当功效"。此前，浙江省各县农业金融机关设立仓库办理抵押放款，"因利息低微"、手续便利而深受农民欢迎。省建设厅为促进农业仓库普遍设立，通令各县市在重要乡镇积极设立仓库，派员与杭州市各大银行接洽放款接济，并与杭州中国农工银行商定农仓抵押放款规则一种，转发各县遵照办理。1936 年，各县办理农仓放款的共 27 个县，放款金额 30 余万元。

---

① 秦孝仪主编《革命文献》第 84 辑，第 92 页。

2. 实施划区放款

为吸收城市游资调剂农村，省建设厅曾商请商业银行界办理全省农村放款。结果发现，各县借款合作社均能遵守信约，如期还款。1936年开春"春耕在即，需款下本"，故由建设厅派员向各银行继续接洽，请其选定若干县"划为一区"，作为各行放款区域。建设厅召集该区内合作指导员与放款银行举行一次谈话会，以明了各县合作事业情形，并决定放款办法及手续。这一划区放款办法确定后，先后有中国银行选定嘉兴、海宁、诸暨、萧山等6个县，中国农民银行选定临安、安吉、德清3个县，其他如交通、上海等银行均在洽谈。就此而论，直到1936年，浙江省的"商资归农"情形实际上并不乐观。究其原因，或在于农村合作社组织还不够健全。

3. 确定各县人事制度

浙江省各县农业金融机构的人事安排，仅有副总经理直接由建设厅会同财政厅任命，其余职员均由总经理任命。因会计人员的职责重大，由经理直接任命"难收互相监督之效"。有鉴于此，建设厅特会同财政厅重新制定《浙江省县农业金融机构职员任用规则》，将主管会计人员规定由财政与建设两厅会委，重新确定各级职员的工资待遇；此外，在各县农业金融机构之上，由两厅会委一名总稽核"负一切稽核之责"[1]。

---

[1] 秦孝仪主编《革命文献》第84辑，第94页。

第五章　农村合作社发展的整体评估

近代中国农村合作事业最初虽为民间社团所开创，到南京国民政府建立后，各地方政府顺应时代需要，及时倡导，实与合作事业以有力推动。1931 年之沿江灾区及 1933 年之华北战区，由农赈而进入办合作，与 1934 年"剿匪"区以农村合作为战争"善后"之方策，又为我国扩大农村合作之一机缘。总之，国民政府农村合作政策的确立，应为 20 世纪 30 年代我国农村合作运动迅速发展之最主要原因。因此，进入 20 世纪 30 年代中后期，农村合作社已不再是河北省"一枝独秀"，江浙、华南、华北地区乃至全国都有了不同程度的发展，合作事业进入由地方政府、社会团体及个人等多方推动的阶段，并得以迅速发展，大有"一泻千里"之势。

虽然，在国民政府农村合作政策的实施过程中，国民党中央和政府自始至终发挥了特殊的推动作用，颁布了一系列法律法规，采取了各种行政、教育和金融财政政策措施，故可以说，南京国民政府为中国农村建设"安排"一种全新的经济制度，在一定程度上或范围内产生了相应的经济社会作用。然而，在当时的社会条件下，由政府主导的合作制度，无疑留下了深刻的政治痕迹，最初尝试性的农村合作事业在国家建设"急功近利"的催迫下，整体上只能是一种"有量无质"的客观状态。

第一节 国民政府农村合作政策的确立
及其实施过程

一般来说，任何政策措施的出台，都是各种政治势力反复博弈后的妥协结果。国民政府农村合作政策的确立也不是一蹴而就的，同样经过"多种博弈"，到最终形成一个有效实施的既定政策，经历了一个较为起伏的过程，其原因固然相当复杂。笔者无意去一一破解政策博弈背后的复杂谜团，只是通过一个简要描述，尽量呈现这一政策确立的情形，以及政策实施过程中的若干变迁。

国民政府农村合作政策的确立，从最初的宣传、提倡，到江浙等地方政府的初步实施；从江淮灾区、鄂豫皖赣"剿匪"区以及华北战区农赈（预备合作社），到各类合作社或联合社的逐渐建立；从各省单行的合作社法规到实业部初步统一的《农村合作社暂行规程》，是一个渐进的过程。

1924年1月，中国国民党第一次全国代表大会决议通过《组织国民政府之必要提案》[①]，规定：国民党当依《建国大纲》为原则，组织国民政府。此即设立国民政府的法理依据，最初国府定于广州，之后，伴随着国民革命军北伐进程，国民政府先后在南昌、武汉集中办公，至1927年4月，定于南京，史称"南京国民政府"。北伐完成后，中国国民党于1928年10月3日第172次中央常务会议制定《训政纲领》，并于1929年3月21日第三次全国代表大会通过《确定训

---

① 该提案含孙中山手拟之《国民政府建国大纲》（简称《建国大纲》）共25条，规定：国民政府本革命之三民主义、五权宪法，以建设中华民国；建设之首要在民生，次民权，三民族；建设程序为军政、训政、宪政，军政结束之日即训政开始之时；在训政时期，中央与地方采用均权制度，事务职权划分不偏于中央集权或地方分权，有全国一致性质的划归中央，有因地制宜性质者划归地方；县为自治单位，省立于中央与县之间，以收联络之效；宪法颁布之日，即宪政告成之时，全体国民依法施行全国大选举，组织民选政府，国民政府解散而建国大功告成。参见荣孟源主编《中国国民党历次代表大会及中央全会资料》（上），光明日报出版社，1985，第34～37页。

政时期党、政府、人民行使政权治权之分际及方略案》，初步确立了以党治国的政治体制。由此可见，南京国民政府是"受中国国民党中央执行委员会之指导及监督"[1]掌管全国政务的，即南京国民政府（即中央政府）的政策、法规均须服务于国民党中央的决策需要，并接受其"指导与监督"。职是之故，国民党提倡合作运动在先，而后才有中央或地方各级政府提倡合作运动。

一 国民党中央对合作运动的提倡

承前所述，国民党重视合作运动是有传统的。上升到国民党中央层面，早在 1924 年 1 月，中国国民党第一次全国代表大会决议通过的《国民党之政纲》中，就有"改良农村组织，增进农人生活"的规定；在 1925 年 1 月 19 日第二次全国代表大会审议通过的《农民运动决议案》中，就做出了"从速设立农民银行，提倡农民合作事业"的决议[2]。可见，自 1924 年国民党"改组"之后，合作运动的提倡就已"渐有端倪"[3]。不过，这在当时多为政治上的宣传与动员，既没有颁布详细方案，更没有真正付诸实践，即使在孙中山的有生之年，也未看到国民党需要的合作社组织出现。

至 1927 年 4 月南京国民政府建立后，合作运动再次为国民党主政者所关注[4]。最初的政策动议始于国民党中央第四次全体执监委会议提出的《组织合作运动委员会建议案》。据粗略统计，1928～1930

---

[1] 1927 年 2 月 4 日国民党第二届中央执行委员会第四次全体会议通过之《中华民国国民政府组织法》第一条：国民政府受中国国民党中央执行委员会之指导及监督，掌理全国政务。参见荣孟源主编《中国国民党历次代表大会及中央全会资料》（上），光明日报出版社，1985，第 520 页。

[2] 参见荣孟源主编《中国国民党历次代表大会及中央全会资料》（上），光明日报出版社，1985，第 22、134 页。

[3] 寿勉成、郑厚博：《中国合作运动史》，正中书局，1937，第 105 页。

[4] 前述之薛仙舟拟定的《全国合作化方案》由陈果夫转交胡汉民和蒋介石就是最好的说明，详见本书之第一章第二节。

年，国民党要人和政府发布的与合作有关的议案和通令多达 19 项①。这些足以表明，合作制度已引起国民党中央高层的特别注意，并获得了较大的认同度。

1928 年 2 月，陈果夫、蒋介石、张静江等人在国民党第二届中央执行委员会第四次全体执监委会议上，联袂提出《组织合作运动委员会建议案》，指出：如何解决民生的问题是今日最切要的问题；在众多解决方案中，合作运动乃是最稳妥、最切实、最合于民生主义的一个重要方法。故此，"本党应特别提倡合作运动！应把合作运动的理论，切实研究起来、宣传起来，然后实行起来"。该案具体有两项提议：①中央与经济设计委员会之下设立合作运动委员会，专司研究、宣传及指导合作运动的职务；②中央规定合作运动宣传费，每年至少五万元，作为购买、翻译西文合作书籍用途。至于合作运动的步骤、合作人才之训练、合作事业之推进，均由该委员会"详为规划施行"②。当时，该案并未在全会上讨论，决议交国民党中央常务委员会办理。

1928 年 10 月，国民党第二届中央常务委员会第 179 次会议通过《下层工作纲领》，规定以合作运动——发展平民经济为七项纲领之一。在此种情况之下，1928 年底，国民党中央宣传部颁布了《七项运动宣传纲要》，将合作与识字、造林、保甲、卫生、提倡国货等运动合称为"七项运动"，要求各级党部切实加以推行。此可称为国民党中央"决心推行合作事业之开始"③。

1929 年 2 月，国民党第二届中央常务委员会第 195 次会议通过《下层工作七项运动进行办法》，规定：①由中央宣传部编撰宣传纲要，颁发各级党部，从事宣传；②由中央各部处会协同国府主管各

---

① 陈岩松编著《中华合作事业发展史》（上），台湾商务印书馆，1983，第 158～159 页。
② 《中国国民党推行合作事业概述》，见秦孝仪主编《革命文献》第 84 辑，第 305～306 页。
③ 《中国国民党推行合作事业概述》，见秦孝仪主编《革命文献》第 84 辑，第 306 页。

部，组织设计委员会；③函国府主管各部，草定各项实施方案，其中，合作运动一项归农矿部、工商部会同商拟；④由中央宣传部函请各学术机关、专家，分别条陈具体办法。不久，第196次会议通过《中央执行委员会下层工作设计委员会组织条例》并施行。该会的职务为"根据中央颁布之下层党部工作纲领"制订各种运动计划，根据各项运动的性质，分组研究；其中第四组为合作运动组，"设委员5~7人"。同年，由国民党中央刊印《合作运动纲领》《农村合作运动宣传大纲》等书籍，训令下级党部"切实执行"①。

1929年3月，国民党"三大"通过了"训政时期"开展民众运动的4项原则，其中之一就是今后民众运动"必须由本党协助之"；在此基础上，更为明晰地指出：国民党工作的重点是"扶持农村教育、农村组织、合作运动及灌输农业新生产方法为要务"②。大会通过《确定地方自治之方略及秩序以立政治建设基础案》，阐明总理遗教之《地方自治开始实行法》，强调必须"举办各种合作事业"，并在《对党务报告决议案》以及确定教育宗旨及其实施方针中，分别指示对于扶植农村合作运动及促进农民生产消费合作"须以全力推行"。由此可见，国民党"三大"的召开，标志着农村合作运动得到了正式承认，并且被确定为"训政时期"民众运动的一个重要组成来要求地方政府加以执行。

此后，国民党历次大会及全会通过各有关农村经济、粮食问题、地方自治、国民经济建设等决议案内，均列入"推行合作事业"项目，表明了国民党中央对此寄予了"殷切之期望"。特别是1931年5月召开的国民党中央"三届一次临时全会"通过了《中华民国训政时期约法》，明确规定：为发展农村经济，改善农民生活，增进佃农福利，国家应积极"设立农业金融机关，奖励农村合作事业"；为谋

① 寿勉成、郑厚博：《中国合作运动史》，正中书局，1937，第109~110页。
② 荣孟源主编《中国国民党历次代表大会及中央全会资料》（上），光明日报出版社，1985，第635页。

国民经济之发展，国家应"提倡各种合作事业"①。这样，国民党中央第一次在宪法中清楚表明合作事业为"训政时期"必行职责之一。换句话说，农村合作事业首次在国家"根本大法"中得以确认。

总的来说，20 世纪 30 年代以前，南京国民政府由于主要忙于"武力统一"，无暇顾及经济建设，对合作运动基本上停留在理论的阐释、宣传，法令的草拟和机构的初步建立上，由政府指导组织的合作社"尚属少见"。然而，20 世纪 30 年代初，在世界经济危机、1931 年长江中下游大水灾和"九一八事变"的冲击下，中国乡村固有的社会矛盾更加突出，经济疲弱，金融枯竭，生活恶化，动荡不安；加之中共创建的革命根据地也如星星之火，渐成燎原之势。一时间，国统区"救济农村、复兴农村"的口号高唱入云，甚至成为最时髦的名词。从严酷客观实际的需要来说，出于挽救农村经济和消灭中共的双重目的，同时为了迅速摆脱国家政权及财政之困境，国民政府加紧了推行合作运动的步伐②。

二 国民政府主要的合作举措

这里所谓的"合作举措"主要包括国民政府（包括中央和地方政府）在初期为提倡合作事业而设立的行政（指导）机关，拟定的法律法规，以及政府各部门涉及合作事业方面的会议提案和决议案等。

（一）机构设置

最早设立的省级合作行政机关为江苏省合作事业指导委员会。江苏省政府提倡合作运动，农矿厅于 1928 年成立合作事业指导委员会，划分全省为八个区，各区设一个合作指导所，从事合作指导与促进工作。之后，各省市政府"均次第设立合作行政与指导机关"。"此可

---

① 该法第 34 条、第 43 条之规定。见荣孟源主编《中国国民党历次代表大会及中央全会资料》（上），光明日报出版社，1985，第 947～948 页。
② 李金铮：《借贷关系与乡村变动——民国时期华北乡村借贷之研究》，河北大学出版社，2000，第 170 页。

视为政府主管合作运动的开始。"①

跨省或区域性合作行政（指导）机关有华北农业合作委员会和军事委员会委员长行营。1934年7月，原华北战区救济委员会改组为华北农业合作委员会，依照江淮农赈办法纲要"继续办理合作事业"。军事委员会委员长行营先后有南昌和武汉两处，主管推行辖区内之农村合作事业。

中央政府层面，最早的合作行政设施交由即将组建的国民政府农矿部农民司负责。1928年3月14日，国民党中央政治会议第132次会议通过《农矿部组织法》，其中第7条规定：农民银行及农民合作社筹设事项为农民司职掌之一。实际上，由于当时合作社成立太少，该司并没有发挥真正的作用。

在实业部合作司设立以前，中央合作行政名义上由实业部主管，一切行政事宜概由该部劳工司办理。1931年4月18日，实业部以"部令"公布《农村合作社暂行规程》。这部徒具部门法规性质的暂行规程，并未得到有效遵循。实际上，直到1935年上半年，中央政府"尚未设立全国合作行政主管机关"②。

（二）政府议案述要

1928年4月，国民党中央委员朱霁青向中央政治会议第137次会议递交议案书，建议政府速令各省设立乡村信用合作社，颁布合作社条例。5月，全国教育会议召开，姜琦提交《中华民国教育宗旨说明书草案》，拟定教育实施原则须"注重生产合作、消费及其他合作的训练"；劳动大学提交《倡导合作运动以期改善劳动生活实现民生主义案》，建议由大学院与农矿部、工商部两部会同组织"合作运动委员会"，负责推行一切。7月28日，朱懋橙向工商部建设机关设计委员会提交《人力车夫合作计划案》。8月，中国合作运动协会（代表陈果

---

① 寿勉成、郑厚博：《中国合作运动史》，正中书局，1937，第113页。
② 寿勉成、郑厚博：《中国合作运动史》，正中书局，1937，第113页。

夫）向国民党中央执行委员会第五次会议上呈《提倡合作运动案》，具体办法是：①中央设立合作训练学院；②民众训练委员会下设合作运动委员会；③选派合作人员出国考察；④训令政府颁布合作法；⑤训令全国学校注重合作课程。10 月，浙江省水产职业学校向江浙渔业会议提交《组织消费合作社以救济渔业金融案》。11 月，湖北省教育行政会议决议《学校环境三民主义化案》，拟由教育厅通令各县政府教育局分转各学校"应组织各种合作社，以便学生练习"。12 月 11 日，江苏省农政会议第五次大会决议《举办实验林业合作社及培养合作指导人才案》。这一年内政府各类会议中，就有提倡合作事业提案达八件之多。

1931 年，国民会议召开，其中有关合作事业议案有《中华民国训政时期约法案》、陈管生等提请《确定发展农业五年计划以裕民生案》、杨培根等提请《确立劳工政策案》及项定荣等提请《切实救济丝茶业案》四项。

1933 年，行政院组织"农村复兴委员会"，该会于 5 月 6 日第一次会议讨论决议："每省设一合作指导委员会，指导各县合作社；每省设一农民银行，省中各地尽可能范围分设农民银行；关于农民银行及指导合作进行事宜，得由本委员会设专门委员会，协助实业部及各省政府督促进行。"11 月 22 日，八省粮食会议在南昌召开，其决议案中有关于合作事业者共六条：设备最新式之机器米厂与仓库，以便于附近农民实行贩卖合作；提倡信用合作及运销合作社，以利农业金融；合作社兼营谷物储押，社员得以储存单向合作社抵押借款；倡设粮食消费合作社；拟定市县区合作社民生仓办法；提倡合作社举办采购及储藏抵押各业。

1934 年 5 月，浙江省建设厅在杭州召集全省粮食生产会议，征集各类合作提案共九件，经修正归并决议六项，即《提倡耕种合作社以改进农业生产实现总理耕者有其田之主张案》、《各县区应设合作研究会案》、《请于丽水县设立农村合作事业实验区案》、《拟各乡村普遍组成合作社以办理储蓄而裕农村经济案》、《拟请省厅提倡沿海各县联合渔业利用合作社以挽渔业权利案》以及《建议建设厅改良蚕丝及产销合作办法案》。

全国经济委员会常务孙科认为，中国农村经济之崩溃，在于农民不能自给；而农民不能自给自足的原因，又在于缺乏土地耕种，没有良好工具、技术以资利用，以及"无相当资金周转"；我国荒地虽多，但急切难收实效；工具与技术问题关系到农民的知识能力，更非一蹴而就的；如资金问题能有适当办法予以普遍救济，则不难使农民恢复最低限度之自给生活。因此，他指出："欲解决今日中国农民问题，应根据合作原则，以政府力量统筹农村信用、农民产销及消费等合作社，以期农民得到普遍救济。"① 于是，在1936年4月，立法院指派马寅初、楼桐孙等召开会议，负责研究具体实施办法，最终形成《立法院筹划确立合作体系以救济农村案》。该案分三个部分：①确立合作体系；②现有各方合作事业之调查与联合；③增加农民流动资本之筹措。其中，"确立合作体系"在第二次会议讨论通过，第三次会议时研究完成具体实施程序；至于第二和第三两步研究事项，后"因故未能赓续"。这是后话，此不赘述。

有论者指出，近代中国的合作事业虽然列入了宪法条文，实际上却没有合作事业人员所强调的那么特殊②。从上述议案后来的实施情况看，多未能遵照实行。

除此之外，国民政府三届四中全会决议于经济设计委员会内设立合作运动委员会，专司研究、宣传、提倡及指导合作运动之责；工商部拟定《合作运动实施方案》，广东拟定《林业合作社章程》，南京市合作事业指导委员会公布《合作社暂行章程》。在国民党人及其领袖认可下，发展农村合作社在1935年正式成为官方运动。是年3月，国民党在南京召开全国合作事业讨论会，规划农村合作政策；10月，国民政府在

---

① 秦孝仪主编《革命文献》第84辑，第351～352页。
② 赖建诚：《近代中国的合作经济运动——社会经济史的分析》，正中书局，1990，第148～149页。

经济复兴委员会下组织合作事业委员会，作为全国合作事业之总机关，聘请章元善作为 5 名常委之一；11 月，国民政府又在实业部下成立合作司，作为领导合作事业的最高行政机关，借调章元善任司长[①]。从此，华洋义赈会的合作社经验为国民党承接，并如经济学家何廉所言，合作社运动成了国民政府 20 世纪 30 年代发展农业经济的主要路线[②]。

第二节　农村合作社的总体考察

延续 10 余年的近代农村合作运动，体现了国民党人、国民政府与社会各界人士企图挽救农村危机的愿望和初衷。通过农村合作运动，合作组织（包括合作社、合作仓库、合作金库、合作社联合社等）从 20 世纪 20 年代后期普遍置入乡村社会，成为传统农村社会中具有近代意义的新型经济组织，改变了乡村原有社会组织的格局。合作组织还是乡村救济、乡村建设的重要组织载体，诸如融通资金、农产运销等，合作组织都是重要的依托和组织实施者，对农村社会经济产生重大影响。乡村民众对于合作运动也经历了漠视—观望—被动参与的徘徊过程，其社会角色也从个体小农向个体小农与合作社员两种角色兼具过渡，到 1937 年全国已经有超过 1/5 的农户与合作运动发生联系，其影响所及可谓较广。

一　农村合作社的总体发展

自 1927 年国民政府提倡农村合作事业后，各省政府纷纷颁布组织合作社暂行条例，致力推行农村合作，合作社组织乃日见普遍，数量之增加，实可惊人，尤其是 20 世纪 30 年代后，因各银行竞相办理农村合作贷款业务，故合作社数之增加，非常迅速。根据中央农业实

---

① 章元善：《合作与经济建设》，商务印书馆，1938，第 24～26 页。
② Franklin Ho，Paul Sih（ed.），*The Strenuous Decade：China's Nation-Building Efforts，1927 - 1937*，New York：St. John' University Press，1970，pp. 195 - 203.

验所的调查统计，中国农村合作社的社数，在 1928 年尚未达 1000 个社，1931 年底有合作社数 2796 个社，1932 年有 3978 个社，1933 年有 6946 个社[①]，1934 年已增至 14649 个社，至 1935 年已超过 2 万个社，1937 年则接近 5 万个社；另外，社员人数由最初的不到 2 万人，至 1935 年增加至 100 万人以上，1937 年 6 月已超过 200 万人了，几乎是成百倍的增长[②]。以 1931 年的合作社指数为 100.0，那么在 1933 年全国合作社数就增加 1 倍多，之后增长率更是迅猛，年均成倍增长，农村合作社发展之速度，由此可见一番，其历年进展情形详如表 5 - 1 所示[③]。

表 5 - 1 1928 ~ 1937 年全国合作社历年发展情形

年份\类别	社数（个）	社员人数（个）	合作社增长指数（1931 年 = 100.0）
1928	722	18050	25.8
1929	1612	49972	57.7
1930	2643	71517	94.5
1931	2796	104600	100.0
1932	3978	151212	142.3
1933	6946	184587	248.4
1934	14649	557521	523.9
1935	26224	1004402	937.9
1936	37318	1643670	1334.7
1937	46983	2139634	1680.4

注：（1）表中数字系根据多种资料相互印证后，取其中最为相近者而定；（2）合作社数包括城市消费合作社等少数非农村合作社在内，因该类合作社数为数有限，故对于总体研究的影响不大。

资料来源：寿勉成、郑厚博《中国合作运动史》，第 126 ~ 129 页 "全国合作社五年来变动指数"；秦孝仪主编《革命文献——抗战前国家建设史料：合作运动》（2）第 85 辑，第 220 ~ 234 页等。

---

① 中央统计处编《全国合作社统计》，编者印行，1933，第 1 ~ 9 页。
② 薛暮桥：《农村合作运动和农产统制》，《中国农村》1936 年第 2 卷第 12 期，第 57 ~ 58 页。
③ 此处需要说明的是，这些出自官方的统计数据，各地方为显示政绩，难免有不够精确或故意注水之嫌；但当时的农村合作社统计技术和标准全国难以一致，数据的真实性还可斟酌，但足以表明发展之速。

　　全国农村合作社的总体情形即如上述,那么各省市的情况又如何呢?从1931~1936年这六年全国各省市的统计数据可知,抗战前,农村合作社起步较早的华北、华东地区,农村合作社较为发达,如河北、山东、江苏、浙江一直处在全国的领先地位;江西、安徽的农村合作社在长江水患后发展也较快,且有后来居上之势(见表5-2)。1935~1937年,随着中央合作行政和政府对合作金融系统的逐步渗透,原来较为落后的西南和西北地区均出现了各类农村合作社,而中部地区的湖北、湖南、河南、江西、安徽各省农村合作社发展尤为迅速,成为全国合作社快速增长的重要力量。统计数据显示,截至1937年6月,合作社已遍及天津、青岛、南京、上海、广州等全国28个省市(院辖市)的大部分地区(东北四省除外)。

表5-2　1931~1936年六省份合作社6年来变动指数

类别	省别	江苏	河北	浙江	山东	安徽	江西
1931	社数(个)	1265	711	622	81	7	12
	指数	100.0	100.0	100.0	100.0	100.0	100.0
1932	社数(个)	1798	999	782	202	22	15
	指数	142.1	140.5	125.7	249.4	314.3	125.0
1933	社数(个)	1284	518	543	414	56	194
	指数	101.5	72.9	87.3	511.1	800.0	1616.7
1934	社数(个)	1937	1935	1793	2472	1463	1077
	指数	153.1	272.2	288.3	3052.0	20900.0	8975.0
1935	社数(个)	4077	6240	1972	3637	2284	2038
	指数	322.3	877.6	317.0	4490.0	32628.6	16983.3
1936	社数(个)	3305	6663	1518	4965	4125	3209
	指数	261.3	937.1	244.1	6129.0	58928.6	26741.2

　　资料来源:秦孝仪主编《革命文献》第85辑,第220~222页。

　　全国合作社数增加的速率相当大,而尤其以信用合作社数量所占的比例最高。据1931~1933年的统计,信用合作社占各年合作社总数的五分之四强;其余的1/5中,占比比较高的还有生产合作社、消费合作社、购买合作社、运销合作社、利用合作社等(见表5-3)。

表 5 - 3　1931～1937 年全国合作社种类分配

单位：%

种类＼年份	1931	1932	1933	1934	1935	1936	1937
信　用	87.5	80.1	82.3	67.2	58.8	55.6	73.6
生　产	5.5	7.4	4.4	8.6	8.9	8.6	5.7
利　用	0.6	4.8	0.5	3.2	4.1		
消　费	3.4	4.4	1.8		8.7	0.8	0.4
购　买	2.0	2.0	1.9	3.7	2.8	0.7	0.4
运　销	0.9	1.3	0.9	7.2		6.3	2.5
兼　营				9.3	16.7	28.2	
保　险	0.01						
储　藏			0.01				
其　他			8.1	0.8			17.3

注：（1）1931～1933 年数据根据中央统计处全国合作社统计，1934～1935 年的统计数据根据中央农业实验所的调查。（2）中央农业实验所的全国合作社统计中特别提出"兼营合作社"一类。（3）1937 年数据截止到年底。

资料来源：秦孝仪主编《革命文献》第 85 辑。

从表 5 - 3 可知，1934 年以前，信用合作社无疑占据了全国合作社的最大比重，1935 年至 1937 年 6 月，信用合作社的比重逐渐有所回落，而其他如生产、利用、购买、运销合作社的比重开始逐步增长，特别是兼营性质的合作社比重明显提高，表明规范后的农村合作社发展有所改变，逐渐趋于均衡发展。

二　农村合作社的质量分析

综上可知，自 1927 年国民党中央及南京国民政府提倡合作事业以来，合作社数量可谓每年都有增长，且增长速度惊人，几乎呈直线上升。特别是自 1935 年各种规范措施出台后，各类合作社发展出现了一种均衡趋势，那么，合作社是否健全、稳固？业务经营如何？或者说合作社发展的质量如何？合作社发展是否为质量并重？这可从合作社的社务和业务经营状况、资金来源以及农村合作社的经济、社会效用的考察分析中略见一斑。

（一）农村合作社的内部管理

合作社的内部管理包括内部权力结构，社员、职员的构成，职员的职业情况以及合作社之间的联系状况等。合作社的内部组织构成对其业务经营有着举足轻重的作用。《合作社法》明文规定，一个"健全"合作社的责权结构分为三个层次：①社员大会为最高权力机构，每年至少召集一次，选举产生合作社理事、监事并决定其他内部重大事务；②理事会、监事会分别负责合作社日常具体社务的执行与监督，每月至少召集一次，分别由理事、监事互选的一名主席召集，理事任期 1~3 年，监事任期 1 年，均得连任；③每一入社社员均可行使对大会事务的表决权。由此看来，社中真正具有实权者是少数理事、监事，合作社业务活动、营业方针由其具体负责与制订；至于日常行政功能则由理事会主席"总司其事"。由此可知，合作社的社员成分，社员权利意识、责任意识，特别是理事的人格素养与经营能力等均与合作事业前途至为相关。合作社的质量的根基也有赖于此。

从前述考察可知，全国合作社社员人数与合作社总数几乎是成正比例增长的，逐年扩展，至 1937 年底已超过 200 万人，社均人数达45.54 人。然而，合作社为一"人的结合"团体，要形成一定的合作秩序，发挥其应有的经济、社会效用，不仅需要有一定量的社员，更需要各社员、职员对合作社的积极参与及认同。考察合作社的质量，首先须对合作社的构成成分有一个基本把握，但有关各社的这些详细资料信息少有统计，仅有 1933 年全国合作社的统计调查较为细密，具有相当代表性，故以此为例做一宏观分析。

1. 合作社的社员、职员成分

据抽样调查统计，在 3087 个合作社中，合作社的发起人数，各地情况不一，差别也大。通常以每社 9 人居多，计有 937 个社，占总数的 30.4%；3 人者 789 个社，占 25.6%；此外还有 6 人者有 244 个社（7.9%）；而以 10 人以上者最少，仅 59 个社，占比不到 2%。发起人的多少与合作社种类有关，而与合作社的地区差别关系不大。信用、消费与运销等类合作社由 9 人发起者较多，而生产、利用和购买合作社多由 3 人发起。合作社社务可能受发起人的职业影响最大，在某种程度上决定着合作社的性质和发展方向，有必要详细考察。1933 年调查统计到的合作社发起人总计有 16534 人（见表 5 - 4）。

表 5 - 4　合作社发起人的职业情况一览（截至 1933 年底）

单位：人，%

社别＼业别	农	工	商	教育	矿	交通	不明职业	政军警	党学及其他
信用	11015	69	396	462		1	554	67	469
生产	1152	51	74	85			58	34	127
消费	208	48	53	78	10	5	32	98	172
利用	504	1	29	49			8	12	23
购买	173	2	10	22			18	2	17
运销	153	14	16	7		1	9	3	6
其他	80	1	18	11			6	7	14
总计	13285	186	596	714	10	7	685	223	828
占比	80.35	1.13	3.60	4.32	0.06	0.04	4.14	1.35	5.01

注：原表中数字错误已代为改正。

资料来源：秦孝仪主编《革命文献》第 85 辑，第 115 页。

由表 5 - 4 可知，合作社发起人的职业以"农"为最多，占比达 80.35%，其他依次为党学及其他、教育、商、政军警和工等，合计不到 20%；无论哪种合作社类型，除职业为"农"外，其他合作社类型几乎社会各界均有参与，这表明当时合作社的重心还是在农村，而社会各界如党学、教育、商、政军警等的人士，相当于"村居乡绅"①。

合作社的发起人多被选举成为合作社的理事、监事或其他职员如

---

① 20 世纪 20～30 年代，乡村绅士（即乡绅）有正绅与劣绅之分，乡村家族有小户与土豪之别；除了大多数普通小户人家与正绅外的一小部分，统称为"土豪劣绅"，实际上是当时乡村真正的统治者，多为当时合作社的最初发起人。

会计、出纳、办事员等，所以，合作社理事、监事或其他职员与发起人的职业情况差不多，故不另述，毕竟，合作社的理事、监事及职员等均为少数，而至为关键的是，合作社社员的职业情况（见表 5 - 5）以及业农社员在合作社中的地位。根据对合作社理事、监事身份的考察，发现合作社中"党政军学所占理事的比率（11.38%），较其社员的比率（10.3%）为高，而农民的理事比率（72.45%），却较监事的比率（74.84%）为低"，这说明，农村合作社"在党政军学和商人的掌控之下"。而这种情形，从合作社的会议次数"更能明晰地表现出来"①（见表 5 - 6）。

表 5 - 5　合作社社员职业情况一览（截至 1933 年底）

单位：人，%

业别\社别	农	工	商	教育	矿	交通	不明职业	政军警	党学及其他
信用	61144	1222	2381	2527	19	176	2745	305	421
生产	8820	1206	680	687	28	51	1465	162	412
消费	2037	6376	1362	1582	545	16483	940	3516	2554
利用	4484	80	104	224	1	4	105	66	35
购买	1769	24	62	135		2	13	15	24
运销	5086	732	1976	355		69	91	38	58
其他	1150	63	90	209		1	12	139	576
总计	84490	9703	6655	5719	593	16786	5371	4241	4080
占比	61.4	7.0	4.8	4.2	0.4	12.2	3.9	3.1	3.0

资料来源：据秦孝仪主编《革命文献》第 85 辑，第 132 页表 41 编制而成。

从表 5 - 5 可知，就填明职业的人数看，以业农的社员最多，为84490 人，占总数的 61.4%，其次分别为交通界占 12.2%，工界占7.0%，商界占 4.8%，教育界占到 4.2%。虽然业农的社员比重最

---

① 李紫翔：《中国合作运动之批判》，千家驹、李紫翔编著《中国乡村建设批判》，新知书店，1936，第 205～207 页。

表 5 - 6　1933 年合作社各类会议情况百分比

单位：%

会别 占比	未举行	一次	两次	三次	四次	四次以上
社员大会	1.38	43.81	31.58	11.91	4.07	7.26
理事会议	1.17	9.23	19.12	13.18	10.77	46.52
监事会议	3.19	19.85	20.95	13.41	7.70	34.91

资料来源：据秦孝仪主编《革命文献》第 85 辑，第 138、144、150 页表 44、表 47、表 51 汇总计算而成。

大，但其他各种职业的社员占比也不少；除消费合作社外，其他各种合作社社员均以业农者居多，可谓合作社的主体。消费合作社社员则多分布在城市交通、工矿、党政机构，故以农、商、教育者为少数，也不在本研究的范围内。此外，从社员的年龄分布来看，以 20～50 岁的居多，占社员总人数的 71.7%；从社员的性别比来看，男性占绝大多数，仅有 2.1% 的女性社员，且多为消费合作社社员[①]。总体来看，合作社社员以 50 岁以下的男性为主体，这可被视为当时中国社会生产方式、生活模式的一种映射。受当时的生产与生活方式的影响，一般社员的文化程度与识字状况均不佳，这可从社员中识字人数占比不到一半的数据得知。对上述合作社发起人、社员、职员的职业情况考察表明，农村合作社多以业农者为主体。诚如李紫翔所言，这种农民占大多数的社员成分，已相当地表示"今日之合作运动，主要的是农村改良运动的一部分之事实"[②]。

这里须特别指出的是，民国时期所谓"业农者"是一个相当模糊的概念。农民系以土地为业，从土地所有权及使用权的角度而论，

[①]　以上数据分别据秦孝仪主编《革命文献》第 85 辑，第 128～131 页表 39、表 40 以及第 134～135 页表 42 计算而得。

[②]　李紫翔：《中国合作运动之批判》，千家驹、李紫翔编著《中国乡村建设批判》，新知书店，1936，第 205 页。

当时的农户分类通常包括"自耕农、半自耕农和佃农"三种[1]，而半自耕农多半被称为"中农"。因为真正的自耕农能自给自足，几乎不用参加合作社，而大多数佃农因无资产抵押难以获得信用，很难入社，所以，能够参加合作社且又有合作需要的农民多为中农，而出现了农村合作运动的"中农化"[2]倾向。这种情况不仅在河北省早期的合作防灾实验就出现，在之后的江苏、浙江等东中西部地区类皆如此，合作社的社员成分"多为自耕农和半自耕农，佃农极少"[3]，就连农村合作社工作起步较晚的甘肃省，各县所开办的合作社社员成分也"以自耕农占绝大多数"，约占社员总数的85%，半自耕农占比为10.49%，而佃农仅有1.9%（见表5-7）[4]。

（二）农村合作社的资金来源与贷放

1. 资金来源

因农村合作社开始经营时资金缺乏，都得向外借款以资运转，故

---

[1] 所谓"自耕农"即所种土地全为自己所有的农户或农民；"半自耕农"即所种土地有一部分向外租入的农户或农民；而"佃农"则为完全耕种人家土地的农户或农民。虽然就此而论，自耕农也是"地主"之一，但很多大地主自己根本不耕种，以出租土地、专司收租为业；而大多数自耕农与半自耕农一样，仅属于"中农"，却有很多佃农可谓一贫如洗，即所谓的"贫农"，实际上，大多数贫农也耕种租地，都属于佃农。参阅《读者问答·怎样划分观察农户经济》，《中国农村》1934年第1卷第1期，第87页。

[2] 农村合作运动的"中农化"本无可厚非，也确实为当时的农村复兴产生了积极影响。笔者认为，在当时农村土地制度没有得到有效改革之前，农村合作社发展的最可能且有效的途径只能是"中农化"。实际上，中农不仅拥有对物信用（地契）的相对优势，也是乡村社会农民大群体中对人信用较为显著的部分；在以信用为前提同时追求放款保障的农村合作运动中，中农是普遍被看好的重要力量。参阅陈意新《二十世纪早期西方合作主义在中国的传播和影响》，《历史研究》2001年第6期。

[3] 《中华民国史档案资料汇编》，第1编"财政经济"（七），江苏古籍出版社，1991，第319页。

[4] 赵泉民：《政府·合作社·乡村社会——国民政府农村合作运动研究》，上海社会科学出版社，2006，第211页。另据《甘肃省之合作事业》一文所载，甘肃省在1935年6月至1936年5月，组成信用合作社95个，贷款11万余元，社员人数在5000人以上，自耕农占60%，半自耕农与佃农占36%，地主仅占4%，股金1万余元。此与上述数字略有差异，"中农化"特征明显，则无不同。参阅《革命文献》第84辑，第179页。

表 5 - 7　1936 年甘肃省皋兰、榆中、酒泉、金塔四县合作社社员职业统计

单位：人，%

类别	地主	半地主	自耕农	半自耕农	佃农	其他	总计
人数	17	35	4333	536	97	94	5112
百分比	0.33	0.68	84.76	10.49	1.90	1.84	100.00

资料来源：据《甘肃省农村合作运动》一文编制，见《大公报》1936 年 7 月 25 日。

合作社资金来源上主要为社内资金和社外资金两部分。"社外资金"是合作社以团体信用为担保，向社外机构所借贷的款项，主要来源于合作指导机构和举办农贷的银行两部分。所谓"社内资金"，即自集资金，由社员直接或间接聚集，为业务必需之资金，更是合作社存在之基础。自集资金包括社股、存款和公积金三部分。在当时条件下，农村金融枯竭，社员以中农、贫农居多，合作社的社内资金通常是非常有限的。合作社放款资金欲恃社内资金以为维持，几无可能，因而不得不有望于外界资金之供给；信用合作社成立后，其自集资金往往不足以供给社员之需要时，可以团体信用为担保，向外借款，即社外资金成为合作社放款的主要来源。

一般来说，向合作社供给周转资金的机关有三种：合作指导机关、举办农贷之金融机构及其他机关（包括合作社联合社及合作基金保管机关等）。指导机关之举办合作贷款者，以华洋义赈会及华北农业合作事业委员会最为显著。然而，总会及华北合委会本身都不是金融机构；建立合作事业自身的金融机构即确立合作金融体系，成为合作界普遍关注的问题。而解决之道，最初是以金融机构举办农业贷款为开端。

如前所述，举办农贷的金融机构主要有两大部分，即普通商业银行与农业金融机构。根据国民政府的合作政策，农业金融机构本身负有合作贷款的使命，江苏省农民银行、中国农民银行及农本局等皆是；而普通商业银行则纯粹以赢利为目的，此前从没有发放农贷的可能性。然而，在 20 世纪 30 年代，银行界确实将一部分资金通过合作

社投放到农村，从而推动了合作社的发展。据 1924～1931 年的统计，河北省信用合作社社内资金平均每个社 90 余元，每个社员 2.5 元；社外资金平均每个社 450 余元，每个社员 14 元，分别是社内资金的 5 倍、5.6 倍。就此而论，合作社的社外资金远远多于社内资金。正如巫宝三所言，"合作社放款资金，欲凭社内资金以为支持，殆不可能，因以不能不有望于外界资金之供给"。信用合作尚须仰赖于指导机构和商业银行的借款资助，当然运销合作社有赖于外来资金的周转，更是必然的事实①。可见，当时合作社的业务经营主要取决于外部条件，合作金融的资金来源主要靠社外资金。

2. 合作放款——合作社的经济绩效

农村合作社放款，即为社员生产提供资金便利，与之相关的主要内容有放款的手续、种类、数额、用途、期限、利率及时期等，是合作社经营管理的核心问题。从目前掌握的资料来看，因信用合作社占全国合作社总数之多数，又以华洋义赈会在河北省组织的农村信用合作社资料最为详细，故以此就农村合作社的经济作用展开分析。

（1）放款手续：华洋义赈会制定的《农村信用合作社章程》规定，该会的放款以承认之合作社为限，且"仅限于社员"。社员借款"须先向合作社领取借款愿书，填写姓名、住址、借款金额、用途、期限、抵押品、担保人及还本付息日期等项，交付合作社理事会审查，审查结束"，认为其信用良好、用途正当、抵押品或担保人确实可靠并已经得到理事会过半数同意，即通知司库放款。这种合作社放款条件虽极严密，但仅在社内能完成借款，其手续还较为简便；若合作社须向外借款时，则颇费周折。1930 年、1931 年这两年间各合作社请求借款与拨款"日期相距在 1～2 个月者占 50%，在 2 个月以上者占 24%"②；这种时间差导致社员实际得款日期更长，结果对借款

---

① 巫宝三：《华洋义赈救灾总会办理河北省农村信用合作社放款之考察》，第 76、98～99 页。

② 梁思达：《河北省之信用合作》，硕士学位论文，南开大学经济研究所，1936，第 201 页。

时效影响"至为明显"。

（2）放款时期：指合作社放款所集中的不同时间段。以四季为划分标准，冬春两季借款的次数最多，历年均占30%以上；夏季次之，秋季最少，多在17%以下[①]。这正好显示了农村金融的季节性变化。巫宝三认为，农业金融的季节性强，亟须调剂和周转；筹划地方合作中级机关或合作银行，确为调节农村金融流通之切要措施，也是举办农村合作事业所应改革的实际问题之一。因为建立地方合作社联合会、县合作社联合会、省合作社联合会等信用合作制度的调节机制，则"不但各方运用调度便利，且可完成其独立发展之生命"[②]。

（3）放款种类：分为对人（信用）放款和对物（抵押）放款两种。"信用放款"即专凭借款人之信用及还款能力、偿还意志为决定放款要素；"抵押放款"则以动产和不动产实物作为担保、抵押之放款。一般农民比较纯朴敦厚却缺乏知识教育，个人信用较好却偿还能力有限，所以社员相互负连带责任（无限责任）以求保障，至为必要。放款数额较小时，个人信用易于树立，放款数额超过个人信用时，多以实物做抵押[③]。1924～1931年，合作社最初以抵押放款为多（70.17%），1929年后"社员信用较著，信用放款渐占主要（69.35%），与之前恰成一相反之趋势"[④]。这表明，近代中国农民"尽贫穷负债，然诚信之本犹存"。

---

① 据巫宝三对合作社抵押品的分类统计，河北省合作社放款中的对物信用，以不动产之地契为担保者最多，占据了抵押品总金额的96.5%；因为，以农地单契为担保，本为农业金融的特色，就其性质而言，较动产更为可靠。

② 这种现象健全与否，不能一概而论，值得深入研究。巫宝三认为，现代贷款制度既应顾及借款人的便利，更须保障贷款人的权益，两者应兼顾；现代信用制度之演变，由原初的对人信用，渐已偏重对物信用，而忽略对人信用，实有所说。农村借贷如以对物放款为必需，不仅为贷款人求保障，且可训练借款人的责任心；印度农村同时期的合作放款种类就是如此。导致中印两国农村合作放款种类之不同，有历史因素及放款本身的缘由。详情参阅巫宝三《华洋义赈救灾总会办理河北省农村信用合作社放款之考察》，第78～82页。

③ 巫宝三：《华洋义赈救灾总会办理河北省农村信用合作社放款之考察》，第82～84页。

④ 曲直生：《河北省八县合作社农民耕地状况之一部分》，《社会科学杂志》第4卷第1期，第55～56页。

（4）放款金额：最初几年全部在20元以下，进入20世纪30年代数额始见增大，但仍以20元以下及20～50元为最多；至1936年，放款在20元以下者减少至41.46%，放款在20～50元者已占47.77%，合计仍占总数的89.23%。究其原因，完全是社员主要以对物信用（地契）为凭借的信用地位使然。据调查，合作社社员家庭农场亩数大多为11～50亩，平均亩数为30～40亩，而10亩以下及50亩以上者"所占成数较少"。由此可知，合作社社员的主体既非无地、少地的贫农，也非拥有众多土地的大农，而是拥有一定土地以宣示其信用的中农。农村合作运动呈现一种所谓的"中农化"趋势，这是一个非常值得深入思考的问题。同时，50元以下放款数额无法满足社员的负债能力或借款需要。在社员信用安全、借款用途适当之前提下，合作社应加大放款数额，"以满足社员生产要求，增进社员对合作社的信仰"，这对合作社发展前途实有重大意义。

（5）放款用途：生产即信用的基础，合作社放款最大的原则即必须用于生产部门。据统计，最初合作社社员借款有一半不合申明用途；1928年后，各社渐有改进，实际用途与申请之用渐趋一致（见表5-8）。放款用途大致可分为流动资本（包括买种子、肥料、粮食，耕作费，租地）、固定资本（包括买牲畜、农具、车辆等）、不动产资本（包括修盖房屋、购地、开垦、灌溉等）、婚丧、经营副业、偿还旧债及其他各项。其中，合作社各项放款用途之次数与金额实数"皆有增加"，增加率最快者为固定资本用途与不动产资本用途；而流动资本用途之放款在次数与金额上皆"日趋减低"，但每年均超过放款总额的1/4[①]。

考察合作社的放款用途之"经营副业"项目，因"数额甚微"而未引起应有的关注；然而，副业之经营，切实改善农民生活，也是

---

① 参阅巫宝三《华洋义赈救灾总会办理河北省农村信用合作社放款之考察》，第86～89页。

农村合作社力所能及的事情。同时，农村合作社的副业经营，还能产生较为广泛的社会效用（如植树造林）。

表 5-8　农村合作社（已承认社）放款用途调查统计

放款年度	放款次数（次）	申明用途之次数（次）	申明用途次数百分比（%）
1926	554	309	55.8
1927	1410	754	53.5
1928	1795	1497	83.4
1929	2574	2549	99.0
1930	2884	2851	98.9
1931	3015	2978	98.8

资料来源：巫宝三《总会办理河北省农村信用合作社放款之考察》，第85页。

（6）放款期限：合作社的放款期限长短不一，全随其放款用途而定，短者不及6个月，长期有延至4年者。流动资金之借款期限多为一年，称短期放款；固定资金之借款期限在2～3年内，属中期放款；不动产资金借贷性质或偿还旧债之借款期限为3～4年，称长期放款[1]。自1929年至1936年8月，放款期限还是以6个月至1年为最多，占60%以上[2]。而棉花运销合作社的放款期限则更短，最长不超过1年，普通的6个月，短者还不到3个月[3]。农业根本为一种长期低利放款之事业，故应"务使合作社能得较长之时间以运用其借款，以满足农业放款较长期之需要"[4]。

（7）放款利率：组织信用合作社的目的在于供给农民资金的同时"打倒高利贷"，故其放款利率自应力求其低。1927年以前，向合

[1] 关于放款期限的长短划分，有不同说法，如巫宝三就农业金融的一般情形而论，划分为"数月至1年的短期放款，以1～5年为中期放款，以5～10年为长期放款"。

[2] 巫宝三：《华洋义赈救灾总会办理河北省农村信用合作社放款之考察》，第90～92页；梁思达：《河北省之信用合作》，第194～195页。

[3] 参见李文伯《河北省之棉花运销合作》，第218～220页。

[4] 参阅巫宝三《华洋义赈救灾总会办理河北省农村信用合作社放款之考察》，第92～93页。

作社的放款利率均为年息 6 厘，之后"按社务考成之优劣、承认时期
之长短以及还款分期次数之多少，来确定利率之高低"①。至于社员
借款利率，承认 1 年以下的合作社，最高不得超过年利 1.2 分，承认
2~4 年者不得超过 1.25 分，承认 5~7 年者不得超过 1.3 分，承认 8
年以上者不得超过 1.4 分。最普遍者为 1.2 分左右，占社员借款额的
76% 以上。而在 20 世纪 20~30 年代，乡村借贷利率之最低者，适为
合作社放款利率之最高者，其中，70% 的放款（或借贷）为 3~3.5
分，其最高者甚至达 18 分（见表 5-9）。

表 5-9 20 世纪 20~30 年代华北 150 个乡村借贷利率调查

利率组别(年利)	流行村庄数(个)	百分比(%)
15%	1	0.66
20%	7	4.66
25%	26	17.33
30%	73	48.66
35%	32	21.33
50%	1	0.66
60%	5	3.33
180% 即日息铜圆两枚	5	3.33
总 计	150	100.00

资料来源：巫宝三《华洋义赈救灾总会办理河北省农村信用合作社放款之考察》，第 95 页。

由上述可知，合作社放款利率远远不到乡村借贷通行利率的一
半。在这种利率条件下，合作社只要有充足的放款资金，高利贷必为
合作放款所打倒。

第三节 农村合作社的社会作用

章元善曾经指出，20 世纪 20~30 年代，中国农村有一个健全的

---

① 参阅巫宝三《华洋义赈救灾总会办理河北省农村信用合作社放款之考察》，第 92~93
页。

合作社，整个农村便会活泼起来；农村中因为有了合作社，空气从沉闷枯燥，变为活泼振作[1]。一如孔雪雄所言，合作事业"不在合作社和社员的数目，也不在放出的款项，……其最有价值的成绩是在教育方面；由于这种合作社教育的效力，不但养成了农民合作的精神，而且渐渐促进了他们服务公众的观念以及改造环境的要求"[2]。随着农村合作社日渐健全地发展，农村合作社的社会作用业已慢慢地呈现出来。据统计，1933 年 2～12 月这 10 个月中，仅河北省各地农村合作社所报告的各种公益事业的具体事例共分 8 类，都是合作社改善农村的明证[3]。本此精神益加发挥广大，则农村受益"当非浅显"。而据1936 年华洋义赈会的年度报告统计，共有 1929 个农村合作社举办了各种各样的附属事业（未报告者不计），根据这些事业之性质来划分，涉及民众教育方面的如兴学（含妇女夜校）、设立民众学校与社员训练班等；涉及农业生产方面的有改良农业、代做农业调查、完粮、掘井通渠、养猪、制造肥料、助耕捕蝗、植树造林等；涉及农村金融方面的有各种纪念储金、节约等；涉及医疗保障方面的有医药卫生、养老济贫、协力救灾等；涉及改善社会风俗方面的有戒除烟酒、改变赌风；在公共服务事业方面，有合作社社员的婚丧互助、协力修路、修改房屋、协力植树等；涉及乡村公共安全方面的有息讼调解、自卫等（见表 5 - 10）。

一　促进乡村民众教育

近代以来，伴随着日益严峻的内忧外患，以及近代化和城市化进程的发展，中国传统乡村自给自足的自然经济逐渐解体，乡村文化遭受了无数次的劫难而走向衰落[4]；尤其是 1905 年，在传统社会生活中

---

[1]　章元善：《合作与经济建设》，商务印书馆，1938，第 88 页。
[2]　孔雪雄：《今日中国之农村运动》，中山文化教育馆，1934，第 273 页。
[3]　崔源道：《合作社改善农村的明证》，第 27～28 页。
[4]　王钧林：《近代乡村文化的衰落》，《学术月刊》1995 年第 10 期。

表 5 – 10 农村合作社附属事业分类统计（1936 年底）

单位：个

类别	数量	类别	数量
兴学(含妇女夜校)	293	息讼调解	139
各种纪念储金	169	节约	74
戒烟赌酒	186	助耕	66
造桥修路	171	捕蝗	49
植树造林	158	掘井	49
医药卫生	113	通渠	13
改良农业	91	完粮	51
养老济贫	60	自卫	96
婚丧互助	199	其他	22

资料来源：华洋义赈会《救灾会刊》，1937，第 69 页。

绵延 1000 多年的科举制度被清朝皇帝一道圣旨就宣告彻底废除，可谓给衰落中的乡村文化"雪上加霜"。有论者指出，清末新政后的"新学制"造成"办学主体由私向公的转变，减弱了民间办学和就学的积极性；……对贫寒向学之家的子弟有所排斥，导致乡村读书人数量日益减少、平均识字率降低，而乡民对新教育传授的'知识'却并不那么承认，使新学生在乡村中不受重视，流向城市寻求发展。乡村读书人心态也开始转变，厌弃固有生活，甚至轻视农民。随着城乡的分离，在都市中游荡的知识青年和失去读书人的农村都成为受害者"[1]。而乡村精英的流失所导致的乡村"荒漠化"是科举制废除所造成严重社会后果的最好注解。

20 世纪 20～30 年代的华北农村，正处在这种乡村衰败之中。"乡村落后，农民知识谫陋，尤其是文盲众多"，即使在乡村民众教育状况较高的定县，民众绝对文盲率都高达 72%，乡村文化教育恶劣之情形，由此可见一斑[2]。因此，"增进乡村文化须在民众生计问

---

① 罗志田：《科举制废除在乡村中的社会后果》，《中国社会科学》2006 年第 1 期，第 191 页。

② 李景汉：《定县社会概况调查》（上），中国人民大学出版社，1986，第 236～237 页。

题得以解决之后，……至少也要供给有关生活的教育，而现代教育只有适合乡村社会与民众生活的需要，才能成为时代建设的工具"[①]。各地农村合作社不仅自己受到合作教育的熏陶，还普遍兴办乡村民众教育。合作社是以社员共同力量，本诸平等原则，谋增进自身经济利益以改善生活状况的一种团体组织。合作社原本既可以改善民众生活，又让社员有得到教育的机会；所以办理合作社的人如"处处从教育着眼，一个合作社就可以算是一个设计教育"[②]。

事实上，一方面适合民众生活需要，另一方面又发挥教育意义，除合作社外，确无他图[③]。合作社的农村教育在乡村资源相对匮乏的情况下，将普通民众教育和乡村教育进行了一种很自然的结合，实际上开创了我国乡村教育的新模式。这种看似无奇、简单的合作社教育，在当时乡村社会的经济建设中发挥了特别的作用，非高昂的现代学校教育所能替代。

这些农村合作社办学的实例在当时可谓"比比皆是"，仅以1933～1936年河北省为例，当时合作社社务考成达优良者多有兴办，且其形式可谓多种多样，有民众学校、女子学校、夜校、社员子弟学校、合作讲习班、讲习所等（见表5－11）。

（一）深泽县大贾庄社

深泽县大贾庄社曾于1935年设立民众学校与社员训练班，于11月18日同时开课。其办法为：①民众学校限期4个月毕业，地点在事务所内，上课时间为每晚7点至9点，课本为农民《千字课》1～4册，已有学生21人；②社员训练班，每晚9点上课，演讲合作社章、《合作讯》及合作办事手续，社员一律听讲，有不到者罚洋1角，作为公益金。以上两项讲授之责，全由理事会职员负担；费用则由该社所得之利息，提出两成公益金内支给，不足时由全体社员分担。社员

---

① 胡昌龄：《合作教育》，中央合作养成所讲义，1936，第2页。
② 董渭川：《合作事业与民众教育》，《山东民众教育》第5卷第9期。
③ 《合作与普及农村教育》，《中央日报·农光周刊》1935年5月16日。

表 5 - 11 河北省农村合作社促进乡村教育情况一览（1933～1936 年）

社名	办学形式	学生来源	社名	办学形式	学生来源
北贾城	研究合作理论与法规	社员、职员	西丁庄	研究合作经营方法	职员
南张村	研究合作章则	社员	小冯村	创办平民学校	社员、村民
南河马	举办社员讲习班	社员	投头庄	组织训练班	社员
石楼村	开办农事讲习所	社员、村民	下坡店	创立女子学校	村民
韩固村	讲授合作书籍	社员	耿家庄等	举办社员训练班	社员
吾吉村	创办社员子弟夜校	社员子弟	西固村	定期解答合作讯	社员
西南口	开办合作夜校	社员、村民	陌南、权寺	自动开观摩会者有 25 个社	村民、社员
东杜村	识字塾—平民学校	村民、儿童	瓜家庄等	设立平民学校共 3 处	村民、儿童
东夷庄	设立民众学校	14～50 岁村民	母庄子村	成立民众学校	社员
白马泉	设立夜校	—	东大佛塔	开办义务夜校	15 岁以上村民
尧山、崔庄社	举办讲习班	社员、村民	南贾庄	组织短期教育班	不限
赵县、西晏头	讨论合作讲解各项学识	社员			

不识字者愿抽暇旁听农民《千字课》，与民众学校学生愿参加训练班者，均听其便。

（二）宁河东夷庄互助社

该社于 1933 年 10 月 9 日召开社员扩大会议，事务员晏俊峰提议成立民众学校，经通过并议定学生入学年龄为 14～50 岁，书籍笔纸等由学生自备，不收学费；请晏君为义务教员，以本村小学校为校址。有学生 45 人，分为两班；成年人均入夜班，晚 7 点至 9 点为授课时间；儿童加入日班，规定"不得旷课，如有要事，须先向教员请假，违者罚洋两角，充学校公费"。

（三）河间县东苟庄社

该社在第十次大会时，经理事会主席提议，在新年休息之际，社员须在社中上课 4 小时，以便研究合作。倘因事不克出席，须先行请假；社内并预备玩具、乐器等多种，以为课后消遣。河间县张吉村社张吉村有 80 余户人家，人口 400 余，仅初级学校一所，就学儿童仅 10 余名；察其原因，无非经济困难所致。该社有鉴于此，特经第四次全体大会决议，设立民众学校及合作训练班，以资补救。有关此类的合作社事例真可谓"不胜枚举"，笔者也不在此一一列举（见表 5－11）。

从表 5－11 可知，合作社促进乡村教育不仅形式多样，而且大多不分社员与非社员的界限；像下坡店社、西南口社甚至还开办妇女夜校。传统乡村社会以"女子无才就是德"为尚，千百年来根本就不重视女子教育；合作社妇女夜校的开办，这种事实虽未必揭示已有多大的教育规模和教育效果。然而，就是这么一个简单的事实，却打破了传统社会对女子教育陈年的禁锢，为更多更普通的乡村女子架设了一个了解新世界的窗口，故其更多地透露出合作组织所蕴含的现代开放意识和平等观念，也给封闭的乡村社会增添了几许清新气。同时，合作社妇女夜校开创的新式教育，或为乡村女子走出乡村、寻求自己独立的新生活带来了更多的机会，无疑促进了乡村社会的进一步开放。

二 改良农业生产，增强农民生产力

我国农业方面可应用合作的方式以实施生产改革的事项很多，如利用水利、防治病虫害、改良土壤、施肥、选种、垦荒等，虽系小事，各地农民若能加以注意，则可增加农田之生产力。农村合作社改良农业生产的措施，主要有合作掘井、合作制造肥料、合作修改房屋、合作养猪等。

（一）合作掘井及代理掘井贷款

北方雨水少，池沼河港又常常干涸，常年苦旱，灌溉大成问题，所以掘井是唯一救旱的办法。华洋义赈救灾总会在山东、山西、河北已经掘了 1 万多口井，帮助农民增加农产收入。1931 年成立了一个

"孟亭纪念金"，为农民掘井贷款专用，并完全委托优良社代办。规定需贷款者，每井以100元为限，先向就地合作社申请，由合作社汇报总会核办；以5年为偿还期，第1期免息，第2期年利5厘，第3期起每期增加1厘。借款还清时，总会以纯利1/2赠给代办合作社为公积金。该项贷款每年核准一次，各社反映好，颇引以为荣。通县小营社，成立一年多工夫，连本带利，积攒了几十块钱；第二年却恰遇旱情，"自春及夏，雨不盈指，不论高原下湿，庄稼完全种不下，急得人无法"。该社执行主任召集紧急会议，提出"用合作社盈余打公井"的议案，与会人员拍手称赞，即着手办理，共打井4口；井事告成，人力便能播种。因此，该社总结得到：非总会指导，乡村不能合作；乡村不合作，公井就无法打成；公井打不成，遇这旱灾，生活就感困难了。

（二）合作制肥

通县小营村社曾得总会用制骨粉的方法，恰遇该村有卖废骨的小行贩，那时不敢多制，仅买了数十斤，按照方法去制。制好后，给园中的晚松补肥。因照农学肥料科上说的，马粪发热力最速，就将制好的碎骨与马粪混合在一起（马粪多碎骨两倍）。三五天工夫刨开看时，完全发了白毛，赶紧研成粉末，施于园内。晚松受了肥，结果比其他肥料好得多。该社试验一下子，足可证明这土制骨粉功效很大。因为村里平时废骨有价值（吃肉的少），只有到年关，差不多大家小户都有点，价值可公道了。议决拿出15块钱，趁着过年时机，买了1800斤的废骨，到春暖花开时再依法制造。将来施在田园里，无论是庄稼还是蔬菜，生产量总可以增加。

（三）合作养猪与改良农业

三河县孙辛庄社用社员股金喂养了小猪4窝，计30余头，由社员轮流出粮食饲养，至秋节后，全部出售，除将各社员粮价提出，净得纯利278元9角5分；放款纯利有43元8角，储金23元6角。各项共计有自集资金387元3角5分。由将此款放给社员70元，存在商家生息 170 元。深泽西区联合会从总会领购脱脂棉种子 7 担试种；褚庄合作社于中秋节征集农产品十余种，开农产比赛会，鼓励农业改良。蓟县下营合作社曾在该村龙王庙举行农产展览会，凡社员均可将优良产品带来陈列；当时计有高粱、玉米、花生、倭瓜、桃、李、柿子、核桃等项，参观者不下数百人。是日还召开讨论会，商量改善农产办法，大家极感兴趣。

三　提倡移风易俗，促进乡村文明进步

在乡村社会里，烟酒对农民生活并没有什么特殊的影响，不过消耗若干银钱而已。为改良乡村旧俗，合作社多倡议戒除烟酒。赌博在乡村里的影响最大，村民"最不正当而又最容易犯的，就是赌博"。在起始时候，无非借口闲暇无事，借此解解闷儿，渐渐地越来越大，结果往往弄到倾家荡产，危害不堪设想。人言"赌博之害，罄竹难书！"此话一点也不过分。众所周知，合作的真谛在"我为人人，人人为我"；而赌博之徒，抱损人利己之心，钩心斗角，丝毫没有"我为人人"之念，根本谈不上自助互助。因此，提倡戒赌，倡导移风易俗，本为农村合作社肩负的使命，职员社员自然不应有这种不良举动，即使对于子弟、亲友及街坊等，也有劝喻之责，如觉农闲多暇，尽可从事有益身心之举，或照《合作讯》所载之"社务扩大周"办法，及时举办；还有一个"釜底抽薪"的办法，就是奖励禁赌储蓄制度。这是在华洋义赈救灾总会指导下，华北各地农村合作社自己开创，并得以广泛实施的新制度。

如前所述，总会素来就十分注重储蓄，曾颁布《奖励储蓄章程》，对合作社办理积极储蓄并较有成绩者进行奖励。各地合作社依据总会办法，将戒赌与储蓄结合起来，制定了进一步的补充规定：凡在旧历年前及年后 20 天内储金者，提高利息；或组织戒赌储蓄会，化赌本为储金，这是戒赌的好办法。实践证明，该办法在乡村可谓行之有效，称得上是 20 世纪 30 年代我国农村社会制度创新的又一成

果。提倡移风易俗，主要从奖励储金、戒除烟酒赌博以及注重节俭与公德等方面下手。

（一）奖励储蓄

合作社有鼓励节俭、培养社员储蓄的能力，使农民爱惜钱财，控制浪费；并给乡村民众提供一个可供储蓄的安全柜，使乡村民众知道如何"死钱活用"，由此逐渐改变将钱财窖藏地下的恶习，促进乡村金融流通。总会较早时就在华北乡村提倡储蓄，并制定一个《农村信用合作社勤俭储蓄规约》，要求社员共同遵守，以协助社员养成良好的生活习惯，"克勤克俭，并将勤俭所得余款，充作个人致富储金"①。这种规约一方面固然可增强社员的储蓄力和储蓄心，另一方面给意志薄弱者一种"善意的强迫"——望你做好人，使无远虑的社员可因团体的扶持而有所改善。正是在总会《奖励储金章程》及戒除烟酒赌毒的要求和指导下，各地合作社多有不同表现，其实例可谓"不胜枚举"。在总会 1937 年版《救灾会刊》对各地合作社附属事业统计中，有关"纪念储金"项共计 169 个社，可见当时该项事业对乡村社会真正的影响"非同一般"。据报道，赵县后营社曾召开社务委员会，议决每临旧历 15 日，举行社员储金，以每亩田地储铜钱 2 枚为标准，如自愿多储者不限。该社又于新历元旦召开社员大会，参加的职员做游行讲演，所讲的题目为"储金利益"；计当日由该社售出之储金小票共 3 元多，并增加储金 10 余元。当时社员储金之烈，由此可见一斑。

奖励储蓄往往与戒除烟酒、赌博连在一起。河间县东苟庄社在第十次社员大会议决组织戒赌会，严格规定"凡犯赌者，罚洋 5 角，半充公益金，半酬报告人"；该社还于每日清晨 8 点，即悬挂储金牌，村中老幼储金者均十分踊跃。村人都谓"此举不仅可储蓄致富，并可养成良好的风俗习惯"。遵化獐子谷合作社 1935 年 12 月 20 日召开

---

① 参阅张镜予《中国农村信用合作运动》，商务印书馆，1930，第 227 ~ 229 页。

社员大会，决议：①按期还款，保守信用；②春节时期劝告村民破除迷信；③严禁社员加入花会，公推李永祥、王华为纠察员，违者罚洋5角。该社并曾由他处运来大批火柴煤油等，按市价分售社员，共赚8元，规为合作社公积金。

（二）戒除烟酒赌博

这类事例确实太多，仅就肥乡县北刘村社、大名县东代固社以及赵县投头庄社当时戒烟戒酒、改良赌风之实况，略为介绍。

1. 肥乡县北刘村社

该社社员考虑到人们对零星少数金钱，多不足重视，才导致随手虚靡，不事储蓄。于是在新历元旦召开社员大会时，由李慎言提议购置小柜子若干个，分给各社员家中，以便少数款项可随时储于柜内，并定每月15日职员分班到各社员家中，将柜内所积累之钱取出，即作为各本人的储金。且恰逢新年后赌博盛行，经决定设立戒赌会，公推李风蓝等3人为侦察员，若有犯者，即召集大会宣布其过失，而促其觉悟。该县吾吉村社于1934年2月3日下午1点召开临时特别会议，理事兼事务员韩济民提议戒除烟、酒、赌，拟定章程四条，社员如犯章被同人侦知者，罚洋1元，以2成酬报侦察人，8成存社为公积金；不受罚者，就开会当众宣布，请其出社。因措施得当，均深受社员及村民欢迎。

2. 大名县东代固社

该社自从决定设立戒赌储金会至1935年3月间，共储金18元2角5分，以此作为戒赌储金纪念金；并公举王锡川等5人为侦察员，负责侦察，如有违犯者，罚洋5角；其中，一半充作个人罚金，一半作公益金。同时还规定，违犯3次以上，即行除名。由于有此项措施，因而社员就绝无再赌者；乡民们也互相劝诫，故赌风大减。

3. 赵县投头庄社

因深知乡村旧历年关聚赌的恶俗陋习危害极大，故该社担负起改进农村风俗之责，特召集理监事会联席会议，决定设立禁赌委员会，推选监事郭盛喜为主席，郭增荣、张鸿文为监察委员；并到各地讲演，劝导乡民戒赌除害，社员如犯赌者，罚洋 1 角，作为该社公益金。上述各社均具有一定的代表性，在当时乡村戒赌活动中产生轰动效用。至于当时其他各地的有关情况如表 5 - 12 所示。

表 5 - 12　河北省部分农村合作社戒烟禁赌罚款储金情况一览

合作社名	具体办法	罚款金额	合作社名	具体办法	罚款金额
尧山北村	每社员各储 1 角	洋 1 元	晋县龙头村社	立戒赌会	罚作储蓄
通县吕家庄	立戒赌会	洋 1 元内	元氏赵堡社	设侦察员若干	洋 3 角
肥乡北刘村	立戒赌会、侦察员		赵县西晏头	监事 3 轮流巡查	若干
河间穆家庄	立戒赌会	洋 1 元	大名东代固	设戒赌会、侦察员	洋 5 角
赵县后营社	每亩地储钱 2 枚	增 10 元	高邑西北蒲堤	立戒烟（鸦片）赌会	洋 1 元
大名刘深屯	设监察员 5 人	洋 1 元	肥乡吾吉村	倡戒烟酒赌章程	洋 1 元
尧山也城角	立戒赌会	洋 5 角、1 元	任县杨固屯	充作纪念储金	若干
叶城西里村	举调查员 8 名	洋 1 元	河间张吉村	立戒烟酒赌会	
河间东苟庄	立戒赌会、挂储金牌	洋 5 角	晋县槐树村	组织戒赌会	洋 1 元
大名滩上村	组织戒赌会	洋 1 角	赵县投头庄	设立禁赌委员会	洋 1 角
石家庄社	戒烟酒充公益金	洋 1 元	徐县东张庄	设立励志储蓄	戒赌金
专家庄社	提倡戒烟酒赌博		东庄里村社	不许看戏上庙	戒烟酒
琉璃河社	国庆提倡戒除嗜好		安国瓦子村	提倡戒赌储金	洋 5 角
安平白驼罗村	解说合作的规则		武清齐庄社	戒赌储金	洋 2 元
迁安母庄子	互相监督	洋 1 元	献县南宗村	戒烟酒赌博	洋 1~2 元

资料来源：中国华洋义赈救灾总会《救灾会刊》，1937，第 61~68 页。

此外，乡村中每到青黄不接的时候，中农尤其是贫农，其筹款只有向当地的富户（高利贷）借债。这在富户看来，有交情的较为容易商量，若由别人介绍的，便较为困难；平日有冲突者，欲得借款就更困难了。故穷人不得不对富户献媚讨好，乡间竟有"贫谄富骄"的坏俗。信用合作社为社员提供资金周转的便利，需要款项，可向合作社通融，不必再向富户谄颜媚色；而富户因无人谄媚也无所用其骄了，"贫谄富骄"之恶俗"或可消灭"①。

---

① 张镜予：《中国农村信用合作运动》，商务印书馆，1930，第 230 页。

（三）发展民主精神，培养道德品质

合作制度具有实现民主经济、维护经济人权的效能，因合作社主要是"以人为本"的组织，系"人"的结合，认为"资本是人以为用的工具，否定资本的统驭之权，从而恢复人为主宰的地位"。且合作社维护人类之平等尊严，以平等互助为原则，实行"一人一票"权，农村合作社每个社员都拥有平等的表决权，以充分发挥民主的精神；还按交易额的多少来分配盈余。这是其维护人权的最大表现，因而合作制度被称为"经济的民主制"。

农村合作社每年均有举行全体社员大会，每月举行各种理事会议或监事会议等训练，其中的选举方法、议事日程都有一定的程序和规则。这种规则训练足以增强民众的民主意识及相应的民主知识，且社员大会与各委员会之间，彼此互相监察，足以增进民众的公共道德。可以说，农村合作社的广泛建立，在某种程度上奠定了乡村民主政治的重要基础。因为，合作社可集合农村中优良分子，用大多数人通过或表决的方式来决定公共团体行为；此事虽简，而对庄稼人却是不容易的事。先前农村中的领袖，是少数所谓的知识分子；现在不识字的人，也可加入合作社，本着自助互助的精神，各尽其能地去经营他们的合作社。所有以前农民那种涣散的样子，农村委顿的空气，都可以渐渐革除。章元善甚至认为，合作社不仅是"改良乡村，就是民主政体的基础，也可因合作社的发达在民间普遍的树立起来"①。

同时，合作社能培养社员有纪律的良好习惯，使社员在办理地方事务过程中，发挥乡村社会团结自治的精神。这种组织可以说是"好人与好人的结合"，合作社利益人人均可享受，但其章程限制甚至拒绝不诚实、没名誉、人格可疑、不节俭、无远虑、有不正当嗜好的人入社，使其自觉羞惭，努力向善，成为"勤勉忠诚、谨慎自治"的好人，从而培养乡村民众的公共道德品质。

---

① 章元善：《合作与经济建设》，商务印书馆，1938，第38～39页。

如涞水县赤土村"自从合作社成立后，经职员等日日宣讲合作规章，劝众人须重信用及道德"，听讲者多被感化，追悔前次处理村中事务之疏忽，奋然有牺牲自己、整顿公务之心，欲"凭借旧有，结合新规，进一步铲除病根，注重储蓄，务使全村利益均沾，结成坚固团体"。所以，合作社之有裨益于社会人心，殊非浅显。而迁安县魏庄社社员侯奎"拾金不昧"以及陶新庄社社员陶呈云"诚实可钦"的事实，可谓合作社注重公德教育的最大收获。

魏庄社社员侯奎常听社中讲解"合作"的种种道理，脑子里有了极深的印象。有一次他捡到了一个装有数张钞票的纸包，不由得高兴起来，因受合作社道理之影响，他心想：丢款的人要是像我一样贫苦或有急用，我若把钱收没了，岂不就害了他吗？于是下决心要把这款子退还失主，回到社里说明一切，并找人写了几张告白，贴在街上招领。失主蒋某丢钱后几欲自杀，听说魏庄侯奎拾得款子，张贴招领，急忙找到侯奎，说明失款数目、纸包式样等。经查无误，侯奎遂将款子如数交还蒋某。蒋某欲备礼酬报，为侯坚辞。陶新庄信用合作社曾由华北农业合作事业委员会借款若干元，经理事会主席杜某查点清楚，带回本社，分贷社员。不意事后短少4元，理主以为个人办事疏忽，懊悔不及。次日社员陶呈云到社，谓其应领款25元，到家点数多出4元，想是理主查点出错，特来退款。该社社员均以陶君诚实可钦，称赞不已。这类注重公德、勤俭节约的事业，留下记载的为数不少，到1936年底，有200余社之多。

四 加强公共服务，建立乡村社会医疗、救助等保障机制

合作理论认为，合作具有伦理及经济两方面的基因。从伦理方面来看，合作包括自助和互助两层次；从经济方面来看，合作具有合力与合理两个效果。自助即人尽其力（智力、体力、能力），力尽其用（正当、效率），自助应为互助之先决条件；互助即力引其类，类宏其效（二力相引生更大力量），它是合作效用的源泉。因此，于树德

认为，合作社既是一种"自助的社会政策"，又是一种"公益的营利法人"①。即合作社是立于"弱势者"地位之人，互相团结而组织成一种自助互助的团体，在法律上，它就是具有公益性质的社会团体。故此，合作社不仅可以救穷，还可使人民彼此发生联系，紧密团结起来"守望相助，疾病相扶持"。

在我国传统的乡村社会，有所谓"礼失而求诸野"，地方宗族组织作为传统美德的承载体，也是传统社会公益和社会保障的重要组织形式。然而，这种观念自 20 世纪以来已"无形消失"，大家只顾私利，忘却公益，结果造成一个散漫不堪的社会。合作社可谓医疗这个社会顽症的一副良剂。章元善早就指出，合作社虽是一种经济组织，但发展到一定程度"自必为各种建设事业、公益事业之中心"②；侯哲苍特别强调，农村合作社必须与社会公益事业发生关系，唯其如此，"才能取得社会的同情，才能发展合作社的社务和业务"③。实际上，当时农村原有不少互助性质的组织，如后夏寨的"馉馇社"，系按月从每个社员征收两毛钱，用来买廉价面粉，确保社员过年用，还向社员放债。该村还有另一个宗教性组织——乡社（也叫泰山社）④。这些可与合作社在乡村中的作用互补。现实中已有不少合作社的事实，说明"合作"确有此种效用。如"婚丧互助"、"造桥修路"、"植树造林"、"医药卫生"、"养老济贫"以及"息讼调解"等，几乎都是服务社会的公益事业，检阅史料，这种事例俯首皆是，举不胜举。

（一）婚丧互助

武清县卢吕庄信用合作社社员协助丧葬一事就是明证。武清小卢庄、小吕庄两村地域毗连，农民往述，多觉亲密，如青苗会等团体，均由两村联合组织。组织合作社时，两村又组一社，名卢吕庄合作

---

① 于树德：《合作社之理论与经营》，上海中华书局，1929，第 18～20 页。
② 章元善：《合作与经济建设》，商务印书馆，1938，第 87 页。
③ 侯哲苍：《合作社与公益事业》，《合作讯》1932 年第 80 期，第 5 页。
④ 〔美〕黄宗智：《华北的小农经济与社会变迁》，中华书局，2000，第 274 页。

社。近有小吕庄村民杨某丧母，家贫无力安葬，该社理事会主席张克忠、监事会主席果自林，召集小吕庄社员开会，共谋协助；小卢庄社员闻讯后也来参加，除张克忠助洋 3 元、果自林助洋 4 元外，其他社员各有捐助，共得 20 余元，助杨某料理其家母后事，一时乡间传为美谈。平乡县阎家庄社社员组织丧葬建筑合作，并由社员大会正式通过。大名县黄金堤社在旧历正月初一开会时，提倡婚丧互助，社员均表赞成，1935 年阳历 2 月 11 日，恰逢社员么金蓝家中办理喜事，各社员在社中集合，齐集至其家，帮忙道喜，村民见社员如此相亲、合作，无不钦佩。此外，大名县柏庄社、赵县猛公村社、平楼社、蓟县东大佛塔合作社等，多有此举。

（二）造桥修路

大城县西子牙社所在村有 6 条主要通道，均年久失修，泥泞很深，天晴则尘沙飞扬，雨天则泥泞难行，全村都感极不便但始终无人修治。倒是合作社的社员大会通过议案：社员全体参加，每人出工若干天，吃自己的饭，用自己的工具，拿自己的劳力集合起来工作，把附近山上的石头搬来，铺成几条小马路。于是村道在几天之内就彻底解决了，而村子里随地都可听到对合作社的颂扬之声，故其地位日高，社务渐佳。涞水县杜家庄因距山甚近，农民每年冬季多以打石片为生，却因雨水冲毁道路无法行车，村民生活顿受影响。该社召开全体社员大会，决议全体社员出工修路，经奋战 1 个月，将周围山路全部修竣通车。此外，肥乡县李家庄、吾吉村在合作纪念日捐款修筑道路，广平县北盐池村社为方便行走，修筑附近道路；徐召东张庄社、东大姑庙、北营村、高村、大梨园村、张家圩、北高昌、西固、赵县南区联合会、邢村社均有修路记载；东仲相固社修理村东西之大道，并栽树百余棵；河头村每社员出稻楷一束，协同村民搭建一小桥。

（三）植树造林

遵化县小于家沟互助社倡议植树绿化，于 1935 年春曾植树 3000棵；卢家寨福益林场购买《养松实验谈》一册，准备在该村山坡养松。武清县齐庄合作社 9 月 13 日开社员大会，因该村以北有荒地 8 亩，议定每年每社员在该地植树一棵，并由社员负责保管，从 1936 年春天开始实施。程家寨社决议，植树节那天在村边隙地、野外荒地、大道两旁实行栽树；席寨社倡议择地栽种枣、梨、松、柏等树；西辛寨社实行栽树，以树之收益作为储金。

（四）养老济贫、息讼调解、医药卫生

顺义西绛洲营合作社于 1935 年 10 月 16 日召开第三次社员大会，理事主席王理提议积谷储蓄办法，于每年秋收后，每个社员应存款 10 斤，作为储蓄，如收成好，还可多存。倘遇荒年，则分贷社员应急，大家俱表赞成。10 月 30 日已积谷 350 斤，并分贷董有廷等 6 个社员应用，言明每借 10 斤每年增加 2 斤作为利息。石楼村社组织粮食公仓，救济贫民；东侯坊、东大姑庙、东漳堡等社为村民施种牛痘；投头庄社特组织治蝗会实行捕蝗。蓟县东大佛塔合作社于 1935 年 11 月 1 日召开社员大会，议决联合本村乡长葛占元，组织息讼会，遇有争讼，须先经息讼会调解后，始得起诉；赵明桥社本合作精神，组织自卫团。

农村合作社在社会保障方面的最大创新就是农村合作医疗的实验。河北省河间县位于县城东北方向的马户生信用合作社在本村福音堂外"组设施药会一所，药费由本社公益金项下拨付"，社员及非社员、本村与邻村"有求必应，概不收费"；公推马万苍为经理（系义务职），每逢春季"施种牛痘"[1]。此外，诸如蠡县中滑村社、完县北大悲社、无极县北丰村社等优良社均"自制药材，廉价出售，并设施药局以济病人"，为社员及村民看病吃药提供了不少方便。这些早期农村合作社的医疗设施已经揭示了中国农村合作医疗的诞生[2]。

---

[1] 《河北合作》，中国华洋义赈救灾总会丛刊（乙种 71 号），1935 年 9 月刊行，第 29 ~ 31 页。

[2] 有关农村合作医疗的详情，参见刘纪荣《20 世纪前期农村合作医疗的历史变迁》，《浙江社会科学》2005 年第 2 期，第 74 ~ 80 页。

值得一提的是，《河北合作》汇集各优良社的附属事业多为综合性质，如无极县北丰村社、肥乡县李白庄社等，因举办附属事业较多，很难明确归类，故仅以数例略示其要。

1. 无极县北丰村社

该社由邻村社员韩鸿科提倡，经发起人耿守己召集村民 16 人，发起组织；自 1928 年 8 月 13 日成立以来，历年考成均列为甲等，成绩斐然，曾多次接受农利股于树德、李在耘，英国合作专家施德兰等的参观指导。最初，耿守己有感于该社识字社员太少，恐影响社务进展，便自任义务教员，在该社附设一所平民学校，召集社员子弟 30 余人为学生，于每年冬季定期开办，并向北平中华平民教育促进会备案承认。仅 1929～1931 年，该校学生先后多次获得平交会与县教育局各项奖励助学费 30 元，并发给初级和高级学生毕业证书共计 66 人。

自办平民学校后，该社社员对合作知识增进不少，并有 20 余人能用新式账簿记账，于 1933 年元旦附设消费合作社，经全体社员努力维持，其社务"日见生机勃勃"。总体来说，该社对于农民物质及精神生活均影响较大，不仅"助使社员勤俭，人人大半识字，增长了不少合作知识"。且社员人人都有正当职业，人格高尚，移风易俗，精诚团结，乐于互助，该社社员耿守己、韩兰群、耿怀义等先后为指导邻县邻村"组织正村社、东丰庄社等达 27 社之多"①，且均系请求指导、自动发起。这确实为农村合作社"先进带后进"，带动乡村共同发展，引领乡村社会文明与进步的显著表现。

2. 肥乡县李白庄社

该社的各种事业在当地可谓"颇有建树"。有鉴于村民大多使用旧式农具，早在 1934 年春就组织利用合作社，购置新式农具如拉庄

---

① 《河北合作》，中国华洋义赈救灾总会丛刊（乙种 71 号），1935 年 9 月刊行，第 49～50 页。

稼车耕地的机器犁耙等。原来该村金融关系素由多人组合的高利贷机构"东洲会"操作把持，负债者因无力偿还而常被拆房卖地，故村民又称其为"坑人会"。自信用合作社成立后，向总会借款两次放款给社员，"原来钱号钱会（或合会）借款利息至少月利4分，甚至每元每日铜圆1枚，还得有抵押品；今则利息日日减低，村民皆称合作社为我农民真正自救的金融机关"。据当时对农民负债的调查统计，"向合作社借款者24户，计680元；向东洲会借款者计550元"。两者合计1230元，而农民向合作社的借款明显高于向东洲会的借贷，因而，"村中经济日见活动，社员得益匪浅"。此外，该社开办青年社员讲演所，非社员子弟均可参加，还特设立婚丧储金，提倡修街修路和掘井，并在事务所代办邮寄信件业务，深受村民喜欢①。

综上所述，农村信用合作社作为乡村社会的"一种新势力"，其影响所及，"不仅是经济上的，而且是社会的"②。如前所述，德国勒夫艾森信用合作社本身就注重社会公益事业，国民政府《合作社法》在所定盈余分配办法中，也有公益金提成之规定，以促进其社会效用之展开。事实上，各社办理的附属事业以及各种"非贸易合作"，多半为社员精神与劳力切实合作之表现，其发展之程度，并不以公益金之多少为定衡。以河北省为例，其合作社经总会10余年的培植扶持，已有自动的能力。华北农村近20年来合作事业的发展史实早已证明：合作社不仅有其经济的效用，且有广泛的社会作用和影响。随着农村合作社的发展，其受益者"不仅为已入社之社员，即合作社所在地未入社的民众也莫不享受其福利"。合作社社员彻底明了合作的原理之后，不断要倡办别的合作社；而各种社会陋习、恶习惯已渐难在合作村子内存在，戒赌、戒酒、戒烟、息讼等活动，不一而足。因为年终演戏祝神，有的村子还变更了计划，乘这个农暇作乐的机会，"办

---

① 《河北合作》，中国华洋义赈救灾总会丛刊（乙种71号），1935年9月刊行，第97～99页。
② 张镜予：《中国农村信用合作运动》，商务印书馆，1930，第243页。

些合作讲习会、合作运动宣传周、识字运动等公益事业"来代替①。
这种社会影响已不是当初农村合作社发起人所能想象到的。

农村合作社为什么能有如此功效？原因就在于农村合作社的组织
成员全部为乡村民众，合作社实施的组织训练，直接面对的就是农民
大众。因此，合作社的教育意义在民众教育领域中更为明显。纵观
20 世纪 20～30 年代的民众教育机关，多以举办合作社为其生计教育
的主要工作②。民国时期著名社会教育家朱若溪从民众教育角度对农
村合作社做出全新的评价，他甚至认为，"用合作社来改善民众的生
计，只是尽了合作社的部分责任，应进一步用合作社的组织来实施全
部的民众教育"；因为 "合作本身就是一种教育，由此设施各种教
育，能获较大效果；合作社是民众自觉的一种组织，而且长期存在，
事业可望悠久；以合作社为民教中心机关，则合作社就是基本队伍，
可使施教有固定的对象；合作社作为解决民众经济问题的唯一办法，
其最初从民众实际生活所发出的教育，最为切实"③。正因如此，才
有人主张以农村合作社为中心机关，来从事整个农村建设。对于中国
小农土地的不足与碎裂，不经济的农业经营，生产的衰落，农村金融
的枯竭，高利贷的剥削，买卖的不公，有力组织的缺乏，公共精神的
薄弱等种种问题，农村合作制度的确有补救的效力。发展以公共利益
为本位的农村合作，实为早日实现民生主义最和平的方法。这也许就
是国民政府积极推进农村合作的根本原因！④

第四节　农村合作政策实施过程中的若干问题

1927～1937 年，尤其是 1935 年国民政府统一全国合作行政、推

---

① 章元善：《合作与经济建设》，商务印书馆，1938，第 88 页。
② 参见郑大华《民国乡村建设运动》，中国社会科学出版社，2000，第 506 页。
③ 朱若溪：《以合作社为民教中心机关之倡议》，《山东民众教育》第 5 卷第 9 期。
④ 李景汉：《中国农村金融与农村合作问题》，《东方杂志》1935 年第 33 卷第 7 号，第 24 页。

行全国合作事业实施纲领以来，农村合作社无疑得到了相当程度的发展。至抗战前南京国民政府注重农村合作事业已有多年，但直到实业部合作司设置后才"把领导合作事业的责任负了起来，在千头万绪之中，划出这一条路来"；政府的用意"要使凡对合作事业具有热心的人们，都有适当的机会参与其事，顺着一致的方向共同努力"，在合作事业的各方面"将择其基本而急要的工作，集中力量先做起来"，同时又顾及"政府来提倡合作事业，不至于抑制了人民自动的能力"，既要能应付非常，又要保持合作的原则，借以实现民生主义。关于法规、标准、系统三方面，国民政府已有合作社法（含施行细则）、合作社章程准则、登记须知、社名说明书等，可以说是"一个规范、统一行政的工具"；在合作社的系统、合作社之会计这些"急务"方面，国民政府都有"相当的准备"；同时国民政府在技术与人才方面也制定了具体办法，把合作技术不断地介绍给各省以为各省训练技术人员；在合作金融方面则设立了农本局，均可适应需要。总之，中央政府一方面把地方行政责成地方政府负责去做，另一方面将最低限度之规范树立起来，用以统一全国的合作事业。再尽力准备地方必要之助力，充实地方的力量。章元善期待着，认清了合作行政各有关方（如中央与地方、政府与民间及技术、人才、金融等）各应遵循的途径，集中力量，积以时日，合作事业"当能得到预期的效果"①。即便如此，由于合作制度是一种外来制度，而由政府主导的这一制度变迁或合作政策的实施中，合作行政无疑占据了最为关键的地位。近代中国合作行政演变的总体趋势是随国家日益将合作运动纳入社会经济建设的总体架构中，把合作制度作为国家的经济政策推向乡村，依靠各级行政机构推进合作，故有学者认为，"中国合作运动之特质：第一在于合作指导制度"②。而合作指导制度的具体实

---

① 《合作行政的途径》，见章元善《合作文存》（下），第 42～44 页。
② 秦亦文：《中国合作运动概观》，《山东合作》1936 年第 4 卷第 7～8 期，第 7 页。

施就在于连接政府与农村民众的合作指导员。在合作指导员本身因合作教育的速成乃至缺乏的条件下，合作政策的实施就必然遭遇合作人才短缺的瓶颈。加之普通民众的合作教育或训练在当时的短时间内难以普及，民众对合作的了解、理解程度极为有限，于是合作教育就成为合作政策实施过程中的一个难以解开的症结。当然，由于合作社法仅为一种综合单独立法模式，随着农村合作社的发展，相关合作社及其联合社的各种业务间的相互矛盾与冲突也逐渐呈现出来，因而在政策实施过程中必然涉及相关法律的调整与变动，其中的问题可谓"日积月累"，难以消解。

一 合作指导问题最为突出

农村合作运动诚非农民的自觉运动，而系由外力根据合作原理，结合各地社会经济状况等情形，确定合作政策，促使农民由被动而达于引动，由引动而达于自动；故无论是民间社团还是政府机构，合作指导实有必要。合作指导负责合作事业的设计规划和技术指导等全面推进事宜，其机构可分为专职指导（如各种"合作事业委员会、合作课、合作指导处"等）与部分指导（如各地"棉产改进所、民众教育馆、定县平交会、华洋义赈会及合作放款之银行"等）两种；当然，"部分指导机关"均设有专职合作指导员。

纵观20世纪20~30年代我国农村合作运动之实态，各种合作指导机关可谓"遍及各地"，但整个合作指导之系统却"倍极紊乱"：有设"指导员"负各地实际指导之责者（如河北、山东），有设"指导机关"负各地实际指导之责者（如河南、华北战区及陕西）。各地指导员的隶属关系也甚为复杂：有隶属于县政府者，有隶属于县合作指导委员会者，有隶属于社教机关、慈善机关、实验机关或私人团体者。至于指导员在各县的隶属关系则更为复杂多样，这些指导员也常因隶属关系不同而有不同的称谓，如"视察员""调查员"等。各指导机关则有设驻县指导员办事处，或驻县指导处，如河南各县及华北农产研究改进社之棉运区域；有跨县设置区指导所或外勤办事处，前者如陕西棉产改进所，后者如华北农业合作事业委员会及陕西农业合作事务局；还有设驻省办事处者，如实业部合作事业驻某省办事处。指导机关如此"多样化"，其具体问题委实"层出不穷"。

这充分表明，当时政府在合作指导上存在突出问题。而最为突出的问题是，在合作行政或合作指导上的"党政不分"。从已有合作行政和合作指导机构的设置来看，不仅政府设立了专门负责合作行政、指导的促进机关，且国民党中央及各级地方党部几乎也均设有类似机构。仅就国民政府与国民党中央层面来说，国民政府既有实业部合作司，又有全国经济委员会下设的合作事业委员会；国民党中央党部既有隶属于中央民众训练部的合作事业指导委员会，又有中央地方自治计划委员会之专门委员研究会及中央国民经济计划委员会之专门委员研究会均设有的合作组。而上行下效，各级地方的合作指导机构可谓多如牛毛，这种机构设置上的"叠床架屋"，最终导致的不仅仅是毫无效率、浪费资源，更是民众逐渐丧失了对迫切需要的合作事业之希望。

政府提倡合作事业，本来促进工作的任务在使人民"自觉合作的需要、自行组社、自己处理社务"；在民智落后的条件下，一个必要的方法是"曲线引动"，但"实地应用"这方法的人很少。所谓"曲线引动"为政府提倡合作的一种方法，即政府仍从唤起民众入手，仍要人民自己感觉到合作的需要，起而自动地组织，自己经营管理业务、社务。所以，这样形式上"虽然是政府提倡，实际上仍是要民众自己去做的"。章元善对这种曲线引动工作打了一个比方，合作指导人员如保姆，合作社如婴儿，保姆对于婴儿的责任与其说是"抚导提携"，毋宁说是"使婴儿自立成人"更为恰当。若保姆对婴儿"慈爱过度"，虽到"力能自动"年龄还终日怀抱提携而不忍释手，致使婴儿自动能力不能"与时俱进"。贤良的保姆"在抚到婴儿自立成人后，并可获得创造保育新机能的效用"。

就各省合作行政经费而言，因实际上并不是在那儿"引动"，不知不觉地还在那儿"代动"，所以就不断地感觉"经费困难"。每年两万元的嫌少，每年十万元的也嫌少，而其"人少事多"的痛苦似乎格外严重些，大有"预算愈大，经费愈不够"的模样。作为中央合作行政负责人，章元善就此提出严厉批评，直呼"这是一种病态"，其原因就在于不能发挥"引动"的效用①。为此，章元善曾深刻剖析了"人少事多、经费困难"这种在当时各地合作行政界较为普遍的病态现象，除举例说明、详加驳斥外，他指出解决这种问题的办法就是"定期召集邻近各社集中指导说明，把合作社分组，将示范责任交给老社，作为一方楷模；由老社协助、带动新社"。

合作促进机关对合作社"自应处处体贴"，但不能"过于周到"，乃至"抱一种成见"：以为新建合作社能力太差，不能处理任何事务，所以"事无大小，均派人去替办"，即使组织比较健全的老社"也未撒手任其自己经营"。经验告知，"若非存心敷衍政令"，而真正以合作为自求经济生活改善的途径，合作社的业务和社务"总是在逐渐发展的"，决不退缩或仅维持现状；对此唯有"撒手诱导其自办"，否则，合作指导工作只有"日趋繁重"，甚至陷于"官办合作"而莫能自拔。更何况在中国合作事业正长足进展的过程中，"社数日有增加，因此工作日益繁重"，繁重到相当程度就"不能不增加人员"，但同时"经费预算却有限制"，由此可见，"过于周到"的必然结果就是导致"经费困难"。

章元善从早期华洋义赈会倡导"河北合作实验"中体会到，合作的推进工作需要技术，是一门"手艺活"。如果指导得法，应当"愈做愈容易、愈省事"；一旦感觉困难吃力，应赶紧"严查检讨"，设法改善。最后他提出警告，各地合作促进工作若不在"引动"上想办法，切实发挥其意义，那么"经费恐慌程度定要一天比一天严重，

---

① 《真正人少事多经费不充吗》，见章元善《合作文存》（下），第49页。

公家多费金钱，对合作反而难得着效益"。这是应该特别注意的地方。

这里，有必要就政府在合作行政上的首要职责——合作社之登记进行一番重点说明和强调，这不仅仅是总结历史经验教训，同时也是当前农民专业合作社发展所面临的突出问题。

合作社之登记本为一专门技术，非仅为例行公事，实含有控制整个合作运动发展之力量。担任登记之职务者，除对合作原理及合作法规等须有透彻的了解外，还须对于各地经济状况有一定了解，始能胜任。作为合作行政的重要内容——登记的作用在于提供一种保护良好合作社或取缔不良合作社的方法，是把握合作事业健全发展的第一道关口。这把关既需要严谨的管理精神，更需要全面的合作学识，且要求熟悉农村的社会经济环境等，故只有高级合作专门人才方可胜任。方法运用得当，则凡合乎合作原理、宗旨纯正、手续完备的合作社，皆可取得法人资格，受政府的保护与监督；反之，办理不当，则不仅合作社登记的意义"丧失殆尽"，且足以鼓励弄虚作假，对合作事业可谓"贻害无穷"。

然而，在南京国民政府合作行政系统树立之前，当时的实际情况是：合作行政人员严重缺乏，多由合作指导员兼办行政与指导。因严重缺乏合作专门人才，各县仅有的一两个指导员还都是短期培训中之"急就章"产物，故该种人员无论在县级还是省府，均难以符合办理登记合作社的职务要求。可以说，当时的合作社登记只有"形式上"的意义，根本没有发挥实际的作用和效果，政府办理农村合作事业总体上有"量"无"质"的根本原因即在此。同时，国民政府在整个乡村基层的政治、经济和社会结构未做根本变革之前，合作社不可能充分发挥其应有的组织化效能，更不可能真正达到所谓"救济农民，复兴农村"的旨归，成为"新政治的坚固基础"。

二　合作社立法问题

任何法律的颁布实施必须以事实经验为依据，古今中外莫不如此。中国第一部《合作社法》诚为优良之法，然从初创合作社到《合作社法》的颁布实施，我国合作运动的历史总计不到 20 年，与西方各国合作运动长达 80 多年的发展历程相比，其"经验短少"之弊实不可讳言。正与他国一样，我国的合作社立法也有待于"经验的修正"。

该法自实施以来，无疑遇上了不少实际困难与问题，如法定登记时间以三个月为限，实则由于交通不便、工作困难，尤其是合作社缺乏自动能力，登记工作几乎全部由指导员代办，是以欲速不能；加之各主管机关欲借重登记之际，对原有合作社加以整理和审核，致迟延时日，直到 1936 年 10 月底"犹未结束"①。具体来说，《合作社法》施行困难的原因，可从合作社与合作立法两方面加以说明。

（一）合作社方面

这包括两方面，即合作社缺乏守法精神、社员缺乏守法意识。合作社守法精神之缺乏，实为《合作社法》实施困难的最大原因。由于合作社章程多系填抄"空白"或"模范"章程而来，这种"模范章程"例由指导机关印发，应无违反法规之处。然因此发生一大流弊：合作社对其设立唯一基础之社章，鲜能透彻了解，只知依样画葫芦，而不明所以。指导员往往未能详细解释，致章程填就后"形同具文"。这在成立稍久之合作社最为普遍。还有部分合作社为章程配制镜框，悬于堂奥，"平时不常查阅"，章程既失实际效用，则合作社业务"多凭少数职员意旨，左右一切"，"名为法治，实为人治"②。而指导员注意力无法集中于一社，多有疏失；且为工作顺利计，少有开罪职员之举，因循日久，合作社之守法精神益形涣散，终不可收拾。

---

① 梁思达等编著《中国合作事业考察报告》，南开大学经济研究所，1936，第 79~80 页。

② 梁思达等编著《中国合作事业考察报告》，南开大学经济研究所，1936，第 81~83 页。

《合作社法》实施困难的第二大因素为"社员缺乏守法之程度"，即社员还不具备守法意识。当时中国农民教育水准之低，非实际乡村工作者"殆难尽悉"；欲其被动地遵守法律，固为难事，欲其自动运用法律，尤属不易。据梁思达等考察，社员初对合作社名称训练三四次都还难记住，故"欲了解数十条章程之精神与内容，其困难可想而知"[①]。当然，合作社缺乏守法精神与社员缺乏守法意识，固非法律本身之问题，应加强合作社方面的训练与教育。

（二）立法方面

《合作社法》缺乏弹性和简易性，是其实施困难的重要原因。如关于"盈余分配"规定得"太严"，合作社每为事实需要，感有变通之必要，却为法所不许。该种情形尤以运销合作社最为显著[②]。又有关于"社股金额"与"社股数目"之限制，以及"公积金存储"之规定等，均缺乏弹性。另外，《合作社法》有关各种会议及开会期间的规定，合作社能遵行者恐"不及十之二三"；特别是各种罚则之规定，主管机关若依法执行，全国合作社"几无一幸免"。这些都是因缺乏简易性而不易遵行，其结果被视为"具文"，使法律与实际严重脱节。再者，《合作社法》存在若干严重缺漏：①缺少免征印花税的规定；②缺乏对与合作社"恶意竞争"、打击破坏合作社行为的具体规定；③缺乏对法人社员之权利与义务的详细规定。这些均有损于合作社的公平性原则，应加以补正。此外，《合作社法》及其《施行细则》还有不少在施行中发生困难之条文，均须修正，但原则是"宁少勿多，应择其最切要而感困难最显著者"[③]。

---

① 梁思达等编著《中国合作事业考察报告》，南开大学经济研究所，1936，第 84～88 页。

② 梁思达等编著《中国合作事业考察报告》，南开大学经济研究所，1936，第 81～83 页。

③ 章元善、于永滋：《合作社法草案意见》，《大公报》1933 年 2 月 2 日。

三 农民自身的角色认同与转变问题

前已述及，近代中国农村合作运动使超过 1/5 的农家参与合作组织，那么个体农民向合作社员角色转变的实际过程如何？是否达成上述目标？以下略做考察。

中国近代合作运动发展的"自上而下"路径，决定了小农加入合作组织其实就是一个恶劣经济环境中的社会动员过程，从以下两个实例，我们可以看出合作社建立与民众社会动员的过程。江苏吴兴唯亭山信用合作社，由苏州青年会农村服务处倡设，1930 年秋，在"重重困累之下，从谈话中信用合作社大已受农民的欢迎，不久几个农民已自动做了发起人去征求社员了。计自 9 月 22 日起至 11 月 8 日止，在这一个半月的筹备时期中，我们为训导信用合作社的进行，开过了 17 次的谈话会，筹备的事务，可分其大要为：（一）征求并相互通过农民加入做发起社员，（二）解释信用合作社之理论与实际，（三）商订章程与公约，（四）预选理事与监事，（五）与吴兴合作事业指导所接洽，（六）请求县政府许可成立，（七）筹开成立大会"①。随即，1930 年11 月 9 日，唯亭山信用合作社筹备成立。浙江丽水县陶业合作社，"今年春作者受社会命意，经过二个月宣传工夫，从工人心目中认定有组织合作社共策进行之必要，始促成合作社，经理其事，以纯正工人为社员，别开不以绅商主持之局面"②。

近代以来西方资本主义的冲击，以及工业化与城市化对乡村的侵袭，迫使小农不得不联合起来，共同应对农业商品化、市场化的挑战。梁漱溟曾言："在此刻逼着中国人往团体组织这个路上去的，我以为最有力的就是外来的这种经济竞争的压迫。零零散散的农民，受此外面大势的逼迫，他将很自然的必要从分散往合作里去走；以合作

---

① 唐希贤、施中一：《一周岁的唯亭山信用合作社》，《合作月刊》1932 年第 4 卷第 6 期，第 18～19 页。

② 刘照藜：《介绍丽水县之陶业合作社》，《浙江合作》1935 年第 3 卷第 5 期，第 11 页。

团体利用技术进步。"① 参与合作、提高自身组织化程度，成为小农阶层应对外来冲击的主要手段，因而也促动着小农经济的变迁。由此可见，民众加入合作组织是社会动员与经济环境驱使下的一种选择，在此过程中，民众也经历着从徘徊观望到主动参与的心理变迁过程。

以江苏武进绣衣桥信用合作社为例，合作组织筹备与成立初期，合作社员"对于合作的认识，大家也还不大清楚，只晓得农村经济困难，便一心一意地从借钱来设法，也没有想储蓄，更没有想到怎样来改良生产"，因此，合作社建立之初，合作社员对于合作组织仍处于"漠视"阶段，并未主动参与合作组织的发展。但是"后来（1935 年）大家觉得组织的需要，于是推出庄惠和等出来，筹组养蚕合作社，……关于共同'购种''催青''饲育'，乘着以前一贯的办法，比较容易得多，但是我们对于这些，还是觉得不满足……所以在今年春蚕时便进一步，开始办理集中零烘，和存茧运销几件业务"。合作社的力量也为该社社员带来较好的收益，"每担鲜茧（较当时市价）可多得十余元；这一些实际利益，得到更多的蚕农信仰"②。事实表明，较好的组织收益（得到实惠）吸引着蚕农加入合作组织，并坚定其合作信仰。因此，如若合作组织运行得力，小农对合作运动的心理态度也从漠视与观望，进而变为主动参与。

无锡县第一区黄巷信用合作社自 1929 年 5 月开始筹备，历经成立、改组、夭折直至再度成立的艰难过程，民众与合作组织的"离合关系"也见证了小农参与合作的心路变迁。

该社 1929 年 9 月宣告成立，同年 11 月因社员未能按期缴纳股款、社员没有真切认识合作社的重要、相互之间缺乏互信而另行改组；改组以后，又因江苏农民银行无锡分行不允办理信用贷款，"各

---

① 梁漱溟：《梁漱溟的合作言论》，参见杨德寿《中国合作社经济思想研究》，中国财政经济出版社，1998，第 166 页。

② 胡雪苞：《武进绣衣桥信用合作社之前后》，《江苏合作》1936 年第 11～12 期合刊，第 10 页。

社员都因不能信用借款，大失所望，社股也不缴了，社务也无形停顿了"。1930 年 8 月，民教实验区再次以低利放款为手段，引导民众参与合作，在民众感受低利放款的利益之后，1932 年 3 月，比较健全的黄巷信用合作社方正式成立。黄巷信用合作社历时近 3 年的组建过程，印证了小农参与合作运动的曲折，而正是来自合作组织的收益与受益机会，才吸引着民众对合作运动的参与①。

理论上看，合作组织与其他现代经济组织的区别在于，合作社不是资本的结合，而是人的结合，"唯其要者，即为人的问题，所谓合作社是人的结合，乃着重于社员的分子纯正与否、职员是否忠诚尽职等，都是人的问题"②，因此，人的因素在合作运动发展过程中至关重要。近代农村合作运动的发展表明，个体农民即使加入合作组织，也很难做到明了合作原则，按照合作社章程规范自身经济行为。以近代农村信用合作社发展为例，龚家玮在《信用合作社的困难问题》中，依据江苏省各地合作社同人从实际工作中所感到的实际问题，对信用合作社的运行困难做了详细说明，涉及社员、社务、业务、环境等各个方面，共调查 200 余个合作社，其中属于社员本身的问题有：社员不能明了合作的真义，社员缺乏责任心，社员只知借款不愿储蓄，社员除借款外无合作，社员智识浅陋办事困难，社员经济能力薄弱，社员信用不坚固，社员自私心太重不易合作，社员不遵守或不明了合作社社章等。可见，"社员知识程度低浅，经济能力薄弱，责任心薄弱，致合作社之进行往往发生困难"③。此外，"社员知识幼稚都存观望心理""召集社员开会不易""社员不能实行储蓄""社员不能如期偿款"④ 等问题的存在，都说明合作社员尚未以合作社章程来

---

① 武宝琛：《黄巷信用合作社之过去与现在》，《教育与民众》1932 年第 3 卷第 9~10 期合刊，第 1855~1875、1861 页。

② 林志豪：《视察凌家桥区合作社后的感想（下）》，《浙江合作》1936 年第 4 卷第 7~8 期合刊，第 15 页。

③ 龚家玮：《信用合作社的困难问题》，《农行月刊》1935 年第 2 卷第 6 期，第 34 页。

④ 龚家玮：《信用合作社的困难问题》，《农行月刊》1935 年第 2 卷第 6 期，第 33~37 页。

规范自身行为。因此，时人认为，"江苏之合作社多由政府代为组织，予以借款之引诱，社员无相当之训练，不明合作意义；社员所知者只为可以借款之机关"①。在产销合作组织中，合作社社员的经济行为也存在合作原则与收益最大化之间的矛盾，这在蚕丝产销合作社中表现尤为明显，此不赘。

此外，从时人对浙江合作社社员的合作精神与对合作意义的理解程度的调查中，也可以看出合作社社员角色的大致状况。从表5－13可以看出，53%的合作社社员并不了解合作主义，仅有10%的社员"明了透达并有见地"。表5－14说明，只有32%的社员能充分体现合作精神，15%的社员"自私自利无合作精神"。可见，近代合作组织的社员对合作理念的认知与接受程度仍处于较低水平。

表5－13　浙江省合作社社员对于合作主义的理解程度

合作意义理解之程度	社员数（人）	占比（%）	合作意义理解之程度	社员数（人）	占比（%）
每多误解	143	14	有合作之意唯未明白了解	380	37
随波逐流不懂什么	406	39	明了透达并有见地	105	10

资料来源：吴承禧《浙江省合作社之质的考察》，千家驹编《中国农村经济论文集》，中华书局，1936，第344～345页。

表5－14　浙江省合作社社员的合作精神

合作精神	社员数（人）	占比（%）	合作精神	社员数（人）	占比（%）
自私自利无合作精神	159	15	社员间相亲相爱之诚充分表现	325	32
社员间稍有你我之见但不影响社务	552	53			

资料来源：吴承禧《浙江省合作社之质的考察》，千家驹编《中国农村经济论文集》，中华书局，1936，第345页。

① 刘静峰：《河北江苏两省之农村信用事业》，《新农村》1934年第18期，第29～30页。

因此，可以说，近代小农向合作社社员的角色转变并不彻底，这一方面体现为小农对合作原则与价值理念的生疏，另一方面体现为小农即使加入合作组织，依然是家庭生产的主体，即兼具小农与合作社社员两种角色。

造成这种状况的原因主要在于以下两个方面。其一，合作原则与传统乡土社会价值观念的冲突。乡村民众向合作社社员的转变，实质上是对源自西方、基于团体格局的合作原则与价值理念的认同与接受，这与伦理本位的中国乡土社会基本价值观念大相径庭，因此也增加了转变的困难。其二，合作原则与自由竞争原则的冲突。作为对抗资本主义经济制度的合作制度，一俟兴起即反对自由竞争、倡导合作互助的，将竞争与合作视为对立。"合作是生存的法律，竞争是灭亡的法律"① 非常明确地表达了合作原则与市场经济自由竞争原则的区别。面对上述双重阻力，近代农村合作运动中小农的角色变迁因此显得步履维艰。

---

① 王枕心：《当前合作运动的使命》，《江西合作通讯》1948 年第 3 卷第 2 期，第 5 页。

第六章　结语

　　乡村社会的改造是一个长期复杂而又艰巨的系统工程，它要求政府对乡村社会的各个方面如土地制度、生活方式、经济结构、社会教育及各利益团体间的协调等做出努力。尽管国民党人对合作事业的效用有深刻认识，蒋介石在初倡合作时曾明言："合作事业不但可以发展经济，解决民生问题，而且在政治上和社会上，可以使人民的精神能够团结，行动能够统一，力量能够集中，即以造成健全的现代社会，而为新政治上的坚固基础。"① 他强调合作的精神在互助，而合作的具体运用则贵在系统与条理之分明，伦理精神与科学方法必须交互为用，方能适应中国社会之现况，而推进得以顺利②。值得肯定的是，国民政府运用合作社在恢复农村、组织生产、改良或重组乡村经济方面所付出的努力，应该说从外部为乡村社会的现代发展与转型植入了一种新型的"现代社会组织"，客观上代表着乡村现代化的方向，尤其是其舆论导向和合作社较低的放款利率，以及其对农村高利贷的冲击，在乡村社会可谓"开风气之先"，实有相当的社会效果。国民党与国民政府均不遗余力地为合作运动推波助澜，摇旗呐喊，致力于合作运动的规划和倡导，这是农村合作社得以形成规模，并在全

---

① 蒋介石：《总理遗教六讲——地方自治开始实行法之解释》，见秦孝仪主编《革命文献》第84辑，第213页。
② 蒋介石：《1937年1月对合作学院第一届毕业生训词》，见秦孝仪主编《革命文献》第84辑，第212页。

国推行的重要原因。

笔者认为，首先，孙中山等早期国民党人对合作制度的提倡以及华洋义赈会农村合作实验的成功，为这一政策确立埋下了伏笔；其次，新成立的政府所面临的政治、经济困境，确有"救治乡村，重新整合农村"，以确立新政权统治合法性权威的迫切需要。正是众多因素的相互作用，最终促成了南京国民政府时期农村合作政策的确立。正如赵泉民所说，国民党农村合作运动政策的确立过程完全是"在灾祸侵袭、乡村经济衰败及中共土地革命'威胁'等多重危机交织的困境中出台的，而且随着危机的强化与深化，其出台的级别、层次也不断提升，最后成为一项国策"①。而薛仙舟的《全国合作化方案》的提出以及华洋义赈会在河北"合作实验"的初步成功，均为南京国民政府制定合作政策、自上而下在全国范围内逐步推行农村合作运动提供了历史经验和"路径依赖"。加之"救治乡村"，重新整合乡村社会，确立新政权的合法性权威，成为国民政府推行农村合作运动的现实需要，也是新政权化解乡村危机、摆脱各种现实困境的必然选择。

一 国民党和国民政府的高度重视成为合作制度建立的主导性因素

合作是一种外来的经济制度，在西方发达国家，合作社原来由民众自动组织，由下而上形成一个系统。合作制度引进我国"本应亦然"。然而，中国推行合作制度，迥非如各国之仅以补苴一时、起衰局部为满足；在"急则治标"的工作中，仍要很自然地、沉着地培养它，使其在中国的土地上"服土生根"，春华秋实，即实现本土转化。以往的合作行政就是本着"将西方的合作制度本土化"这一信

---

① 赵泉民：《困境中的选择——对国民党乡村合作运动政策确立过程的论析》，《社会科学研究》2003 年第 6 期，第 86 页。

心去做的①。然而，以往各省合作事业"方针未必尽同，精神难以一致，因革之间，破费斟酌"，各学术团体、社会团体以及中外专家对此多有建议。国民政府在去取之间注意到：各省办理合作"应以人民需要为前提，地方环境为背景"。特别是在中国"北涉流沙，南尽百粤；广谷大川异制，民生其间者异俗"这种客观条件下，中央合作行政"要是一概别开，悉绳以严格统一之法制，那么不是鉴刺不投，就是削足适履"。因而当时有关合作制度的"中央法令"均是"大体上之规定，示以准则，处处多留伸缩余地"，以"求实效于永久，不求速效于一时"。章元善认为，这应该是中央合作行政所抱之（精神）态度。实业部合作司于1936年10月拟定《合作行政设施原则》，即把合作事业"置于国家整个经济制度之中，而使其发生最合国家需要的效用"。可以说，南京国民政府实业部合作司的设立，无疑对当时我国农村合作运动的发展发挥了积极的作用。

中央合作行政机构合作司的设立，并不意味着"合作社就不由人民自动去组织"并形成一个系统。表面来看，好像有点不自然，其实不然。因为，第一，政府是为人民服务的。合作运动这个关系国计民生的事业，如要人民自己都有彻底的觉悟，坚强的决心，去自然发展，在各地人民教育水平极为落后且程度不齐的情势下，实在是遥遥无期的一种理想而已。当此国民经济建设事业有急起直追、迎头赶上之必要时期，一个负责任的政府，对此不能袖手旁观，听其自然，须采用一切有效方法来引动这件事、鼓励这件事、促成这件事。政府不仅要尽力提倡合作，而且必须保持合作的本质。即政府始终应以引动为手段，让人民尽快感觉到合作的需要并自发进行。

第二，政府提倡合作，仍须维持合作社的独立系统。政府提倡合作，仍然须从基础工作——宣传合作的意义入手，以此来引导人民自动组织单位合作社——整个合作系统的基础。有了单位合作社，进一

---

① 章元善：《合作与经济建设》，商务印书馆，1938，第48～54页。

步指导各级联合社的组织，这是以往提倡合作的步骤。政府提倡合作，并不是先由政府举办高级的联合社，再行设立分社，由此会造成一个真正本末倒置、自上而下的局面。这是应该亟须避免的。

第三，原本合作行政如合作社的登记、监督等，就是政府应尽之责。抗战爆发前，全国合作社社数已有四万个之多，自应颁行法令，在政府系统之内设置人员，办理法律上的一切手续，这是政府应办之事。将来合作事业无论发展到什么程度，政府引动的工作或许可以停止，但是监督的责任却是始终必须履行的[①]。

二 合作司在实施合作政策过程中的积极作为值得肯定

（一）确立合作事业之使命

很显然，合作社效益不可能立竿见影；然而，当时国家需要可谓"迫在眉睫"。这时候"求收速效"则整个事业"基础不固，形似神非"；任其自然则"发展迟缓，缓不济急"。在这困境重重之"非常时期"，合作司采取的办法是：首先抓基层，将一切力量集中于单位（基层）合作社的普遍建立与健全，而将其上层组织（如联合社）应负工作"委诸经建运动发起之各种新组织（如农本局等）"，以完成可资运用的经济结构。具体办法是"在各省合作促进机关，注其全力于单位合作社之提倡，而在各种新组织，咸以合作社为其与人民交易之对象"。换句话说，当时合作社的使命已成为"非常时期"国民经济建设运动中"经济结构之最小单位"。

（二）表明政府积极主持态度

实业部合作司成立之前，南京国民政府对合作事业基本上采取一种"放任"态度，当时提倡合作"悉任地方机关与私人团体局部经营"；有时视为救济事业，只在需要的地方"发币（投资）兴办"，但缺乏一以贯之之政策。自合作司成立以来，南京国民政府的态度已

---

① 章元善：《合作与经济建设》，商务印书馆，1938，第43～44页。

发生转变：由放任而统制（统一规制），化片段为整体，即使边缘地区也开始"督促进行"，力求均衡发展，务使"合作组织普及于全民"。特别是自 1936 年 5 月合作司"奉令接管（武昌）行营及经委会（全国农村复兴经济委员会）所办之合作事业"以后，更由该司"逐步责成各省自办"，南京国民政府以全国为对象而积极主持之态度"益趋明显"。为此，合作司代拟了《全国合作事业实施方案纲要》、《推行合作事业纲领草案》以及《合作行政非常设施通函》[①]等，即使中日战事全面爆发后也未懈怠。

（三）统一合作法令与合作行政

应该说，首部《合作社法》施行以前，各省单行法令、法规"极形紊乱"。如以前合作社登记"原无定章"，甚至同一区域内，登记机关可以"多达三四处"；民众"越级申请，流弊滋生"。1934年《合作社法》及其细则施行后，各单行法规"渐次废止"；同时，1935 年实业部合作司成为中央合作行政、执法机构，履行国家合作行政之最高权力职能并及时颁布相关措施，全国各地合作社登记"渐归一致"[②]，合作行政效率因之提高，民众组社困难也因之减少。

（四）整理以往合作工作

至 1937 年，我国合作事业已有 20 年历史了。此前各地"办法各异，精神各殊"，合作社组织可谓好坏不一。就个别情况而论，"虽

---

① 参见章元善《合作文存》（下），第 4～10、32～35、73～74 页。

② 根据《合作社法》，中央合作行政机关为实业部合作司，各省、直辖市之合作行政机关为建设厅或专设委员会、社会局，各县市为县、市政府。而实业部合作司颁布的具体登记办法采用"分期登记制"（详见"附录三"），截至 1937 年底，当时各省的登记机关中，有以省建设厅为登记机关的，如江、浙、闽、湘、桂、滇、冀、鲁、晋、察10 省；有以专设合作委员会兼代办理登记的，如皖、赣、粤、鄂、黔、川、豫、陕、甘、绥 10 省；直辖市以社会局为登记机关的，如京（南京）、沪、平（北平）、津、青五市；此外，威海卫以管理公署为登记机关，西康、宁夏、新疆、青海等省合作事业还未发达，而辽宁、吉林、黑龙江、热河这东北四省处于"伪满洲国"治下之特殊状态，其登记机关"皆未确定"。实际上，这只是就省级机关而言，合作社登记情况可谓"渐趋一致"，但具体到各县、市的登记办理，还是处于一种相对混乱的状态之中，须另文探讨，此不赘述。

各有特长",但以此来树立完整系统则"困难丛生",因此,整理工作刻不容缓①。当时所定步骤为"补行登记",即"凡不合格之合作社于 1936 年 2 月一律取消",补行登记之合作社如仍不符合"质的条件",更应"严加甄别"、加紧指导,务必在 1938 年内"一律符合标准②";又以各县市合作事业发达不均,县市政府主持人员因人才、经济关系,设置"极不一致"。有鉴于此,该司还"特定各县市合作社登记分期办法③",以救其穷。

(五)树立合作政策,改进合作技术

学者论及中国合作事业,多以"缺乏一致政策"为诟病,这主要是因为"此前未确定合作事业之使命",合作行政未能统一,中央政府"自难以一定主张指示地方政府"。自合作司成立以来,"因事实之演进",合作政策"始有确定之可能"。1936 年 10 月,实业部合作司制定《合作行政设施原则》共 15 条④,即把合作事业"置于国家整个经济制度之中,而使其发生最合国家需要的效用",可以说是南京国民政府"现阶段之合作政策"。该原则在"缓急轻重之判别、中央地方之分工、组织先后之程序"等方面"均有可资依据之准绳",这对助益我国合作事业之发展"实非浅鲜"。

推行合作不仅为政策所急需,更是一种技术工作,须积累"充分的经验⑤"。因此,合作司在"默察国家需要、博采专家意见"的同时,还就如何推进合作(指导)技术方面"多所研究",按时编印各种手册,分发各省"供各级合作行政指导人员参考使用"。如已出版的有《登记须知》《组社须知》《社名说明》《章程准则》《系统说

---

① 该项整理工作至 1937 年底"已告一段落",预计 1938 年底"可以完成"。无奈中日战事全面爆发,最后可谓"无果而终"。
② 这种"标准"详见 1937 年 4 月颁行之《甄别合作社办法》的附表;又《健全标准》,见章元善《合作文存》(下),第 25～27 页。
③ 参见"附录一"。
④ 详见"附录二"。
⑤ 章元善:《为地方建设人员谈合作》,《合作文存》(下),第 65 页。

明》等书籍，还有后来出版的，如《会计规则》、《查账办法》及《现行合作社法令修正（草案）》[1] 等。

（六）加强国内外合作联络

合作司主管合作行政之初，即分配人员前往各省市进行初步视察；实业部部长（吴鼎昌）亲自前往长江流域各省就地指导[2]，并指示合作司就全国范围之合作事业"拟定计划，将视察事项做出系统化安排"；之后合作司每年"均派员在外工作"，以加强国内合作社的联络，务使中央与地方以及各省市相互之间"均有密切之联系"，并促使合作事业"早收实效"。

同时，训练合作人才也为当时之"要图"。首先，在1937年春，实业部举办第一期（为期6个月）"合作技术人员讲习所"[3]，至1937年7月结束为江南各省输送了一大批合作讲师人才。其次，实业部合作司争取到"罗氏基金"资助，为该司及其各地办事处在职人员提供"研究合作以资深造"的机会[4]。据介绍，罗氏基金共资助了两期合作研究员，以一年为期，每期资助7人共14人，多为合作司驻各地之在职人员。其中，第一期在1937年底结束，第二期至1938年底，每期合作研究员均须向罗氏基金董事会提交研究报告。

---

[1] 见章元善《农村合作社会计规划弁言》《合作社会计制度设计计划决定之经过》《查账办法的设计及其意义》《合作社法草案意见》等，当时的《现行合作社法令修正（草案）》已提交南京国民政府行政院并咨送立法院审核。详见《合作文存》（下），第27~32、71~73页；《合作文存》（上），第3~7、33~34页。这些文章大多为刊载在"特备各省市县政府合作社登记主管人员参阅"之《合作行政》各集的专论，对于提高各地方合作指导人员的业务技术不无裨益。

[2] 《实业部长视察长江四省合作事业》及《合作讯征求"实业部吴部长视察合作后之谈话"之意见文揭晓》，分别见《合作行政》第九集（1936年9月）第13页、第十四集（1937年2月）第15页"新闻"。

[3] 《实业部设立合作事业技术人员讲习所》、《合作技术人员讲习所定二月一日开学》及《合作技术人员讲习所正式开学》，分别见《合作行政》第十二集（1936年12月）第18页、第十三集（1937年1月）第14页、第十四集（1937年2月）第15页之"新闻"。

[4] 《实业部派定罗氏基金合作研究员》，见《合作行政》第十三集（1937年1月）第14页"新闻"。

这种借助社会公益基金以培养合作人才的方式，让实际工作人员直接走向各地合作社组织的最前沿，使合作理论研究与具体实践紧密结合起来，可谓"从理论到实践，又从实践中发现、探索理论"。这无疑在当时对各地合作事业发展产生了积极的效应，值得推崇和借鉴。

再者，创办《合作行政》月刊，这在当时为国内合作行政人员唯一的刊物，成为各级人员交流意见的通信工具或渠道，"收效巨大"，且于1937年1月开始实行"合作通讯"办法，合作司开始与各国合作组织通讯①；1937年6月发行英文合作消息，以此"作为与各国交换刊物之用"，并加强与国外合作组织的联络。《合作行政》月刊由实业部合作司创刊于1936年1月，至1937年12月共发行23集。该刊前三集为同期《中国实业杂志》的抽印本，其内容和形式均较为简略；自1936年4月第四集开始，《中国实业杂志》停刊，而该刊以"提高合作行政效率，加强各级公务员与合作事业之间的联络"为宗旨，作为一种专用工具"特备各省市县政府合作社登记主管人员参阅"。同时该刊以"交换意见，研究技术，流通消息，联络友谊"为使命，其主要栏目有：专著（读者投稿、专家撰述或转载文字）、论文摘要（各种合作书报的摘要）、合作社统计、新闻（国内外合作消息及工作人员近况）、译述、问题解答（回答有关读者提问）、文艺（包括图书、照片、诗歌、戏剧、电影等），由此可见，其内容与形式丰富多样。需要特别指出的是，该刊的性质为"私人意见之交流"而非"政府公报"，仅为作者与读者提供"参考交流"之平台，同时刊载有关法令及法律解释等文字。

最为关键的是，合作司确立了合作运动的指导方针。章元善始终

---

① 《实行合作通讯办法》及《实业部合作司与各国合作组织通讯》，见《合作行政》第十四集（1937年2月）第14页"新闻"。

强调，关于合作的设施方针，首先须认清合作的主体。非农业社会的人，往往是站在领导的地位来看待农民的合作事业。由于农民不能动、不会动，故需要推他动。有许多人一开始就认错了题目，以为办合作的人，自己就是主人，这实在是极大的错误。从事乡村运动的人应当是"越做事情越少，引导人民自动"；这自动力愈大，领导的需要就愈小。好像小孩子一样，他不会站立的时候，要抱着他，扶着他，等他自己会站立、会行走了，便由他去走，预防他走错了途径或摔了跟头，扶他起来再让人走。抗战前，华洋义赈会的事业就是如此，不仅范围越做越小，事情也越做越少，而运动的力量却一天天进展。所以，办合作的人首先要认清：合作的主体是老百姓而非办合作的人自己。

三　造就新型农民是发展农村合作社的核心力量与关键要素

农村合作运动对于近代小农经济而言，首先体现为个体农民的角色变动——从个体农民向个体农民与合作社员双重角色的变迁，换言之，即重塑农民形象，造就新型农民。

在合作组织未深入乡村以前，个体农家散布于村落社区，以家族、宗族组织为基础，聚族而居。"从基层上看去，中国社会是乡土性的"[1]，传统时代的小农，安土重迁，日出而作，日落而息，世代劳作在土地上，主要为满足自家的消费而生产，家庭是进行生产、生活、消费等经济活动的基本组织单位。合作组织置入乡村以后，部分个体小农在家庭组织之上，加入合作组织而成为合作社员，成为兼具两种角色的新型农民。加入合作组织，对于个体农民提出了不同以往的角色期待。

第一，基于近代西方合作原则的合作意识。不可否认，传统乡土社会存在广泛的合作互助行为，但是没有产生近代意义上的合作

---

[1]　费孝通：《乡土中国生育制度》，北京大学出版社，1998，第6页。

（运动）制度。近代合作运动是以一套行之西方近乎百年的合作原则为运行基础，个体农民加入合作组织，更为深刻的转变是认同合作的基本价值与原则，而这些合作原则与价值观念是传统乡土社会所缺乏的。合作社价值观念的基点是：自助，民主，平等，公平和团结。在此基点上，形成以下基本合作原则：①自愿与开放的社员资格；②民主控制；③社员的经济参与；④自治和独立；⑤教育、培训和信息；⑥合作社之间的合作；⑦关心社区发展等①。乡村民众向合作社员的转变，实质上是对这些价值观念的认同与接受。

第二，团体意识（去己意识、个人意识）。费孝通先生在《乡土中国》中曾说："在乡村工作者看来，中国乡下佬最大的毛病是'私'"，所谓"私"的问题其实"是个群己、人我的界线怎样划法的问题"。中国乡村社会的个体家庭成员，以"己"为中心形成如同"一块石头丢在水面上所发生的一圈圈推出去的波纹"，即所谓"差序格局"，在差序格局中的"己"体现的是自我主义而非个人主义。个人主义是基于西方社会的"团体格局"与团体观念而存在的："在个人主义下，一方面是平等观念，指在同一团体中各分子的地位相等，个人不能侵犯大家的权利；另一方面是宪法观念，指团体不能抹杀个人，只能在个人所愿意交出的一分权利上控制个人。"② 个体小农在从家庭（家族）组织走进合作社组织的过程中，正遇到了以差序格局和团体格局为基础的两种不同社会结构与思想观念的碰撞，从自我主义走向个人主义，从差序格局中的"己"演变为团体格局中的"个人"，是合作组织对合作社员提出的另一角色期待。

第三，责任意识。根据1934年颁布的《中华民国合作社法》的规定，"合作社之责任，分左列三种：一、有限责任，谓社员以其所

---

① 张晓山：《合作社的基本原则及有关的几个问题》，《农村合作经济经营管理》1998年第2期，第7页。

② 费孝通：《乡土中国生育制度》，北京大学出版社，1998，第24~26页。

认股额为限负其责任。二、保证责任，谓社员以其所认股额及保证金为限负其责任。三、无限责任，谓合作社财产不足清偿债务时，由社员连带负其责任"①。这就意味着，合作社员需要由宗族组织内的原子演变为具有现代责任意识的独立个体，合作社员的行为不仅是以自我为中心的，同时也是面向合作组织全体成员的。

① 秦孝仪主编《革命文献》第 84 辑，第 437 页。

参考文献

一 主要研究著述

（一）中文

1. 秦孝仪主编《革命文献：抗战前国家建设史料（合作运动）》第 84~87、101~105 辑，中国国民党党史委员会编，1980~1985。

2. 中国第二历史档案馆：《中华民国史档案资料汇编》，第 1、2 编 "财政经济"，江苏古籍出版社，1994。

3. 史敬棠等编《中国农业合作化史料》（上），三联书店，1957。

4. 章有义等编《中国近代农业史料》（第 2、3 辑），三联书店，1957。

5. 冯和法编《中国农村经济资料》及《中国农村经济资料续编》，《农村社会学大纲》等，黎明书局，1935。

6. 千家驹编《中国农村经济论文集》，中华书局，1935。

7. 章元善：《合作文存在》（上、下），中国合作图书馆，1940。

8. 薛暮桥、冯和法编《〈中国农村〉论文选》，人民出版社，1983。

9. 朱斯煌编《民国经济史》（上、下），中国银行学会，1947。

10. 吴藻溪：《近代合作思想史》（上、下），棠棣出版社，1950。

11. 梁思达：《河北省之信用合作》，硕士学位论文，南开大学经济研究所，1936。

12. 于树德：《合作社之理论与经营》《信用合作社经营论》，中华书局，1929。

13. 伍玉璋：《中国合作运动小史》，中国合作学社，1929。

14. 陈果夫：《中国之合作运动》，中国合作学社，1932。

15. 方显廷：《中国之合作运动》，南开大学经济研究所，1934。

16. 张镜予：《中国农村信用合作运动》，商务印书馆，1930。

17. 郑厚博：《中国合作运动之研究》，农村经济月刊出版社，1936。

18. 伍玉璋：《中国合作社法论》，中央合作指导训练所，1935。

19. 〔美〕史蒂芬：《中国合作社法论》，南开大学经济研究所，1936。

20. 程养廉：《中国合作社会计论》，中国合作学社，1936。

21. 寿勉成、郑厚博：《中国合作运动史》，正中书局，1937。

22. 〔美〕白德兰：《农村金融与合作》，中译本，中华书局，1937。

23. 章元善：《合作与经济建设》，商务印书馆，1938；《合作文存》，中国合作文献出版社，1940。

24. 寿勉成：《中国合作经济问题》，正中书局，1938。

25. 张德粹：《农业合作》，商务印书馆，1947。

26. 王世颖译《农业金融概论》，黎明书局，1932。

27. 彭莲裳：《中国农业合作化之研究》，中华书局，1948。

28. 董时进：《农村合作》，北平大学农学院，1931。

29. 梁思达等编著《中国合作事业考察报告》，南开大学经济研究所，1936。

30. 孔雪雄：《中国今日之农村运动》，中山文化教育馆，1934。

31. 胡昌龄：《合作教育》，中央合作指导人员训练所，1935。

32. 〔法〕查理·季特：《英国合作运动史》，吴克刚译，商务印书馆，1931。

33. 魏道南、张晓山：《中国农村新型合作组织探析》，经济管理出版社，1998。

34. 严瑞芬主编《合作经济理论与实务》，北京出版社，1990。

35. 梅德平：《中国农村微观经济组织变迁研究》，中国社会科学出版社，2004。

36. 郑大华：《民国乡村建设运动》，中国社会科学出版社，2000。

37. 林毅夫：《制度、技术与中国农业发展》，上海人民出版社，1994。

38. 尹树生：《各国合作制度》，正中书局，1979。

39. 〔美〕费正清主编《剑桥中华民国史》，章建刚等译，上海人民出版社，1991。

40. 〔美〕易劳逸：《流产的革命：1927～1937年国民党统治下的中国》，陈谦平、陈红民等译，中国青年出版社，1992。

41. 〔美〕艾恺：《最后的儒家：梁漱溟与中国现代化的两难》，王宗昱、冀建中译，江苏人民出版社，1993。

42. 赖建诚：《近代中国的合作经济运动——社会经济史的分析》，正中书局，1990。

43. 张明贵：《费边社会主义思想》，台北联经出版公司，1983。

44. 徐旭初：《中国农民专业合作经济组织的制度分析》，经济科学出版社，2005。

45. 王贵宸：《中国农村合作经济史》，山西经济出版社，2006。

46. 赵泉民：《政府·合作社·乡村社会——国民政府农村合作运动研究》，上海社会科学院出版社，2006。

47. 吴承明：《中国的现代化：市场与社会（代序）》，生活·读书·新知三联书店，2001。

48. 张晓山、苑鹏：《合作经济理论与中国农民合作社的实践》，首都经济贸易大学出版社，2010。

49. 魏本权：《农村合作运动与小农经济变迁：以长江中下游地区为中心（1928～1949）》，人民出版社，2012。

50. 〔美〕查尔斯·沃尔夫：《市场还是政府——不完善的可选事物间的抉择》，陆俊、谢旭译，重庆出版集团，2007。

51. 刘纪荣:《合作运动与乡村社会变迁:20 世纪 20～30 年代华北农村合作运动研究》,中国社会科学出版社,2015。

(二)英文

1. China International Famine Relief Commission, *The C. I. F. R. C. Fifteenth Anniversary Book*, Peking, 1936.

2. Franklin Ho(何廉), Paul Sih(ed.), *The Strenuous Decade:China's Nation-Building Efforts*, 1927 – 1937, New York:St. John' University Press, 1970.

3. Dwight Edwards, The North China Famine of 1920 – 1921, with special reference to the west Chihli area, Being the Report of the Peking United International Famine Relief Committee, Peking, 1922.

4. C. B. Malone and J. B. Taylor, *The Study of Chinese Rural Economy*, Peking:China International Famine Relief Commission, 1924.

5. C. R. Fay, *Cooperation at Home and Abroad*, London:P. S. King and Son LID, 1925.

二 重要参考论文

1. 姜枫:《抗战前国民党的农村合作运动》,《近代史研究》1990 年第 3 期。

2. 潘劲:《民国时期农村合作社的发展与评价》,《中国农村观察》2002 年第 2 期。

3. 苑鹏:《中国农村市场化进程中的农民合作组织研究》,《中国社会科学》2001 年第 6 期。

4. 梅德平:《国民党政府时期农村合作社组织变迁的制度分析》,《民国档案》2004 年第 2 期。

5. 范崇山:《抗战前我国农村信用合作事业之考察》,《学海》1992 年第 2 期。

6. 卜国群:《中国三十年代的合作运动及乡村改良潮》,《中国经济史研究》1994 年第 4 期。

7. 张士杰：《中国近代农村合作运动的兴起和发展》，《民国档案》
1992 年第 4 期。

《国民政府推行农村合作运动的原因与理论阐释》，《民国档案》
2000 年第 1 期。

8. 毛传清：《论五四前后合作主义在中国的传播》，《华中师范大学学
报》1997 年第 1 期。

9. 陈意新：《二十世纪早期西方合作主义在中国的传播和影响》，《历
史研究》2001 年第 6 期。

10. 赵泉民：《"主义"话语与 20 世纪中国合作经济思潮的兴起》，
《东方论坛》2005 年第 1 期；《20 世纪 20 年代中国的合作主义思
潮论析》，《学术月刊》2004 年第 8 期；等等。

11. 张士杰、郭海儒：《蒋介石的农村合作经济思想》，《民国档案》
2004 年第 4 期。

12. 张士杰、冯泓：《陈果夫的合作经济思想及其实践》，《民国档
案》2002 年第 1 期。

13. 赵泉民：《中国近代社会变革时期的经济乌托邦主义——薛仙舟
的合作经济思想刍议》，《东方论坛》2002 年第 6 期。

14. 赵泉民，2003a：《乡村社会整合中的异趣——以 20 世纪 30 年代
江浙两省乡村合作运动为中心》，《华东师范大学学报》2003 年
第 1 期。

2003b：《合作运动与国家力量的扩张——以 20 世纪三四十年代
乡村合作运动中政府行为为中心》，《河北大学学报》2003 年第 4
期。

2003c：《困境中的选择——对国民党乡村合作运动政策确立过程
的论析》，《社会科学研究》2003 年第 6 期。

15. 高璐：《析国民党农村合作运动》，《安徽史学》1999 年第 3 期。

16. 林善浪：《中国近代农村合作运动》，《福建师范大学学报》1996

年第 2 期。

17. 任荣：《民国时期合作运动发展述略》，《档案与史学》2000 年第 5 期。

18. 付宏：《论 1927 ~ 1936 年南京国民政府的农村合作运动》，《西南师范大学学报》2001 年第 1 期。

19. 伍福莲：《试论南京国民政府的农村合作运动》，《四川大学学报》2004 年第 3 期。

20. 李莉：《论南京国民政府时期的农村合作运动》，《徐州师范大学学报》2004 年第 3 期。

21. 汪效驷：《民国时期安徽农村合作运动》，《安徽师范大学学报》2005 年第 5 期。

22. 廖建林：《十年建设时期南京国民政府农村合作运动及其实施成效》，《江汉论坛》2005 年第 3 期。

23. 魏本权：《20 世纪上半叶的农村合作化——以民国江西农村合作运动为中心的考察》，《中国农史》2005 年第 4 期。

24. 刘纪荣：《合作运动与乡村社会变迁——以二十世纪 20 ~ 30 年代华北农村合作运动为中心的历史考察》，《中国农史》2007 年第 2 期。

25. 侯哲苍：《论中国之合作金融问题》，《中农月刊》第 1 卷第 2 期。

26. 李景汉：《中国农村金融和农村合作问题》，《东方杂志》第 33 卷第 7 号。

27. 寿勉成：《我国合作金库之沿革和将来》，见朱斯煌编《民国经济史》，中国银行学会 1947 年编印，第 17 ~ 22 页。

28. 林和成：《民元来我国之农业金融》，朱斯煌编《民国经济史》，中国银行学会 1947 年编印，第 107 ~ 114 页。

29. 欧阳仁根：《试论我国合作经济法律体系的构建》，《中国农村观察》2003 年第 2 期。

30. 林嵘：《合作行政的基本概念》，《合作事业》，经济部合作事业管理局编印，1939 年第 1 卷第 1 期。

31. 朱若溪：《以合作社为民教中心机关之倡议》，《山东民众教育》第 5 卷第 9 期。

32. 陈仲明：《民元来我国之合作运动》，见朱斯煌编《民国经济史》，中国银行学会 1947 年编印，第 345～355 页。

33. 〔日〕菊池一隆：《中国国民党农村信用合作社运动之研究》，《孙文研究会报》1988 年第 9 期，第 86～91 页。

34. 米鸿才：《我国历史上最早出现合作社的地方是河北翟城村》，《河北经贸大学学报》1996 年第 1 期。

35. 刘纪荣：《民国时期合作运动文献述要》，《近代史资料》总 113 号，中国社会科学出版社，2006（9）。

36. 章元善：《华洋义赈会的合作事业》，《文史资料选辑（81）》，中国文史出版社，1984。

37. 于树德：《农荒预防与产业协济会（上、下）》，分别连载于《东方杂志》第 17 卷第 20、21 号（1920 年 10 月 25 日和 11 月 10 日），第 16～30、10～22 页。

38. 徐畅：《薛仙舟与〈中国合作化方案〉》，《淮北煤炭师范学院学报》2003 年第 1 期。

附　录

一　各省市县局办理合作社《登记须知》及《登记分期办法》

（一）各省市县局办理合作社《登记须知·目录》

1. 登记的意义

2. 关于登记之法规条文：（1）合作社法（2）合作社法施行细则（3）各省县市办理合作社分期登记办法（4）登记限期

3. 书类：（1）登记证（2）登记簿（3）变更解散合并及清算登记表册

4. 事前调查：（1）调查意义（2）调查表（3）调查者应注意事项

5. 审核手续：（1）成立登记之审核（2）变更登记之审核（3）解散登记之审核（4）合并登记之审核（5）清算登记之审核

6. 给证汇报：（1）填写登记证及发还章程（2）汇报事项

7. 送达方法

8. 附录：组织合作社须知（附划一合作社名称说明书）

（二）《各省市县局办理合作社登记分期办法》

甲　县政府

1. 县境内设有合作社之村庄，不及全县村庄总数 10%，或社数不及 30 所者得不专设人员。遇有人民设立合作社，呈请登记时，可能时先行委托附近促进合作事业机关或团体代为调查，予以证明，呈请主管厅核示办理。

2. 县境内设有合作社之村庄在全县村庄总数 10% 以上，30% 以下，或社数不及 80 所者，得就科长中指定 1 人兼办合作事项。或径自复查，或委托附近促进机关、团体代为调查予以证明，呈请主管厅核示办理。

3. 县境内设有合作社之村庄在全县村庄总数 30% 以上，50% 以下或社数不及 150 所者，得设立专任者 1 人。余同前项。

4. 县境内设有合作社之村庄在全县村庄总数 50% 以上，或社数超过 150 所者，得设立专任者 1 至 3 人。径自办理汇报。

乙　主管厅

1. 省境内设有合作社之县不及全省县数 20%，或社数不及 200 所者，得设立专任或兼任者 1 人，必要时得呈请实业部（合作司）核示办理。

2. 省境内设有合作社之县在全省县数 20% 以上，50% 以下或社数不及 500 所者，得设立专任者 1 至 2 人。

3. 省境内设有合作社之县在全省县数 50% 以上，75% 以下或社数不及 1000 所者，得设立专任者 2 至 3 人。

4 省境内设有合作社之县在全省县数 75% 以上，或社数超过 1000 所者，主管人员得设立 3 至 5 人。

丙　市政府及社会局

1. 市区内设立之合作社不满 50 所者，得照甲条 2 项办理，在市政府（隶属省政府之市）咨准主管厅，在社会局呈部核办。

2. 市区内设立之合作社在 50～100 所者，得照甲条 3 项办理，余同前项。

3. 市区内设立之合作社在 100 所以上者，准用甲条 4 项办法。

丁[①]合作社法施行前各省沿用登记手续之调整，依下列规定办理：

1. 登记事项，向由市（隶属于省政府之市）县政府分别函呈合作委员会、合作事业局等机关核示，或由该机关等派员直接办理者，应由所在省政府查明原委及历年办理成绩，申述应暂准继续办理理由，咨部核夺。

2. 前项办法，如经查明认为必要，该机关等得暂代行使主管机关之职权，但合作社关于登记之申请，仍应径向所在市县政府行之。

3. 市县政府处理合作社登记之申请，依据本办法甲条各项办理。在调整时期，其应向主管厅分别函呈核示之事件，改向代行机关行之。

4. 合作社登记证，应由代行机关参照实业部刊行登记须知规定式样印制，分发市县政府填用。

5. 合作事业在市进展至丙条第三项，在县进展至甲条第四项之标准，由市县政府径办汇报时，代行机关应将该市县前送之各社申请登记文件及调查书表，分别发还市县政府接管，并将对市县政府代行之职权，交还省主管厅。

6. 代行机关应在调整时期内，尽量为市县政府培养承办登记之人员。

附注：本办法系以合作运动在当地发展之程度而不以年月为分期之标准。本文可列简表如下，以便参照。

办理合作社登记分期办法

	占全县村庄数	占全省县数	全境社数	设立人数	办 法
县政府	10% 下	—	30 以下	可不设	呈厅请示（可能时委托代查）
	30% 下	—	80 以下	科长 1 人兼	同上（派员调查或委托代查）
	50% 下	—	150 以下	1 人	同上
	50% 上	—	150 以上	3 人以下	径办汇报

---

① 该条于 1936 年 6 月 2 日增列。参见《合作行政》1936 年第 7 期，第 12 页。

续表

	占全县村庄数	占全省县数	全境社数	设立人数	办 法
主管厅	—	20%下	200以下	1人专任	径办汇报得呈部请示
	—	50%下	500以下	1~2人	径办汇报
	—	75%下	1000以下	2~3人	同上
	—	75%上	1000以上	5人以下	同上
社会局	—	—	50以下	科长1人兼	呈部请示(派员调查或委托代查)
	—	—	100以下	1人	同上
	—	—	100以上	3人以下	径办汇报
市政府	—	—	50以下	科长1人兼	咨准主管厅(派员调查或委托代查)
	—	—	100以下	1人	同上
	—	—	100以上	3人以下	径办汇报

上述办法对于各省市县局行政主管人员的设置定有可依之标准，而合作行政系统之组织更有明确之规定；依此施行，于法无背，于事有济，而合作行政中之合作社登记问题，方有负责解决的希望。

资料来源：《合作社之登记》，实业部合作司编印《合作行政》合订本（1~18；1936年1月~1937年6月）第1集，第2406（1）~2408（3）页。

注：《合作行政》该刊最初三集由实业部月刊社摘集《中国实业》杂志印行，自第4集始，因《中国实业》停刊，《合作行政》单独印行，特备各省市县政府主办合作社登记人员参阅。作为"提高合作行政效率、联络各级合作事业"的必要通信工具，而非一种"公报"性质的刊物，该刊的使命是：交换意见、研究技术、流通消息、联络友谊。其主要内容有：

1. 专著：读者投稿、专家撰述或转载文字。

2. 论文摘要：各种合作书报的摘要。

3. 统计：有关合作社发展近况的统计数字。

4. 新闻：国内外合作消息及工作人员近况。

5. 译述：国外有关合作社新作的翻译、介绍文字。

6. 问题解答：对于读者就有关法律、法令提出的问题予以解答。

7. 文艺：刊载有关合作事业的图书、照片、诗歌、戏剧、电影等。

（南京国民政府实业部合作司 1935 年 12 月 28 日颁行）

二　实业部合作司拟定之合作行政设施原则及其途径①

1. 合作社应由人民自动组织，其不能时，由政府促成之，培养其能力。

2. 合作事业之推进，一切设施应以引导人民自动为方法，不可代其经营或妨害其自由，应"引动"而不可"代动"。

3. 合作社之业务视人民之急切需要而定，从简单易行之业务入手，而不以指导者之主观为条件。合作事业除了发展生产，坚强人民经济能力之外，不应附带其他意义或作用。

4. 合作事业包括：（1）学说研究，（2）技术研究，（3）人才训练，（4）工作促进，（5）行政设施五项。

5. "促进"一项包含宣传、组织、指导、协助四事，供给资金为协助之一。

6. 现时期政府集合各方力量，宜"先求单位合作社之普遍与健全，联合社之组织俟其自然产生，不可强勉图速"；联合社之业务视其性质在必要时"可由政府筹设机关代行之"。

7. "促进工作"应由政府主持规划整个方案。

8. 该方案以"一面可以实现民生主义，一面足以应付非常者"为宜。

9. 整个方案规划后，政府领导"具有适当能力与兴趣之团体机关（如学校、银行、社团等）分区、分期参加实施"；充实其对于合作之认识，增厚其力量。

10. 实业部（合作司）认定合作为地方建设之一端，因此"地方的合作行政责任，应由省政府负之"。

11. 实业部以"法规、标准、系统"三者统一全国合作行政，以

---

① 章元善：《合作与经济建设》，商务印书馆，1938，第48~54页；又《合作行政原则》及《合作行政的途径》，见《合作文存》（下），第21~23、42~49页。

"改进技术、训练人才、建立合作金融基础"三者协助各省。

12. 一省内之合作行政及促进工作"原则上以建设厅为主管机关"，必要变通时省政府得会商实业部变通之，"但只能作为临时办法"。

13. 合作放款机关对于不合条件之合作社"可以拒绝放款。对于已放之款，并得随时调查"，但不得为推广放款起见，有干涉合作事务及妨害合作行政之事。

14. 合作教育除训练职员部分外，"应以能产生明白合作大意之社员及力能胜任经营社务及简单业务之职员为度"。

15. 合作事业"应与其他乡村改进事业，如农业推广、教育、卫生普及及其他地方自治事务，尽量互谋联络"，避免重复。

这15条原则代表政府合作行政所认定的途径，或者说是政府采定的政策。其中，第7、9条指正统一意志与分任工作的先后，第10、11条认清中央与地方的分工，可谓用意深远。这15条原则实可归纳出合作行政的五条途径：

（1）认路线：合作事业"原以待民众自动去组织"为合理，但我国民众教育程度尚浅，若要等他们自己觉悟了，自动地来做合作事业，恐怕不知要等到何时。如由政府来提倡，又觉得"自上而下，民众反成为被动的"，也不是好办法。现采取一条曲线路径，即政府提倡合作"仍从唤起民众入手，仍要人民自己感觉到合作的需要，起而自动的组织"。这样形式上"虽然是政府提倡，实际上仍是要民众自己去做的"。（原则1、2）

（2）分先后：若办理合作事业之机关、团体"自己来主持，不问地方需要与否及民众了解与否"，故事业与民众"貌合神离"。因此，先要视民众自然的需要，再来兴办事业，不以主观的意识，勉强希望合作事业早早完成。章元善指出，已往关于省县区的合作事业大多数"均有形式而无实际"，现在应先注力于单位（基层）合作社，使其基础健全，然后进一步完成整个合作系统。（原则3、6）

（3）审言行：无任办一件什么事情，"如思想、观察、计划和实行等同时并举，则结果往往不良"，因为在这种情形下"思想和行动难以统一"；必须"先有成熟的思想来做根据，所以先要统一意志，有了整个计划后"再由政府领导公私机关团体，分工实现这计划"，去做实际工作，这样思想与行动方能互相协调。（原则7、8、9）

（4）别内外：中央和地方的职分不清"办起事来效果不好"。有时候中央到地方办理合作事业地方"反取旁观态度"，其实地方的事情"应使地方当局负责，中央应做的事在法规、系统、标准三方面统一行政必要的设施以及从技术、人才、金融三方面协助地方。（原则10、11、12）

（5）明宾主：合作事业的使命是"增厚民生、训练民众"，但一般合作事业，附带有许多副使命（如教育、卫生、改良农业等均是），故应"分清宾主"，办合作的人"先将力量集中在合作社的组织，以其余力兼顾其他"，万不可"宾主不分，兼收并蓄"，愈希望百废俱兴，结果愈容易弄得一事无成。（原则4、5、13、14、15）

三　农村合作社"健全标准"

一　精神是否充足

甲　认识合作：有理智、有远见、私利心轻、公益心重，有应用合作原理解决生活问题之自动力，有合力战胜环境的决心。

乙　互相亲睦：有亲爱精神、彼此信任、不把持也不推诿、能充量利用合作社的便利但无过分希求。

丙　对（合作）社忠实：有团结精神，不受利诱威迫。

二　组织是否完备

甲　登记完全：社名、区域、业务等均属合适，无规避法令营利分肥之勾当。

乙　依时开会：尊重社章一丝不苟，集合容易。

丙　纪载明当：切合实用，不铺张作伪。

三　有无经济效用

甲　社员得益：金融得到便利，用途适当……生活渐见宽裕。

乙　满足需要：社员无须向社外发生关系。

丙　改良生产：接受新知识，富有研究创新精神。

四　有无社会影响

甲　社务公开：入社机会均等，举办宣传事项如扩大周等。

乙　准备联合

丙　提倡公益：教育、息讼等，迷信破除，恶习减少。

五　有无生命机能

甲　社务适当：尽力提倡认定之社务但无好大图功之行动。

乙　训练社员：讲习会、宣传刊物等不时举办。

丙　力图上进：职员注意技术改进，对外维持信用，自集资金渐有增加。

总标准：一个精神充足，组织完备，经济收效，社会蒙福而欣欣向荣，生机饱满的合作社，始可称为一个健全的合作社。

　　说明：1937 年 4 月，南京国民政府实业部合作司公布了《甄别合作社办法》。在制定这一办法前，为明确合作社的质量要求，章元善曾于 1936 年 11 月 16 日拟定出这一"健全标准"，经征求意见后，予以正式公布，代表国家合作行政最高主管机关的统一要求。不过，绳以此健全标准，恐无一二真正健全之合作社。

（摘自章元善《合作文存》（下），第 25～27 页）

四 合作司大事记

1935 年

3 月 22 日，实业部筹拟修正组织法增设合作司。

4 月 30 日，实业部组织法经立法院讨论修正后，于 6 月 1 日正式接到南京国民政府的核准令。

8 月 30 日，任命章元善代理合作司司长（1936 年 2 月试署，1937 年 3 月实授），11 月 16 日章元善正式到任，合作司开始办公。

11 月 23 日，通令各省市"依限登记合作社法施行前之合作社"；11 月合作司办稿 3 件（便函及印刷品不在其内，下同）。

12 月 7 日，通令各省市"补行登记"截止日期展限 3 个月，"至 1936 年 2 月底为止"；会同全国经济委员会合作事业委员会组织合作社会计制度委员会；

12 月 28 日，颁行《各省市县局办理合作社登记分期办法》（1936 年 6 月 2 日增列"丁"条）；12 月合作司办稿 16 件。

1936 年

1 月，编印《合作行政》月刊①，开始征集合作行政及合作社用各种表式"分类整理"；

1 月 10 日起，合作司派员在"中央广播无线电台"演布合作话剧"连续 56 次"；1 月合作司办稿 12 件。

2 月"调查全国办理合作事业之公私团体"；2 月合作司办稿 34 件。

3 月 26 日，章元善以合作司司长身份在"中央广播电台"（XGOA）做"中央提倡之合作事业"演讲②；

3 月 27 日，印发《各省县市办理合作社须知》、《组织合作社须

---

① 该刊迄合作司并入农林司止共发行 23 期约 10 万册。
② 章元善：《政府提倡中之合作事业》（演讲稿），载《合作行政》第 4 集第页，以及章元善：《合作文存（上）》，中国合作图书社，1940，第 84~92 页。

知》及《划一合作社名称说明书》，合作社申请登记用表式及主管机关办理登记用表式（如登记簿、登记证、报告单等）均经一一规定；

3月28日，合作司奉令接管"军事委员会委员长（南昌）行营"所办之合作事业；

3月28日，通令各省市赶紧办理合作社登记，"规定凡在本年2月底前未经补办登记之合作社，一律认为已失时效"，并附发"各省市合作社登记换用新式登记证、报告单"以期衔接。3月办稿21件。

4月，公布《合作行政月刊征文给奖办法》，本月办稿27件。

5月1日，国际劳动节当天，章元善为实业部总理纪念周公开演讲《发挥合作的效能》①；

5月29日，合作司奉令接管全国经济委员会合作事业委员会所办之合作事业；

5月30日，呈准行政院修正《合作社法施行细则》第5条；本月办稿32件。

6~10月，先后派员视察河南、湖北、江西、安徽、陕西五省及广东省合作行政，咨请河南、湖北、安徽、江西、福建、甘肃等省政府转达各省农村合作事业委员会"将工作概况及款项存放情况列表呈报"；本月办稿64件。

7月16日，农业合作专款委员会成立并会议四次；

7月27日，合作司咨请各省市规定"学校（消费）合作社可免除登记程序"；本月办稿48件。

8月22日，合作司司长章元善及各科科长陪同实业部部长吴鼎昌视察江西、湖北、湖南、安徽四省合作事业；

8月29日，合作司商准财政部"合作社登记免贴印花税"；本月办稿68件。

---

① 《合作行政》第6集，第6~8页，以及章元善：《合作文存》（上），第98~102页。

9月7日，实业部部长吴鼎昌发表视察合作后书面谈话①；本月办稿99件。

10月，派员视察广东省合作行政；

10月26日，拟定《罗氏基金津贴合作研究员章程》，至12月该基金津贴合作研究员第一期办理结束，并派定第二期研究员；

10月27日，决定《合作社会计制度设计计划》结束委员会；

10月30日，颁行《合作行政设施原则》15条；本月办稿100件。

11月5日，颁行《各省处理互助社暂行办法》；11日印行《合作社章程准则》六种，公布《鄂豫皖赣闽甘六省农村合作委员会组织通则》；

11月14日，公布《实业部合作事业技术人员讲习所章程》；21日呈准行政院补充《合作社法施行细则》第四条；本月办稿98件。

12月18日，公布《合作金库规程》；本月办稿140件。

1937年

1月，合作司正式咨请外交部转令驻外各使馆将驻在国合作主管机关名称、地址"查复"以便联络；本月办稿108件。

2月1日，合作司举办之讲习所正式开学，至8月2日讲习所第一期毕业（当时第二期已在筹备中，奉令移归中央政治学校统筹办理）就准备结束；

2月2日，公布《实业部驻湘鄂皖赣等省办事处章则》，并商准军政部规定"合作社重要职员得暂缓兵役"；本月办稿119件。

3月，英文版《合作行政消息》季刊出版；合作司派员襄办河南省旱灾区域农贷；规定"互助社备案程序"；派员视察江浙沿海渔村实况"以便计划办理渔村合作事业"；本月办稿121件。

4月8日，公布《甄别合作社办法》；《（修正）合作社法草案》

① 《吴部长视察四省合作事业后之谈话》，载《合作行政》第10集，第1～2页。

完成，呈请行政院咨送立法院；咨请各省市政府设置专科或专任人员办理合作行政；本月办稿 103 件。

5 月，本月办稿 99 件。

6 月，各省市办理合作社登记整理手续大部分完整；陕西省"合委会"拟定《各机关团体参加合作事业促进工作暂行办法》，呈请实业部备案，经实业部合作司"通令各省市参照"；本月办稿 140 件。

7 月，通令各省市规定合作社与社外人士交易"应先履行入社手续"，同时通令"取缔假借合作社名义之团体"；

7 月 15 日，标志着日本全面发动侵华战争的"卢沟桥事变"爆发一周后，值此"风云日紧、国步方艰"之际，章元善"奉命出国"，特作"二十个月的合作司"①；

7 月 22 日，合作司会同财政部咨行各省市规定："合法登记之合作社得免征营业税"；本月办稿 140 件。

8 月公布合作行政征文获奖名单；

8 月 5 日，咨准财政部"合作社得免所得税"；实业部部长以"非常时期合作行政要点"分函各省市，同日颁发《合作社系统说明书》；

8 月 26 日，颁发《审查合作社账目办法》；本月办稿 98 件。

9 月 10 日，拟发《办理合作贷款要点》；

9 月 15 日颁发《合作通讯办法》，通令各省市"限本月内照办"；本月办稿 74 件。

10 月 14 日，呈准行政院颁发《非常时期合作社办理假登记及其

---

① "二十个月的合作司"将合作司的经过事实择要胪列以备各方检阅，而资说明。这一时期，所有合作行政设施均取得惊人成绩，在调整行政、树立系统等方面都有显著进步。当时全国合作事业的情形已上轨道，如能集中力量、分别缓急、内外一致、持之以恒，那么将来"合作事业对于国本树立、非常应付应有巨大之贡献"。参见章元善《合作文存》（下），第 67 ~ 71 页。

贷款办法》，26 日颁发《合作组织与国货组织联络办法大纲》（附契约程式二种）；本月办稿 113 件。

11 月 6 日，奉令"合作工作人员必需费用应视为应付非常所需之必要费用准予核给"；十天后奉令转移（至湖南长沙），23 日又奉令转移到四川重庆，同时电令四省办事处"指示紧急办法"。

致　谢

2007 年 11 月，笔者怀揣着学术梦想，自南方二度北上，并有幸进入中国社会科学院农村发展研究所从事博士后研究工作。当初，陌生的学科领域与生活环境一度令笔者畏怯，然而，农村发展研究所前所长张晓山研究员、组织与制度研究室主任苑鹏研究员（合作导师）以及全所同事给予的热情接纳，让笔者一下子融入新的工作环境。不经意间，匆忙走过了数个岁月，回首这段特殊的工作经历，确实令人难忘，感慨良深。

首先，笔者特别感谢农村发展研究所博士后流动站给予本人的这一难得的再学习、工作的机会，使笔者顺利地进入中国社会科学院这一令人仰慕的学术殿堂，接触到大量珍贵的历史文献资料，丰富了笔者的见识；感谢张晓山老师曾经在学习和工作中的细心关照和帮助，特别是张老师谦逊严谨的学者风范，令人高山仰止。

合作导师苑鹏研究员对本研究报告给予了特别细致的指导。自最初选题、定题，至最终的定稿、杀青，苑老师都付出了大量的时间与精力；耳提面命之余，令人深受教益。特别是在研究过程中，苑老师特意为笔者提供了多次参与大型学术交流和社会调研的机会，不仅开拓了笔者原有的社会眼界和学术视野，更促进了笔者对研究对象的历史与现实的双重感知。苑老师的无私帮助，诚令人敬佩。

博士后研究的工作生活是相对平静而枯燥的，也不乏友情与激情。农村发展研究所博士后主管秦纪庆老师在生活上给予的关心可谓无微不至。为解决太阳宫博士后公寓生活起居问题，秦老师亲自购来锅碗瓢盆，接通了电话网络，还多次采购食物送至公寓，这为生活闲散也不爱做家务的笔者，带来了无限温暖，使博士后公寓真正成为博士后平时快乐生活、聚集的"鸟巢"。正是在这里，与来自南京农业大学的胡冰川博士、留日归国的曹斌博士、湖南农业大学的李燕凌博士、华中师范大学的刘金海博士等不期而遇，还与来自四川省社会科学研究院经济研究所的访问学者张志英副研究员以及宫哲元、王军等同门师弟师妹相聚相识，共同编织了博士后生活的人生小曲。这段亦师亦友的特殊感情，无以忘怀。

国家人事部中国博士后科学基金会、全国博管办以及毕节地委、行署等联合举办的博士后服务团为本人提供了挂职锻炼的特殊经历，中国社会科学院图书馆、经济所图书馆、农业发展研究所资料室等为笔者完成研究工作提供了资料查阅的便利，中国社会科学院博管办、农业发展研究所组织与制度研究室、安徽财经大学中国合作社研究院等部门为本人完成博士后研究工作均给予了热心的关照与支持，农业发展研究所所长李周研究员、副所长杜志雄研究员、张红研究员，北京社会管理学院院长邹文开教授，首都师范大学历史系迟云飞教授等认真审核了本研究报告并提出了各自宝贵的修改意见，使报告添彩增色不少，在此一并致谢！

最后，我要特别感谢学兄赵泉民教授在百忙中欣然赐序，泉民兄学富五车，功力深厚，尤其对近代中国合作运动史研究著述丰硕，令笔者不胜仰慕。同时，特别感谢苑鹏和徐旭初（浙江大学中国农民合作组织研究中心）两位老师为本书的出版给予了热情洋溢的推荐，这种扶掖后学的高风亮节，诚如雪中送炭，令笔者倍感温暖；还要特别感谢社会科学文献出版社的邓泳红老师等的鼎立相助，没有他们的艰辛付出，本书恐难面世。当然，本书最终得以出版，承蒙安徽财经大学著作出版基金和安徽财经大学中国合作社研究院学科建设专项资金资助，中国合作社研究院现任院长刘从九教授一直鼓励笔者从事合作社的相关学术研究，加紧耕耘，早出成果，为本书的出版付出了特别无私的关爱，令笔者深受感动。笔者始终认为并坚信，世间所有大爱，或正来源于这些平常而细微的点点滴滴吧。

作 者

2016 年 1 月

图书在版编目（CIP）数据

政府行为与农村合作社发展：1927～1937年南京国民
政府合作政策的历史解读/刘纪荣著. —北京：社会科学
文献出版社，2016.3
ISBN 978 - 7 - 5097 - 8590 - 4

Ⅰ.①政…　Ⅱ.①刘…　Ⅲ.①农业合作社 - 农业政策 -
研究 - 中国 - 1927～1937　Ⅳ.①F329.06

中国版本图书馆 CIP 数据核字（2015）第 312881 号

政府行为与农村合作社发展
——1927～1937年南京国民政府合作政策的历史解读

著　　者/刘纪荣

出 版 人/谢寿光
项目统筹/吴　敏　宋　静
责任编辑/宋　静

出　　版/社会科学文献出版社·皮书出版分社（010）59367127
　　　　　地址：北京市北三环中路甲29号院华龙大厦　邮编：100029
　　　　　网址：www.ssap.com.cn
发　　行/市场营销中心（010）59367081　59367018
印　　装/三河市尚艺印装有限公司

规　　格/开　本：787mm×1092mm　1/16
　　　　　印　张：16.75　字　数：231千字
版　　次/2016年3月第1版　2016年3月第1次印刷
书　　号/ISBN 978 - 7 - 5097 - 8590 - 4
定　　价/69.00元